市区町村経済を知る

― データ分析　基礎から応用まで ―

一般財団法人　日本立地センター

は じ め に

　戦後、増加を続けてきた我が国の人口は、2008年にピークを迎えた。

　2014年5月には、日本創生会議から全国の自治体の約半数にあたる896の「消滅可能性都市」が発表されるなど、地域の持続的発展への関心は近年大きく高まっている。

　地域問題への関心の高まりとともに、地域データ分析に関する書籍は多数出版されているが、地域振興の基本単位となる市区町村に焦点をあてたデータや市区町村を基本とした分析手法については、得られるデータの種類が国や県に比べて少なく、様々な制約があることなどから、あまり多くはない。

　一方で、2015年4月21日から「地域経済分析システム（RESAS（リーサス））」の提供が開始されるなど、近年地域データが急速に整備され、地域の現状把握や課題の抽出に対する新たなアプローチが可能となっているが、同時に、大量の情報が溢れ、地域データを取り巻く経済統計体系も大きく変化している。必要な情報と適切な分析手法を取捨選択し、市区町村を的確にとらえ深く理解することで、地域に対する正確な評価を行う必要性は一層高まっているといえる。

　特に、本格的な人口減少社会にあっては、地域が持続可能か、といった視点への着目や持続可能な地域を実現するための課題の抽出など新たな分析手法の開発やデータの解釈が市区町村レベルで強く求められている。

　ところで、筆者の勤務する一般財団法人日本立地センターは、産業立地と地域振興に関わる総合的調査研究機関として1962年に設立され、わが国の地域産業と地域社会の健全な発展に寄与するため幅広い活動を続けてきた。2011年度には、新たに関東地域政策研究センターを設置したが、その研究事業の一つの柱として取り組まれてきたのが2012年度から開始された「地域経済構造分析DB」の開発である。

　「地域経済構造分析DB」は、日本の全市区町村にあたる1741市区町村全てについて、様々な分野の120以上のデータを各市区町村ごとに集計する機能を持つ地域分析のためのデータベースである。

　実は、筆者は、当初よりこの「地域経済構造分析DB」の開発に取り組み、これまで約10年にわたり、地域の産業振興を担当する国、県、市区町村の職員や多くの大学で学部生や大学院生等に対して、「地域経済構造分析DB」を活用した地域データ分析の紹介を行うとともに、新たな分析手法の開発にも努めてきた。

　今回、関東地域政策研究センターの運営委員会委員長である東京大学大西隆名誉教授からご示唆をいただき、地域データや分析手法を広く紹介し、地域を支える市区町村や地方創生に取り組む企業・大学関係者の皆様の一層のご活用を期待するとともに、忌憚のないご批判、ご教示をいただくこととし、日本立地センター設立60周年事業の一環も兼ねて出版するに至ったものである。

　本書の構想段階から、法政大学近藤章夫教授には様々なご助言をいただき、ある程度形になってからも、ご多用の中、何度もお目通しをいただき、細部に至るまでご示唆をいただいた。格

別のご協力、ご尽力に感謝を申し上げたい。

なお、三省堂書店／創英社の高橋淳氏、黒澤聖子氏には、筆者の遅筆により、最後は時間との闘いとなってしまったにもかかわらず、終始懇切丁寧な編集を行っていただき、無事刊行に至ることができた。あつくお礼を申し上げたい。

本書では、これまでの成果を活かして、様々な公的統計の中から市区町村レベルのデータが得られるものを中心として、比較的単純だが多くの結果が得られる記述統計的な分析手法に限定しているが、若者のロスやリターンに関する人口動向や事業所の新陳代謝度に関する4象限分析など独自性のある分析手法についても紹介している。また、近年急速に整備が進む地域経済分析システム（RESAS）等についても解説を加えている。

本書を通じて、多様な市区町村の姿に対する理解と地域の持続的発展に資することに繋がれば幸いである。

2023年3月

一般財団法人日本立地センター

企画調査室長　加藤　讓

序　本書について

　本格的な人口減少社会が到来し、地域の持続的発展に一層の懸念が示される中で、本書では、公的統計[1] を主な対象として、地域振興の要となる市区町村レベルで公表され、インターネットを通じて原則無料で比較的容易に取得ができるデータを中心に関連統計の紹介を行う。また、それらの統計を利用する際の分類に必要な統計基準[2] やコードについても紹介する。さらに、これらの公的統計を活用して、主に人口や産業に関する分野を中心に地域の持続的発展に資する分析ツールを中心に紹介する。

　市区町村のデータ分析を行う上で、まずは第Ⅰ章で地域分析について簡単に触れた後に、どのような市区町村統計が利用可能なのか、について第Ⅱ章において簡潔に紹介を行った。

　市区町村統計を用いて地域分析を行う際には、必要不可欠ともいえる分類・コードがある。第Ⅲ章では、特に、日本標準産業分類と日本標準職業分類、標準地域コードについて取り上げた。現在の内容だけでなく、近年の改定についても要点を中心に紹介し、分類の改定が行われても時系列による市区町村分析が可能となるような提案や組替集計の紹介も行った。

　市区町村における持続的発展を考える上で、最も基本となるデータは、人口と産業に関するものである。いわば、地域振興を推進する際の車の両輪を成す二つのデータについて、まず第Ⅳ章では人口に関連した統計を用いて様々な分析手法の紹介を行った。分析手法の紹介を行う際には、分析手法そのものの紹介にとどまらず、実際に具体の地域や市区町村を対象とした分析を行い、より具体的かつ詳細な分析となるよう努めた。また、必要に応じて市区町村の順位に関する分析を行い、上位と下位の市区町村について、要因や地域の特徴等に関する評価分析を行った。

　もうひとつの基軸となる産業に関する分析手法は、第Ⅴ章において紹介を行った。地域の持続的発展に果たす役割が人口減少社会においてより増していることについて指摘した後に、地域の産業の特徴や基盤となる産業、稼ぐ産業に関する分析手法の紹介を行った。また、今後における地域の持続的発展を考える上では、研究開発やイノベーション、新陳代謝といった地域に活力を与える視点も重要になることから、それらに類する分析手法についても言及した。第Ⅴ章についても、第Ⅳ章と同様に、具体的かつ詳細な分析を行うとともに、市区町村の順位に関する分析も適宜行い、全国の市区町村間の違いや特徴について理解を深めることができるよう工夫をした。

　第Ⅵ章では、人口減少や非正規雇用の増加、公共需要の減少や海外生産の増加など地域経済の構造変化が進む中で、地域経済においては、好循環を意識した地域産業振興策に対する重要性が高まっているため、2015 年から提供が始まった RESAS を使用した分析手法について紹介するとともに、分析を行う際の留意点についても取り上げた。第Ⅵ章の最後では、2012 年度から一般財団法人日本立地センターが開発してきた「地域経済構造分析 DB」について簡単に紹介を行った。

---

[1] 国の行政機関・地方公共団体などが作成する統計をいう。
[2] 公的統計の作成に際し、統計法第 2 条第 9 項で規定されている、その統一性又は総合性を確保するための技術的な基準をいい、総務大臣が定めることとされている。詳細は、第Ⅲ章を参照のこと。

目　　次

基礎編

第Ⅰ章

地域分析について

　人口減少社会の到来は、同時に地域振興に対する取り組みが地域の未来を大きく左右する時代が到来したことを告げている。

　本書では、地域振興策立案の基礎となる地域分析を行う際の地域について、振興の軸を担う市区町村を単位に考察を行う。

　あわせて第Ⅰ章では、本書の中で使用する地域の評価や分析手法について概略を紹介する。

1 地域分析とは

　地域とは、地球表面上のある限定された空間を示し、地方、地区、領域など様々な単位があるが、本書では地域の中でも特に市区町村を単位として取り上げていきたい。

　地域分析の目的は、地域における人間の経済社会活動に関して、現状を把握するとともに、問題点とその原因を発見し、解決策としての課題を抽出することにある。

2 人口減少下における地域分析の重要性

　地域分析は、国全体の分析では見えてこなかった地域独自の問題の発見に繋がるなど、従来から重要であったが、人口減少下においてはその重要性は一層高まっているとも考えられる。

　例えば、人口が増加していた地域では、「人口ボーナス[3]」によって地域全体の需要は（例えば、多少の人口流出によって地域外へ需要が漏出することがあっても）増加を続け、地域経済が負のスパイラルに陥ることを防ぐ効果があった。

　一方で、人口減少社会では、「人口オーナス[4]」によって地域の需要は、人口が減少したことによる需要を地域外からの需要の獲得等の何らかの方法で確保しない限り、人口の減少が需要の減少につながり、需要の減少がさらなる地域経済の疲弊（地域雇用の減少）を通じてさらなる人口減少に繋がる負のスパイラルに陥る危険性を高めることになる。

　人口減少社会では、人口減少による地域需要の減少等の問題に対して有効な処方箋を打てない地域は、やがて衰退の道を歩むことになる可能性が高まる。地域分析による問題点の正確な把握と新たな付加価値の創出につながる地域の創意工夫による適切な対策の立案など地域振興策の巧拙が地域の未来を大きく左右する時代になったといっても過言ではない。

図 1-1　地域経済の負のサイクル

---

[3]　総人口に占める 65 歳以上の高齢者や 14 歳以下の子供などの従属人口の割合が 15 歳から 64 歳の生産年齢人口の割合を下回っている状態で、経済成長に対してプラス要因になる。

[4]　総人口に占める高齢者や子供などの従属人口の割合が 15 歳から 64 歳の生産年齢人口の割合を上回る状態で、経済成長に対してマイナス要因となる。

3 地域の評価・分析手法について

地域の評価や分析を行う場合には、様々なアプローチがある。本書では、客観性の高い地域の公的統計を活用し、他地域との比較を交えた地域分析を中心に考える。地域の評価・分析は、一般的には以下の評価・分析手法があり、それぞれの手法の中でデータの加工も行われているため、あわせて紹介することとする。

（1）規模分析

地域経済の規模に関するデータ（人口・事業所数・従業者数・付加価値額等）の大小から、その地域を評価・分析する。全国ランキングや該当するデータが全国に占める構成割合の算出などが具体的な手法となる。

（2）質的分析

分析対象となる複数の規模に関するデータについて、単位当たりの数値を算出することで、その地域の質を評価・分析する。具体的には、人口一人当たりの課税対象所得や従業者一人当たりの付加価値額などがある。

市区町村間の比較を行う際には、規模分析のみでは、大都市圏にある自治体や市区が町村を上回る場合が多くなる。質的分析は、労働の効率性を計る地域の労働生産性や地域住民の豊かさなどを評価することが可能である。規模では劣るが、質では上回る市区町村を評価・分析することが可能になる手法となるため、地域分析において市区町村間の比較を行う際には重要な手法のひとつになる。

以上のように、人口一人当たりや従業者一人当たりといった統計データで異なる種類の統計データを割る「対立比率」を活用することで、各地域を一律に比較することができる。

（3）水準分析

対象とする市区町村における地域データの規模や質に関する水準をみる。例えば、規模関連データであれば、全国において目標となるトップランクの市区町村を100とした場合に、該当する市区町村の水準が80.0であれば、トップの水準を20ポイント下回っているといった評価・分析になる。一方の質関連のデータであれば、全国平均や都道府県平均の数値を比較対象とすることが多い。前述した人口一人当たりの課税対象所得について、全国平均の一人当たりの課税対象所得を100とした基準を置けば、該当する市区町村の所得水準を分かりやすく把握することができる。

（4）構造分析

分析対象となる市区町村の構造をみるものである。総数（合計）に占める各項目（人口、従業者数等）の「構成比」から、地域経済の構造を評価・分析する。具体的には、人口では、年齢別人口として年齢5歳階級別人口や年齢3区分別人口を使って、全人口に占める割合をみる。

　また、構造分析では、対象となる市区町村の「構成比」を全国や都道府県の「構成比」で割る「特化係数[5]」も多く用いられる。特化係数は、全国と同じ構成比であれば1となり、1を上回ればその市区町村は特化していると分析することができる。

　ここで「構成比」の高い産業の特化係数は、必ずしも特化しているとは限らず、反対に「構成比」の低い産業であっても特化係数が高く、特化している場合があることに注意が必要である。

(5) 傾向・変化分析

　分析対象となる市区町村における統計データについて、時系列の変化や傾向をみるものである。統計データについて、ある一定期間における増減率等の「変化率」を求めることで評価・分析を行う。なお、傾向や変化について一定の評価・分析を行うためには、前回との比較など2時点間の比較では不十分な可能性があり、可能であればより時点を増やして評価・分析を行う方が確度の高まることが少なくない。

　また、ある基準時点の数値を100に置き換えて計算することで、足元の実績が当時に比べて、どの程度の水準まで回復しているかを分かりやすく示すことも多く行われている。基準時点の設定は、コロナ禍の前であれば、リーマンショックや東日本大震災の直前を設定することがあったが、今後はコロナ禍発生前が設定されることが増えると考えられる。

　なお、傾向分析を行う場合には、項目別の変化要因を求める「寄与度・寄与率[6]」が使われる場合も多い。寄与度は、合計値の変動に対して、該当する内訳の増減がどの程度貢献したかを測るものである。寄与率は、寄与度を構成比からみた指標で、データ全体の伸び率を100とした時の各構成要素の増減分を構成比（％）で表す。

---

[5]　詳細は第Ⅴ章を参照のこと。
[6]　詳細は第Ⅴ章を参照のこと。

基礎編

第 II 章

地域統計（市区町村統計）について

　地域分析を行う際に利用される地域統計は、公的統計に限定しても相当数の調査が行われているが、市区町村を対象とした統計調査や地域データは限られる。

　第 II 章では、本書の地域分析を行う際に有用と考えられる主要な（市区町村の）統計調査の概要等についてまとめるとともに、統計の類型等についても概略の紹介を行う。

1 統計の種類

　地域分析を行うために有用なのが地域統計である。

　そもそも統計は、一定の条件によって定められた集団について調査した結果を集計加工して得られた数値であるが、これらの統計は、いくつかの種類に分けることができる。

（1）一次統計と二次統計

　一次統計とは、独自の統計調査の結果から直接得られるオリジナルデータから構成される統計であるが、一次統計はさらに第一義統計（調査統計）と第二義統計（業務統計）に分けることができる。

　調査統計は、統計を作成することを目的として行われる統計調査から得られる統計のことを言い、代表的な統計調査として国勢調査があげられる。

　業務統計は、調査を行うことなく、登録や届出、業務記録など行政機関や民間団体が日々の業務を通じて蓄積されるデータを集計して作成される統計であり、代表的なものとして貿易統計があげられる。

　一方で、二次統計は加工統計ともよばれ、一次統計の調査結果を何らかの演算を行うことで再集計された統計である。一次統計の結果からだけでは把握がしにくい経済の動きを把握するために行われていることも多く、代表的な統計として、国民所得統計や産業連関表があげられる。

　市区町村レベルの統計を使った地域分析を対象にする本書では、主に一次統計を中心に扱うこととする。

（2）基幹統計と一般統計

　統計法が 2007（平成 19）年に改正され、国や市区町村などが作成する「公的統計」のうち、国が実施する特に重要なものは、「基幹統計」に指定されている。「基幹統計」は、令和元年 5 月 24 日現在、53 あり、代表的なものとして総務省の国勢統計や経済構造統計、厚生労働省の人口動態統計などがある。

　「一般統計」は、「公的統計」のうち、基幹統計以外の統計のことを言い、経済産業省の「海外事業活動基本調査」や「工場立地動向調査」などがあげられる。

　「一般統計」についても、実施の際には総務大臣の承認を受ける必要があるほか、統計調査間での重複を避けることなどが求められている。これは、回答者の負担軽減や統計の体系的な整備のための調整を目的としているためである。

　「基幹統計」は、公的統計の中核となるもので、正確な統計を作成する必要性が特に高い。そのため、「基幹統計」を作成するために行われる「基幹統計調査」については、統計法第 13 条において、調査の報告（回答）を求められた者に対して報告義務を規定し、同法第 61 条では、「基幹統計調査の報告を拒み、又は虚偽の報告をした者」に対して「50 万円以下の罰金に処する」と罰則について規定をしている。

「基幹統計調査」の対象者に対する回答義務を求める一方で、安心して調査に協力できるよう、調査員を始めとする調査関係者に対しては、統計法で調査内容の秘密を保護することが規定されている。

統計法第41条では、「業務に関して知り得た個人又は法人その他の団体の秘密を漏らしてはならない」、同法第40条では「統計調査の目的以外の目的のために、当該統計調査に係る調査票情報を自ら利用し、又は提供してはならない」と規定されている。また、同法第57条では、調査員や調査関係者に対し、「その業務に関して知り得た個人又は法人その他の団体の秘密を洩らした者」に対する罰則規定を設けている。

なお、「一般統計」については、報告や回答を求められた者に対する義務や罰則規定はないが、「基幹統計」と同様に、調査関係者等に対して、調査内容に関する守秘義務と未遂を含めた違反者に対する罰則規定が設けられている。

(3) その他の統計

国による統計のほかに、県や市などにおいて地方公共団体において調査が行われていることも多い。

代表的なものとして商圏実態調査（買物動向調査）や商店街実態調査、観光入込客数調査などがあげられる。これらの調査は、地域によって実施時期や実施期間が異なるだけでなく、実施対象や実施規模なども大きく異なるため、地域間比較が難しい。

例えば、観光入り込み客数調査は、都道府県が主体になることが多いが、都道府県内の集計単位が市町村、観光地別、県内の地域別など地域によって大きく異なり、基準が統一されておらず、地域における観光の実態把握を困難にしている。

一方で、これらの調査は、地域の特性に応じて行われることも多く、地域独自の問題点の把握に繋がる場合も多く、公的統計を補足する役割がある。

また、その他の統計として、民間企業や業界団体等によって実施されている統計調査も数多くある。調査方法も様々で、公的統計に比べて精度に問題があるものもあるが、公的統計がカバーできない分野について調査されていることも多い。

例えば、オフィスビル仲介大手の三鬼商事では、オフィスマーケットデータとして、札幌、仙台、東京、横浜、名古屋、大阪、福岡の各地域について、毎月平均空室率や平均賃料に関するデータを公表している。東京では、都心5区（千代田区、中央区、港区、新宿区、渋谷区）の面積100坪以上の主要事務所ビルを対象に新築ビルと既存ビルについて調査を行っている。

空室率については、伝統的に5％がオフィス需給の均衡する水準として考えられている。つまり、5％を下回ればオーナーが強気の貸し手市場となり賃料は上昇し、5％を上回ればテナントが強気の借り手市場となり賃料は低下すると言われている。

同社のマーケットデータは、今後の不動産市況を予測する際の重要なベンチマーク指標となっている。

2 主な市区町村統計調査等

　1-(2) で見た日本の公的統計は、基幹統計と一般統計をあわせても 300 以上あり、民間の統計を加えると膨大な数の調査が毎年行われている。

　だが、これらの多くの統計調査は、必ずしも市区町村を対象として公表されておらず、むしろほとんどが国全体や都道府県など、より広い地域を対象として調査された結果をまとめている。

　本書のテーマである市区町村を対象とした分析を行う際に使用できる統計調査や地域データは極めて限られている。その中でも、特に地域の持続的発展を考える際に重要なポイントとなる人口や産業に関連した統計調査やデータは以下の通りである。

　これらの統計調査やデータについて、以下で概略や沿革、ポイント、近年の変更点等について述べる。

　なお、これらの多くの統計データは、「政府統計の総合窓口 (e-Stat)[7]」にて公表されているものを基本として、インターネットを通じて無料で取得できるものを中心に紹介している。e-Stat にポータルサイト機能がなく、その他のサイト等で公表されている統計データについては、別途紹介を加える。

〈人口等〉
・国勢調査
・住民基本台帳人口移動報告
・住民基本台帳に基づく人口、人口動態及び世帯数調査
・人口動態統計特殊報告
・日本の地域別将来推計人口
〈産業等〉
・経済センサス（経済センサス−基礎調査、経済センサス−活動調査）
・農林業センサス
・市町村別農業産出額（推計）
・工業統計調査
・商業統計調査
・社会福祉施設等調査
・保育所等関連状況取りまとめ
・医療施設調査
・介護サービス施設・事業所調査
・医師・歯科医師・薬剤師統計
・医療費の地域差分析
・学校基本調査

7　各府省が公表する統計データをひとつにまとめ、統計データの検索をはじめとしたさまざまな機能を備えた政府統計のポータルサイトである。(https://www.e-stat.go.jp/)

〈雇用〉

・労働市場月報等（有効求人倍率）

〈土地・不動産〉

・住宅・土地統計調査

・都道府県地価調査

・建築着工統計調査

〈所得〉

・市町村税課税状況等の調

〈財政〉

・市町村別決算状況調

（1）「国勢調査」（総務省）

　日本に住む全ての人と世帯を対象とした国の最も基本的かつ重要な統計調査である。国勢統計は、国内の人口・世帯の実態を明らかにすることを目的とする基幹統計で5年に一度、国勢調査を行って作成する。最新の統計結果は令和2年国勢調査である。

　確報及び市区町村別のデータを対象として捉えると、統計結果のうち、「基本集計」、「従業地・通学地集計」、「人口移動集計」が関連している[8]。

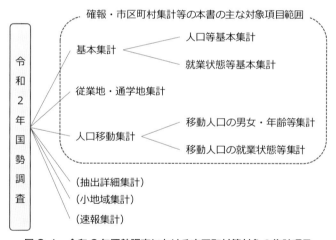

確報・市区町村集計等の本書の主な対象項目範囲

図2-1　令和2年国勢調査における市区町村等対象の集計項目

　基本集計は、人口等基本集計と就業状態等基本集計から構成される。前者は、最も基本となるデータである人口を中心に男女別人口や年齢別人口、配偶関係などのデータがあり、世帯の構成（世帯の種類（高齢者世帯や母子・父子世帯も含む）、世帯人員、世帯の家族類型）や住居の状態（住宅の所有や住宅の建て方）、高齢者のいる世帯数、外国人に関するデータ等から構成される。人口総数など最も基本的なデータが含まれるため、例年確報の中では公表時期は最も早い。後者は、人口の労働状態（就業者・非就業者・失業者）、従業上の地位、産業・職業大分

---

[8]　令和2年国勢調査の結果には、他に「抽出詳細集計」、「小地域集計」、「速報集計」が含まれる。

類別[9] の就業者、学校等の種類別在学者数・卒業者数等に関する結果から構成される。人口を働き手の観点から捉えた基本データの多くは、就業状態等基本集計に含まれていることが多い。

従業地・通学地集計は、従業地・通学地[10] による人口の基本的構成や就業者の産業・職業大分類別構成等に関する結果を集計したものである。基本集計がいわば普段住んでいる場所である「常住地[11]」を基本としたものであるのに対して、通勤したり通学したりする「従業地・通学地」を含めた視点から人口を捉えたデータが多く含まれていることに特徴がある。当該市区町村を基本にすれば、「どの市区町村から」と「どの市区町村へ」通勤・通学しているか、について集計が行われており、この結果を用いることで、昼間人口[12] や昼夜間人口比率[13] などを始めとした様々なデータを把握することができる。

人口移動集計は、移動人口の男女・年齢等集計と移動人口の就業状態等集計から構成される。前者は、平成27年国勢調査時の常住地（5年前の常住地）と令和2年国勢調査時の常住地を比較することで、人口の転出入状況について男女・年齢別等に集計したものである。5歳未満の者については、出生後普段住んでいた場所を5年前の常住地とする。後者は、移動人口の労働力状態、産業（大分類）・職業（大分類）別構成に関する結果について集計したものである。

以上のように、国勢調査では、市区町村の人口や世帯数だけでなく、男女別、年齢別、就業状態等の様々な内訳によって作成されるだけでなく、就業地や通学地、（具体的な市区町村名を含めた）転出入の状況、外国人と日本人等の国籍別、世帯構成、住居、未婚者数等に関する極めて多様な項目について集計し公表を行っている。また、上記の分類項目について、例えば年齢別男女別人口といったように分類項目を複数掛け合わせる形で集計が行われているものも多数公表されている。

人口の属性に関するデータだけでなく、人の移動に関しても様々な属性を付加したデータが公表されているため、人に関する詳細な分析を行うことができるが、さらに人口移動に関しても様々な角度から分析を行うことができる。

例えば、国勢調査は、全ての人と世帯を対象にするため、日本人だけでなく外国人についても国籍別に過去に遡って分析することが可能であり、日本人の人口が急速に減少しつつある我が国において、今後さらに重要度が増すことが考えられる。また、ある市区町村からみて、どのような産業に勤める人がどの市区町村へ働きに行っているか、また同様にどこからその市区町村に働きに来ているか、といった情報が性別や年齢別に詳細に得られることで、住んでいる人と働いている人の違いを詳細に分析することができる。

これらのデータは、上記のように市区町村における様々な問題点を抽出するための基礎的なデータとなるため国勢調査の重要度は極めて高い。

表2-1 から**表2-5** は、令和2年国勢調査において、市区町村レベルで公表されているデータを一覧表にしたものである。表中の数字は、各項目における分類数を示し、アルファベット

9　第Ⅲ章を参照のこと。
10　従業地は、従業者が通勤している場所をいい、通学地は、通学者が通学している場所をいう。
11　同一の場所に3か月以上にわたって住んでいるか、又は3か月以上にわたって住むことになっている場所をいう。
12　従業地・通学地による人口を示す。
13　夜間人口100人あたりの昼間人口の割合を示す。

は同じ分類数でも複数のパターンがあることを示している。

　なお、国勢調査は、西暦の末尾が0の年に実施するものを「大規模調査」、末尾が5の年に実施するものを「簡易調査」としている。平成27年の国勢調査（簡易調査）では、東日本大震災の影響を把握するため、大規模調査の調査事項であった「居住期間」と「5年前の住居の所在地」を加えたが、同時に記入者負担の軽減を図るために「住宅の床面積」の調査項目を削除した。一方で、国勢調査開始から100年を迎える令和2年の国勢調査（大規模調査）では、平成27年の同調査の調査項目に加えて、「在学や卒業等の教育状況」と「従業地または通学地までの利用交通手段」の2項目を加えた19項目の調査を行う一方で、「住宅の床面積」を廃止している[14]。「在学や卒業等の教育状況」については、教育の状況（在学中・卒業）について従来に比べてより詳細に問う形に修正しており、特にこれまでの「大学・大学院」から「大学」と「大学院」に分けることで、大学院修了者のキャリアパス等の可視化や地域における集積状況等の分析について資するものとなることなどが考えられる。

　また、市区町村レベルの国勢調査では、地域統計の分析でしばしば問題になる秘匿処理[15]が行われておらず、正確なデータの取得と分析が可能なことも特徴のひとつである。

---

[14] 報告者の負担軽減に繋がることや総務省「住宅・土地統計調査」により代替可能との理由から令和2年国勢調査で廃止されたが、同調査は、国勢調査と実施年が一致せず、悉皆調査ではないため、これまでと異なり、一部の自治体（中小規模の町村）では具体的な数値の推移を得ることが不可能になった。

[15] 統計調査の集計結果表を作成する際に、調査対象の数が少なく、個別の情報が推測される恐れがある場合は、実際の数値でなく、別の値に置き換える等の秘匿処理を行う。

表2-1　令和2年国勢調査における市区町村の集計項目一覧（人口等基本集計）

注）表中の「分類事項」欄および「地域事項」欄の見出し番号は、分類事項（1 男女〜57 住宅の建て方・世帯が住んでいる階）および地域事項（7 全国，都道府県，市区町村／8 全国（平成12年），都道府県，市区町村（2000年（平成12年）市区町村含む））を表す。

2015年(前回)結果表	主番号	枝番号	集計対象	表章事項	1 男女	2 世帯主の男女	4 年齢	8 夫の年齢	9 妻の年齢	11 世帯主の年齢	12 世帯員の年齢	13 出生の月	16 配偶関係	22 国籍	23 国籍総数か日本人	27 世帯の種類	28 世帯の種類・施設等の世帯の種類	29 世帯の家族類型	33 夫婦・父子世帯の種類	34 母子・父子世帯の家族類型	35 65歳以上世帯員の有無による世帯の種類	37 世帯員の年齢による世帯の種類	41 世帯人員の人数	43 子供の有無・数	44 子供の数・年齢	45 子供の有無	47 最年少の子供の年齢	55 住宅の所有の関係	57 住宅の建て方・世帯が住んでいる階	7 全国，都道府県，市区町村	8 全国（平成12年），都道府県，市区町村（2000年（平成12年）市区町村含む）
人1・人2	1	1	総数	人口、2015年（平成27年）の人口（組替）、世帯数、2015年（平成27年）の世帯数（組替）、世帯人員、5年間の人口増減数、5年間の人口増減率、5年間の世帯増減数、5年間の世帯増減率、人口性比、面積（参考）、人口密度	3											3															○
人3-2	2	5	総数	人口、平均年齢、年齢中位数	3		109								2																○
人3-2	2	7	総数	人口、平均年齢、年齢中位数、人口構成比［年齢別］	3		29B・10								2																○
人4-3	3	3	総数	人口	3		29B							6	2														○	
人5-2	4	3	15歳以上	人口、平均年齢	3		24						6		2															○	
人5-2	4	4	15歳以上	人口構成比［配偶関係別］	3		24						6		2															○	
人7	6	1	総数	世帯数													9							5						○	
人7	6	2	総数	世帯人員													9							5						○	
人7	6	3	総数	一般世帯数、会社などの独身寮の単身者数、間借り・下宿などの単身者数、一般世帯人員、一般世帯の1世帯当たり人員																						11				○	
人8-3	7	2	総数	世帯人員	3		26A							6	6															○	
人9	8	1	総数	一般世帯数														3					8						○	
人9	8	2	総数	一般世帯数														3					8						○	
人9	8	3	総数	一般世帯人員							3												8						○	
人10	9	1	総数	一般世帯数、3世代世帯数														40					6						○	
人10	9	2	総数	一般世帯数、3世代世帯人員														40					6						○	
人10	9	3	総数	一般世帯人員							6							40											○	
人11	10		総数	一般世帯数													24						8						○	
人13-2	12	3	総数	一般世帯数		3				21							26												○	
人13-2	12	4	総数	一般世帯人員		3				21							26												○	
人16-2	14	2	総数	一般世帯人員	3		29B					5					24												○	
世8-3	15	9	夫婦のいる一般世帯	一般世帯数																	5A			7			9		○	
世8-3	15	10	夫婦のいる一般世帯	一般世帯人員																	5A			7			9		○	
世8-3	15	11	夫婦のいる一般世帯	一般世帯数																	5A				3		20		○	
世8-3	15	12	夫婦のいる一般世帯	一般世帯人員																	5A				3		20		○	
人18-2	18	4	総数	一般世帯数																							10		○	
人18-2	18	5	総数	一般世帯数																							10		○	
人18-2	18	6	総数	一般世帯の1世帯当たり人員																							10		○	
人19-2	19	4	総数	一般世帯数																							10	18	○	
人19-2	19	5	総数	一般世帯数																							10	18	○	
人19-2	19	6	総数	一般世帯の1世帯当たり人員																							10	18	○	
人24-2	22	3	総数	一般世帯数																		24					10		○	
人24-2	22	4	総数	一般世帯人員																		24					10		○	
人26-2	24	1	総数	一般世帯数		3				8							11										10		○	
人26-2	24	2	総数	一般世帯人員		3				8							11										10		○	
人29	26	1	総数	一般世帯数																		2	8						○	
人29	26	2	総数	一般世帯人員																		2	8						○	
人29	26	3	総数	65歳以上一般世帯人員																			8						○	
人30-2	27	4	総数	一般世帯数														40					6						○	
人30-2	27	5	総数	一般世帯人員														40					6						○	
人30-2	27	6	総数	65歳以上一般世帯人員														40											○	
人30-2	27	7	総数	75歳以上一般世帯人員														40											○	
人30-2	27	8	総数	85歳以上一般世帯人員														40											○	
人32-2	29	5	総数	一般世帯数																		2					10		○	
人32-2	29	6	総数	一般世帯人員																		2					10		○	
人32-2	29	7	総数	65歳以上一般世帯人員																							10		○	
人32-2	29	8	総数	一般世帯の1世帯当たり人員																		2					10		○	
人33-2	30	4	総数	一般世帯数																		2	8				10		○	
人33-2	30	5	総数	一般世帯人員																		2	8				10		○	
人33-2	30	6	総数	一般世帯の1世帯当たり人員																		2	8				10		○	
人34-2	31	5	総数	一般世帯数																		2					2	14	○	
人34-2	31	6	総数	一般世帯人員																		2					2	14	○	
人34-2	31	7	総数	65歳以上一般世帯人員																							2	14	○	
人34-2	31	8	総数	一般世帯の1世帯当たり人員																		2					2	14	○	
人35	32		一般世帯	夫婦のみの世帯数				9	10																					○	
人36-2	33	2	一般世帯	夫婦のみの世帯数																	5B							10		○	
世12	36	1	母子世帯	一般世帯数																2A				5					○	
世12	36	2	母子世帯	一般世帯人員、1世帯当たり子供の数																2A				5					○	
世18	39	1	父子世帯	一般世帯数																2B				5					○	
世18	39	2	父子世帯	一般世帯人員、1世帯当たり子供の数																2B				5					○	
人38	44		総数	人口	3										17															○	

注）分類事項内の数字は、項目を絞り込むための階層レベルなどを表している。
出所）総務省「令和2年国勢調査　調査結果の利用案内―ユーザーズガイド―」より筆者作成
　　（https://www.stat.go.jp/data/kokusei/2020/kekka/sankou.html）

表 2-2　令和２年国勢調査における市区町村の集計項目一覧（就業状態等基本集計）

2015年（前回）結果表	主番号	枝番号	集計対象	表章事項	1 男女	4 年齢	8 夫の年齢	9 妻の年齢	16 配偶関係	27 世帯の種類	29 世帯の家族類型	33 夫婦のいる世帯の家族類型	43 子供の有無・数	45 子供の有無	47 最年少の子供の年齢	60 労働力状態	62 夫の労働力状態	63 妻の労働力状態	64 従業上の地位	65 労働力状態・従業上の地位	71 産業	72 職業	89 世帯の経済構成	90 在学か否かの別・未就学・最終卒業学校の種類	92 在学学校・未就学・最終卒業学校の種類	93 都市計画の地域区分	7 全国、都道府県、市区町村	8 全国、都道府県、市区町村（2000年（平成12年）市区町村含む）
就1-2	1	2	15歳以上	人口、労働力率	3	23										13											○	
就2-2	2	2	15歳以上	人口	3	23			6											18							○	○
就3-2	3	2	15歳以上	就業者数	3														12								○	○
就5-2	5	3	15歳以上	就業者数	3														12		25						○	○
就6-2	6	3	15歳以上就業者	就業者数、平均年齢	3	23															25						○	
就6-2	6	4	15歳以上雇用者（役員を含む）	役員を含む雇用者数、平均年齢	3	23															25						○	
就6-3	6	5	15歳以上就業者	人口構成比［産業別］	3																25						○	
就8-2	8	3	15歳以上	就業者数	3														12			13					○	○
就9-2	9	3	15歳以上就業者	就業者数、平均年齢	3	23																13					○	
就9-2	9	4	15歳以上雇用者（役員を含む）	役員を含む雇用者数、平均年齢	3	23																13					○	
就9-3	9	5	15歳以上就業者	人口構成比［職業別］	3																	13					○	
就10-2	10	3	15歳以上	就業者数	3																25	13					○	
就10-2	10	4	15歳以上	役員を含む雇用者数	3																25	13					○	
(2010)産10-2	11	2	15歳以上	人口	3	23																			12		○	
(2010)産13-2	15	3	総数	人口	3																					14	○	
就13	20		15歳以上	一般世帯人員	3	23				11					6												○	
就19	25	1	夫婦のいる一般世帯	一般世帯数								5A	3		22		5	5									○	
就19	25	2	夫婦のいる一般世帯	一般世帯人員								5A	3		22		5	5									○	
就19	25	3	夫婦のいる一般世帯	一般世帯数								5A		6	10		5	5									○	
就19	25	4	夫婦のいる一般世帯	一般世帯人員								5A		6	10		5	5									○	
世10	51	1	一般世帯	夫婦のみの世帯数			9	10											4	4							○	
世10	51	2	一般世帯	夫婦のみの世帯数								5B							4	4							○	
世23	52	1	一般世帯	一般世帯数																			16				○	
世23	52	2	一般世帯	一般世帯人員																			16				○	
世23	52	3	一般世帯	就業者数																			16				○	
世23	52	4	一般世帯	一般世帯の1世帯当たり人員																			16				○	
就27-2	56	2	総数	人口、世帯数、世帯人員	2	6				3															12		○	

注）表 2-1 に同じ
出所）表 2-1 に同じ

表 2-3 　令和２年国勢調査における市区町村の集計項目一覧
（従業地・通学地による人口・就業状態等集計）

2015年（前回）結果表	主番号	枝番号	集計対象	表章事項	1 男女	4 年齢	54 住居の種類	57 住宅の建て方・世帯が住んでいる階	60 労働力状態	64 従業上の地位	71 産業	72 職業	94 従業・通学時の世帯の状況	95 就業・通学	96 通勤・通学者	97 利用交通手段	98 利用交通手段の種類数・利用交通手段	99 常住地又は従業地・通学地	100 常住地	101 従業地・通学地	7 全国、都道府県、市区町村	17 全国、都道府県、市区町村（常住地）	21 全国〔総数〕、都道府県、市区町村（従業地・通学地）
従①2	1	1	総数	人口、昼夜間人口比率	3	25												19A			○		
従①2	1	2	総数	就業者数	3	25												19B			○		
従①2	1	3	総数	通学者数	3	25												19B			○		
従①2	2		有配偶の女性	就業者数					5									19B			○		
従①3	3		総数	就業者・通学者	3									5B						11	○	○	○
従①4	4		総数	就業者・通学者	3									5B					11		○	○	○
従①6	6	1	総数	通勤者・通学者数	3																○	○	○
従①6	6	2	15歳以上	通勤者数	3																○	○	○
従①6	6	3	15歳以上	通学者数	3																○	○	○
従①8	8		15歳以上	就業者数	3					5A	25							19B			○		○
従①9	9		15歳以上	就業者数							25									11	○		○
従①10	10		15歳以上	就業者数							25								11		○		○
従①11	11	1	15歳以上	就業者数	3	23					25												○
従①11	11	2	15歳以上	役員を含む雇用者数	3	23					25												○
従①12	12		15歳以上	就業者数	3					5A		13						19B			○		○
従①13	13		15歳以上	就業者数								13								11	○		○
従①14	14		15歳以上	就業者数								13							11			○		○
従①15	15	1	15歳以上	就業者数	3	23						13											○
従①15	15	2	15歳以上	役員を含む雇用者数	3	23						13											○
従①16-2	16	1	15歳以上	就業者数	3						25	13											○
従①16-2	16	2	15歳以上	役員を含む雇用者数	3						25	13											○
(2010)従①11-2	17	2	15歳以上	通勤者・通学者数													20	19B			○		
(2010)従①12	18		15歳以上	通勤者・通学者数												11		19B			○		
(2010)従①13	19		15歳以上	通勤者・通学者数													20			11			○
(2010)従①14	20		15歳以上	通勤者・通学者数													20		11			○	
(2010)従①15	21		15歳以上	通勤者・通学者数												11				11			○
(2010)従①16	22		15歳以上	通勤者・通学者数												11			11			○	
世25	23	1	総数	一般世帯数			2						17		6						○		
世25	23	2	総数	一般世帯人員			2						17	5A							○		
世26-2	24		総数	一般世帯数				14					17								○		

注）表 2-1 に同じ
出所）表 2-1 に同じ

表 2-4　令和 2 年国勢調査における市区町村の集計項目一覧
（移動人口の男女・年齢等集計）

2015年（前回）結果表	主番号	枝番号	集計対象	表章事項	1 男女	4 年齢	16 配偶関係	29 世帯の家族類型	55 住宅の所有の関係	58 居住期間	59 世帯主の居住期間	102 5年前の常住地・現住地	103 5年前の常住地	105 現住地	7 全国、都道府県、市区町村	25 全国、都道府県、市区町村（現住地）	29 全国【総数】、都道府県、市区町村（5年前の常住地）
移①3	1		総数	人口	3	29A						19			○		
移①4	4		総数	人口	3	29A							13			○	○
移①5	5		総数	人口	3	29A								9		○	○
移①7	7	1	総数	人口	3					4					○		
移①7	7	2	5歳以上	人口	3					4					○		
移①8	8	1	総数	人口	3					8			13		○		
移①8	8	2	5歳以上	人口	3					8			13		○		
世1	15		総数	人口	3	28	5			8					○		
世2	16	1	総数	一般世帯数						11	8				○		
世2	16	2	総数	一般世帯人員						11	8				○		
世3	17	1	総数	一般世帯数				24			8				○		
世3	17	2	総数	一般世帯人員				24			8				○		

注）表 2-1 に同じ
出所）表 2-1 に同じ

表 2-5　令和 2 年国勢調査における市区町村の集計項目一覧
（移動人口の就業状態等集計）

2015年（前回）結果表	主番号	枝番号	集計対象	表章事項	1 男女	58 居住期間	59 世帯主の居住期間	64 従業上の地位	70 世帯主の労働力状態・従業上の地位	71 産業	72 職業	83 世帯主の産業	84 世帯主の職業	103 5年前の常住地	105 現住地	7 全国、都道府県、市区町村	25 全国、都道府県、市区町村（現住地）	29 全国【総数】、都道府県、市区町村（5年前の常住地）
移②4	10		15歳以上	就業者数	3									13			○	○
移②5	11		15歳以上	就業者数	3										9		○	○
世4	12		15歳以上	就業者数	3	8		11		25						○		
世5	13	1	総数	一般世帯数			8		14			25				○		
世5	13	2	総数	一般世帯人員			8		14			25				○		
世6	14		15歳以上	就業者数	3	8		11			13					○		
世7	15	1	総数	一般世帯数			8		14				13			○		
世7	15	2	総数	一般世帯人員			8		14				13			○		

注）表 2-1 に同じ
出所）表 2-1 に同じ

(2)「住民基本台帳人口移動報告」（総務省）

　住民基本台帳法の規定に基づき作成される住民基本台帳[16] により転入・転出など国内における移動者[17] の移動状況を明らかにした業務統計である。全国の市区町村については、総務省が年別（1〜12月）に集計しており、国勢調査が5年前との比較であるのに対して、より短期間の移動状況を全国的に把握することが可能で、公表時期が早いことも特長の一つである。

　住民基本台帳人口移動報告は、転入者や転出者[18] などの差から「転入超過数」を求めることができる。

　なお、同報告は、1954年から公表が始まり、2012年に住民基本台帳法が改正されるまで対象は日本人のみであった。近年、日本で暮らす外国人が増加傾向にあり、基礎自治体である市区町村においても、外国人に対する適切な行政サービスを提供する必要性が高まっており、同法改正後、2014年以降は年次データについて、市区町村における外国人移動者についての把握が可能になっている。

　直近では、コロナ禍における在宅勤務の拡大に伴う郊外需要の高まりや地方におけるリモートワークへの関心の高まりから、1990年代後半以降、一貫して転入超過が続いてきた東京一極集中の是正に対する関心が高まっている。

　住民基本台帳人口移動報告は、従来は年齢3区分別に市区町村別転出入人口が公表されていたが、2014年から男女別年齢5歳階級別に各市区町村に対する転出入人口が取得できるようになった。各市区町村の転出入人口を年齢別男女別に詳細に分析できることも大きな特長といえ、注目度は近年急速に高まっている。

(3)「住民基本台帳に基づく人口、人口動態及び世帯数調査」（総務省）

　本調査は、住民基本台帳法に基づき作成される住民基本台帳に記録された毎年1月1日現在の人口と世帯数（1968年開始）に加えて、前年の1月1日から12月31日までの間の人口動態（1979年度開始）について、市区町村長から都道府県知事を経由して総務大臣になされる報告に基づき、整理・集計される業務統計である。

　(3)は、人口に加えて(2)では得られない市区町村の出生者数や死亡者数が明らかになることが大きな特徴である。出生者数と死亡者数の差から「自然増減数」を求めることができる。また、(2)と異なり、国外との転出入や住民票の職権での記載や消除の内訳別に公表されており、人の国内移動と国際移動について総合的かつ長期時系列で比較を行うことができる。

　(2)と同様に2012年の住民基本台帳法の改正に伴って外国人住民が新たに同法の適用対象となったため、年次データについては、2013年調査から外国人住民の人口動態について把握することが可能となった。

---

[16] 氏名、生年月日、性別、住所などが記載された住民票を編成したもので、住民に関する各種事務処理（居住関係の公証、選挙人名簿への登録、公的年金・保険、児童手当等に関する被資格者の確認等）の基礎になる。

[17] 市区町村の境界を越えて、日本国内で住所を移した者をいうが、同一市区町村内で住所の変更をした者や従前の住所が不詳の者は対象に含めない。移動者は、住民基本台帳法の規定に基づき、当該期間内に転入届出のあった者及び職権記載がなされた者を計上している。

[18] 転入者の従前の住所地により総務省統計局で算出するもので、転出届出数とは必ずしも一致しない。

　また、2014 年調査からは、調査期日が 3 月 31 日現在から 1 月 1 日現在となり、調査期間についても 4 月 1 日～3 月 31 日から 1 月 1 日～12 月 31 日に変更されていることにも注意が必要である。

　人口変動の要因は、「自然増減」と「社会増減」に分けることができる。住民基本台帳に関して得られる (2) と (3) の統計を活用することで、全国の市区町村別に「自然増減」と「社会増減」を得ることができ、人口変動に関する要因分析が可能になる。

　少子高齢化の進展によって、本格的な人口減少社会に突入している我が国の市区町村では、多くの市区町村において「自然増減」は死亡者が出生者を上回る自然減の状態にある。人口が増加基調にある市区町村では、市区町村外からの人口の流入が流出を上回る社会増が自然減を上回ることで人口の増加を実現している例が多い。

(4)「人口動態統計特殊報告」（厚生労働省）

　人口動態統計特殊報告は、出生、死亡、婚姻、離婚及び死産の全数を対象とした人口動態統計（厚生労働省）のデータをもとに、通常の人口動態統計の報告書には掲載されていないテーマについても集計し、1984 年度以降、ほぼ毎年公表している加工統計である。

　人口動態統計特殊報告にはいくつかのテーマがあるが、地域の持続的発展の視点から最も重要な市区町村データは、「人口動態保健所・市区町村別統計」として公表されている合計特殊出生率である。

　2020 年 7 月 31 日に「平成 25 年～平成 29 年人口動態保健所・市区町村別統計」が公表され、全国の市区町村別合計特殊出生率が得られるようになったが、宮城県と福島県の一部[19] は未公表であることに注意が必要である。

(5)「日本の地域別将来推計人口」（国立社会保障・人口問題研究所）

　国立社会保障・人口問題研究所は、平成 27 年国勢調査を踏まえた「日本の将来推計人口（平成 29 年推計）」を 2017 年に公表した。この結果をもとに、2018 年 3 月 30 日に「日本の地域別将来推計人口（平成 30 年推計）」を同研究所のホームページ[20] にて公表している。

　「日本の地域別将来推計人口（平成 30 年推計）」は、市区町村別の将来推計人口を男女・年齢 5 歳階級別に推計している。推計の対象は、2018 年 3 月 1 日現在の 1 県（福島県）と 1798 市区町村（東京 23 区及び 12 政令指定都市[21] の 128 区とこれらに含まれない 766 市、713 町、168 村）である。福島県は、2011 年 3 月の東日本大震災に伴う福島第一原子力発電所の事故の影響によって将来推計人口を求めることが困難な状況にあることから、県全体の人口のみの推計となっていることに注意が必要である。なお、地域別の推計値の合計は、「日本の将来推計人口（平成 29 年推計）」の出生中位、死亡率中位仮定による推計値に合致する。

---

[19] 宮城県 1 町（女川町）、福島県 10 市町村（南相馬市、広野町、楢葉町、富岡町、川内村、大熊町、双葉町、浪江町、葛尾村、飯館村）

[20] 「日本の地域別将来推計人口（平成 30（2018）年推計）」
（https://www.ipss.go.jp/pp-shicyoson/j/shicyoson18/t-page.asp）

[21] 札幌市、仙台市、千葉市、横浜市、川崎市、名古屋市、京都市、大阪市、神戸市、広島市、北九州市、福岡市

　地域の持続的発展を考える上で、現在の人口を捉えることは、最も重要な視点のひとつである。一方で、将来人口の推計は、今後人口の急速な減少に直面する可能性があり、現状の延長線上に将来を想定することが難しい我が国の社会において、必要性が高まることが考えられる。「将来の地域のあるべき姿」を想定し、目標とする将来の姿から考えて、現在何を行うべきかを考えるバックキャスティング手法の導入の際には、ビジョンを策定する際の基礎的な指標になるからである。

(6) 経済センサス（総務省・経済産業省）

　経済センサスは、「経済の国勢調査」とも呼ばれ、全国の全ての事業所・企業[22]を対象とする我が国唯一の統計調査である。

　経済センサスは、事業所・企業の補足や基本的構造を明らかにすることに重点を置く「経済センサス−基礎調査」（総務省）と、事業所・企業の経済活動状況を明らかにする「経済センサス−活動調査」（総務省・経済産業省）の二つから成り立っている。経済センサスの実施によって作成される経済構造統計は、基幹統計の一つであり、我が国における重要な統計として位置づけられている。

　経済センサスの目的は、事業所及び企業の経済活動の状態や我が国における包括的な産業構造を明らかにすることに加えて、事業所・企業を対象とする各種統計調査の実施のための母集団情報を得ることとしている。

　経済センサスは、2009 年に第 1 回経済センサス−基礎調査が実施されて始まった比較的新しい調査である。経済センサスが実施されるまでは、産業を対象とした統計調査は、府省ごと、産業ごとに異なる年次や周期で実施されており、我が国全体の包括的な産業構造統計を作成することが出来なかった。また、産業全体に占める割合が高まったサービス分野の統計が十分でなく、GDP を推計するための基礎統計を整備する必要性が高まったこと、従来の調査手法（調査員調査）では的確な把握が困難な事業所が増加したことなどから、「経済財政運営と構造改革に関する基本方針 2005」（いわゆる「骨太の方針」）（平成 17 年 6 月 21 日閣議決定）において、全産業の経済活動を同一時点で網羅的に把握できる経済センサスの実施が提言された。

　経済センサスの創設に伴って、大規模統計調査の統合が行われた。「事業所・企業統計調査」及び「サービス業基本調査」は廃止され、「工業統計調査」（2011 年）、「商業統計調査」（2009 年）及び「特定サービス産業実態調査」（2011 年）は休止することになった。

①令和元（2019）年経済センサス−基礎調査について

　経済センサスの実施開始後、基幹統計である経済構造統計の作成は、経済センサス基礎調査と経済センサス活動調査によって行われていたが、2018 年に閣議決定された「公的統計の整備に関する基本的な計画」において、経済センサス活動調査の中間年における基幹統計調査の再編が打ち出され、令和元年経済センサス−基礎調査では、前回の 2014 年調査と調査方法が全面

---

[22] ただし、以下の事業所は調査の対象外である。①農業・林業に属する個人経営の事業所　②漁業に属する個人経営の事業所　③生活関連サービス業、娯楽業のうち、家事サービス業に属する事業所　④サービス業（他に分類されないもの）のうち、外国公務に属する事業所

的に見直されていることに注意が必要である。

　令和元年経済センサス－基礎調査では、大きく分けて5点に見直しのポイントを分けること
ができる。

ⅰ）外観把握調査の導入

　経済センサスでは、企業や地方公共団体の事務負担が重い本社一括調査及び調査員調査の併
用方式により、調査が行われていた。2019年調査では、全ての事業所の名称、所在地及び活動
状態を調査員が原則として外観から把握した上で、新規に把握した事業所（法人番号から追加
した事業所及び調査員が実地調査により新規に補足した事業所）にのみ調査票を配布する新た
な調査方法（外観把握調査）を導入した。

ⅱ）法人番号由来の事業所を名簿に追加

　国税庁は、2013年5月に成立した「行政手続きにおける特定の個人を識別するための番号の
利用等に関する法律」に基づき、法人に対して法人番号を指定し、公表（①商号又は名称、②
本店又は主たる事務所の所在地、③法人番号）している。

　2019年調査では、網羅的な事業所の把握を目的として、法人番号を新たな行政記録情報とし
て活用し、前回調査までに補足されていない事業所を活動状態等について確認する対象として
調査名簿に追加し、調査対象事業所としている。

ⅲ）ICTの活用及び調査事務の効率化

　外観把握調査の実施にあたっては、調査員用端末（タブレット端末）を導入し、調査にかかる
全ての情報をICT化しタブレット上で調査しながら確認できるようになった。同時に集計を行
う総務省統計局でも、そのデータをダイレクトかつタイムリーに把握することが可能になり、
進捗管理の効率化にも繋がっている。

ⅳ）調査期間の見直し

　従来は、同一時点（7月1日現在）における全国一斉の調査として行われてきたが、2019年調
査では、調査期間を前回の2か月間から10か月間（2019年6月～2020年3月）へ変更し、全国
の事業所を順次調査する方法を導入した。

　調査員の確保が困難になる中で、調査期間の変更によって、一度に必要とする調査員数を平
準化し統計調査員の削減を実現した。

ⅴ）乙調査の見直し

　官公営の事業所に関する乙調査は、これまで経済センサス基礎調査でのみ行われ、活動調査
では調査対象外となっていたが、2019年調査から、原則として毎年、官公営の事業所情報を更
新する予定である。

　以上のような変更によって、基礎調査の大きな目的のひとつである各種統計調査の基礎とな
る母集団情報の整備は大きく進んだ。

　例えば、平成28年経済センサス－活動調査と令和元年経済センサス－基礎調査の民営事業所

について比較すると、総数は2016年調査の5,578,975から2019年調査では6,398,912へ14.7%ほど増加した。一方で、2019年調査の新規把握事業所は、同680,456から同1,187,518へ74.5%も増加した。新規把握事業所が大きく増加したのは、2019年調査から法人番号を活用し、法人番号サイトに登録があり前回までの調査で捉えられていなかった事業所を調査名簿に追加したためと考えられる。そのため、2019年調査では、従来使用していた「新設事業所」ではなく、「新規把握事業所」という名称を使っており、経済センサス調査内での時系列の比較を行う際には注意が必要である。

また、2019年調査では、新規把握事業所は詳細な調査を行っているため、市区町村レベルでも事業所数に加えて（産業別経営組織別）従業者数が表章されている。その他の事業所については、名称や所在地、活動状態に関する調査のみしか行われていないため、（産業別経営組織別）事業所数のみの表章にとどまっている。同調査では、市区町村レベルにおける全体の従業者数などが求められないため、前回調査との比較を行う際には注意が必要である。

(7)「農林業センサス」（農林水産省）

農林業センサスは、統計法に基づく基幹統計である「農林業構造統計」を作成するための基幹統計調査である。

我が国の農林業の生産構造や就業構造、農山村地域における土地資源など農林業・農山村の基本構造の実態とその変化を明らかにし、農林業施策の企画・立案・推進のための基礎資料となる統計を作成し、提供することを目的に実施されている。

農林業センサスは、国際連合食糧農業機関（FAO）が提唱した「1950年世界農業センサス要綱」に沿って1950年に世界農業センサスとして始まった。その後、10年ごとに世界農業センサスを、その中間年に我が国独自の農業センサスを実施した。世界農業センサスは、1960年から農業部門に加えて林業部門も調査を実施した世界農林業センサスとして実施された。2005年の農林業センサスからは、それまで農業と林業を別々に調査していた体系を改め、農業と林業の経営を一体的に把握する調査形態となり、以降は5年ごとに実施している。最新の調査は、2020年農林業センサスであり、2020年2月1日現在で実施された。

農林業センサスの調査体系は、農林業経営を把握するために個人、組織、法人などを対象にして実施する「農林業経営体調査」と、農山村の現状を把握するために全国の市区町村や農業集落を対象に実施する「農山村地域調査」に大別される。

農林業センサスは悉皆調査であるが、農林業経営体調査の調査対象は、農林生産物の生産を行うか又は委託を受けて農林業作業を行い、生産又は作業に係る面積・頭羽数が一定規模以上の全国の「農林業生産活動」を行う者（農林業経営体[23]）を対象とする。

農林業経営体調査の調査項目は、以下の通りである。
・経営の態様
・世帯の状況
・農業労働力

---

[23] 具体的な規模や規定内容については、以下を参照のこと。用語の解説（農林業経営体調査）（https://www.maff.go.jp/j/tokei/kouhyou/noucen/gaiyou/attach/pdf/index-13.pdf）

・経営耕地面積等
・農作物の作付面積等及び家畜の飼養状況
・農産物の販売金額等
・農作業受託の状況
・農業経営の特徴
・農業生産関連事業
・林業労働力
・林産物の販売金額等
・林業作業の受託の状況
・保有山林面積
・育林面積等及び素材生産量
・その他農林業経営体の現況

　農山村地域調査の調査対象は、全ての市区町村及び市街化区域に含まれる農業集落を除く全ての農業集落を対象とする。
　農山村地域の調査項目は、以下の通りである。
・総土地面積、林野面積（市区町村用）
・地域資源の保全状況、活用状況（農業集落用）
・その他の農山村地域の現況（農業集落用）
　農山村地域調査における市町村別データの中で特に注目すべきは、農業集落数と林野面積の推移、活性化のための農業集落における各種活動状況（各種イベント、グリーン・ツーリズム、6次産業化、定住推進、再生可能エネルギー等）である。

　上記の農林業経営体調査において公表されている膨大な調査結果の中で、地域の持続的発展を考える上で重要であり、市区町村レベルで取得が可能な農業関連データとして、以下のものがあげられる。

①農家及び農業経営体
　農業センサスは、従来は農家を中心とした構成であったが、2005年から「農業経営体」の概念が導入され、農家に関する統計は、並行して公表されている。「農業経営体」の定義は、①経営耕地面積30a以上、②野菜・果樹・家畜等の規模が一定基準（販売額50万円相当）以上、③農作業受託のいずれかに該当する者であるのに対して、現在の「農家」の定義は経営耕地面積10a以上または農産物販売額15万円以上の世帯が該当する。定義からもわかるように、農業経営体の定義は農家の定義よりも規模が大きい。2020年の農林業センサスでは、農業経営体は「農家」のうち①経営耕地面積30a以上または農産物販売額50万円以上の「販売農家」を中心とした「個人経営体[24]」と組織経営体（法人、非法人）に家族経営の法人を加えた「団体経営体」

---
[24] 個人（世帯）で事業を行う経営体。

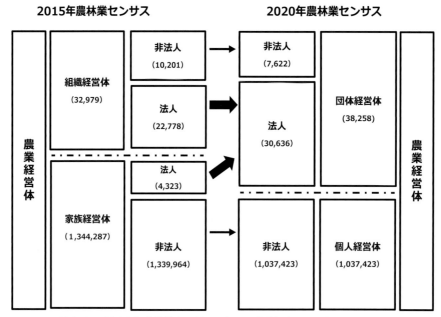

図2-2　2020年農林業センサスにおける農業経営体の属性区分の変更
　出所）農林水産省大臣官房統計部経営・構造統計課センサス統計室「2020年農林業センサス
　　　　結果の概要（概数値）」より筆者作成

から構成される。農業経営体は、農家のうち小規模な自給的農家[25]を含んでいないことに注意
する必要がある。

　さらに、農業経営体の内訳について2020年の農林業センサスと時系列比較を行う際には、
2015年までは**図2-2**で示されるように、農業経営体は組織経営体と家族経営体から構成され、
家族経営の法人は家族経営体に含まれていたため、注意が必要である。

　全国の農業経営体数は大きく減少しているが、団体経営体のうち、「法人経営体」は増加を続
け、農業経営における法人化（農事組合法人、会社法人等）が近年着実に進んでいることを示し
ている。

　一方で全国の総農家数（販売農家＋自給的農家）は、一貫して減少が続いており、特に販売農
家数の減少は大きい。

　経済センサスでは、農業、林業に属する個人経営の事業所は調査の対象外であり、農業の大
多数を占める個人経営を含めた農業の現状を把握することができない。地方部では、農業が産
業基盤として一定の役割を果たしている地域があることから、農業の現状や地域の持続性を正
確に把握する必要がある。経済センサスに加えて、農林業センサスの調査結果を加えることで、
農業の正確な姿や課題、方向性等についてより詳細に捉えることが可能になる。

　なお、販売農家に関しては1995年から販売農家を「主業農家[26]」「準主業農家[27]」「副業的農家[28]」

---

[25] 経営耕地面積10～30aかつ農産物販売額50万円未満
[26] 農業所得が主で年間60日以上農業に従事する65歳未満の世帯員がいる。
[27] 農外所得が主で年間60日以上農業に従事する65歳未満の世帯員がいる。
[28] 年間60日以上農業に従事する65歳未満の世帯員がいない。

の３つに分類する主副業別農家数が集計されている。2020 年農林業センサスでは、販売農家に加えて個人経営体についても主副業別農業経営体数が集計されているが、一方でこれまで農業の担い手を表す指標として使われてきた専兼業別統計（専業農家と兼業農家（第一種、第二種）に分類した統計）は 2020 年農林業センサスにおいて集計が行われなくなった。

②農業労働力

　農林業センサスでは、農業における家族労働力（農家世帯員の労働力）を把握する統計として、これまで農業就業人口と基幹的農業従事者について作成してきた。農業就業人口及び農業従事者は、1990 年より販売農家のみを対象として調査されてきたため、自給的農家の農業従事者は長年にわたり対象外となっていることに注意が必要である。

　また、2020 年の農林業センサスでは、これまで行ってきた農業就業人口[29] の把握を廃止し、（個人経営体における）基幹的農業従事者[30] のみについて集計を行っている。基幹的農業従事者は、ふだんの状態が「主に自営農業」であることが条件となっているため、ふだん学生や家事・育児が中心であると、農業のみに従事していても基幹的農業従事者には含まれないなど農業の現状と比較すると狭い概念であることに注意が必要である。

　我が国における主要な農業の担い手である基幹的農業従事者は減少傾向が続いており、年齢階層別に基幹的農業従事者数をみると、若年労働者の占める割合が著しく低く、65 歳以上の高齢者が大半を占めるいびつな構造に陥っている。

　当該市区町村における基幹的農業従事者数の推移や年齢別従事者数を求めることで、農業の持続的発展の可能性について分析を行うことができる。

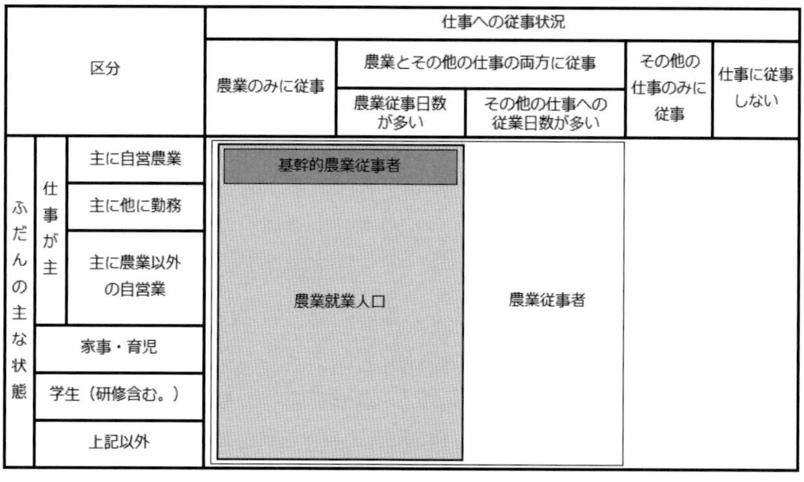

区分			仕事への従事状況				
			農業のみに従事	農業とその他の仕事の両方に従事		その他の仕事のみに従事	仕事に従事しない
				農業従事日数が多い	その他の仕事への従業日数が多い		
ふだんの主な状態	仕事が主	主に自営農業	基幹的農業従事者				
		主に他に勤務	農業就業人口		農業従事者		
		主に農業以外の自営業					
	家事・育児						
	学生（研修含む。）						
	上記以外						

図 2-3　世帯員の就業状態区分

出所）「農林業センサス等に用いる用語の解説」
（https://www.maff.go.jp/j/study/census/2015/1/pdf/sankou5.pdf）より筆者作成

---

[29] 自営農業に従事した世帯員（農業従事者）のうち、調査期日前１年間に自営農業のみに従事した者又は農業とそれ以外の仕事の両方に従事した場合でも自営農業が主の者をいう。
[30] 農業就業人口のうち、ふだん仕事として主に自営農業に従事する人をいう。

　一方で、農業における雇用労働については、「常雇い[31]」と「臨時雇い[32]」に分けて調査が行われている。雇用者数とともに、雇い入れを行った経営体数が調査されているため、経営体当たりの雇用者数を求めることで雇用規模を求めることができる。また、個人経営体と団体経営体別に集計されているため、両者の違いなどについても分析を行うことができる。

　2015年まで全国の常雇い数は増加傾向で推移し、2005年の約12.9万人から2015年には約22.0万人へ増加した。近年の常雇い数の増加要因のひとつとして、農業経営の法人化が進んだことがある。農業法人等は経営規模の拡大を積極的に行っているために雇用ニーズが高く、農林漁業における有効求人倍率は、全産業平均を一貫して上回っている。

　また、全国における常雇い人数の年齢階層別割合は、高齢化が進む基幹的農業従事者よりも年齢構成が若い。若い農業従事者の参入は、地域における農業の持続可能性を高めることに繋がるため、地域分析の際の重要な視点になると考える。

　なお、2020年の農林業センサスでは、5年前に比べて依然として法人経営体は増加したが、これまで増加基調であった全国の常雇い数は約15.7万人と減少に転じた。農業を将来に向けた持続的な産業とするには、農業の担い手となる若手の新規就農者を飛躍的に増やすとともに、定着させていくことが喫緊の課題となっている。

　以上の視点から、当該市区町村における農業の雇用構造について分析を行うことで、農業の持続可能性や課題等について整理把握を行うことができる。

③農地（経営耕地面積）

　農家や農業経営体は経営耕地面積[33]が調査されているため、農家や農業経営体当たりの経営耕地面積を求めることができる。

　農業経営体については、経営耕地面積規模別経営体数が求められることから、経営耕地面積規模別の経営体数の増減などを時系列比較することが可能である。

　全国的な傾向では、経営耕地面積規模が大きい層を中心に農業経営体数の占める割合が高まっているが、対象市区町村と比較し経営耕地面積規模別の経営体数の割合をみることで、当該地域の農業における問題点等の詳細な把握に役立つ可能性がある。

　また、経営耕地面積について、経営耕地総面積と借入耕地面積、自作地面積に分けることで農地集積の動向をみることができる。例えば、借入耕地面積が経営耕地面積全体に占める割合の推移をみることで、当該市区町村における農地の流動化の程度について評価を行うことができる。全国的な傾向としては、農地の流動化は着実に進展しており、借入耕地面積が経営耕地面積に占める割合は2020年には4割近くに達している。

　また経営耕地面積については、田、畑、樹園地に分けて借入耕地面積が経営耕地面積全体に占める割合についてもみることができる。

　さらに、販売目的の作物については、種別に作付（栽培）経営体数と作付（栽培）面積につい

---

[31] 主として農業経営のために雇い、あらかじめ7か月以上の期間を定めて雇用契約した人のことをいう。
[32] 農業経営のために臨時に雇った人で手間替え・ゆい（労働交換）、手伝い（無償労働）を含む。
[33] 調査期日現在で農林業経営体が経営している耕地をいい、所有地（田、畑、樹園地）−貸付耕地−耕作放棄地＋借入耕地で求められる。

ても市区町村別に集計されているが、秘匿処理されている場合も多く、作付や栽培に関する詳細な分析を行うことは一定程度の制約がある。

　なお、経営耕地面積を評価する際には、北海道とその他の都府県を分けて分析することが多い。**表2-6**は、全国、北海道、都府県の平均的な経営耕地面積を比較したものだが、北海道とその他の都府県の農業の規模が大きく異なることを示しており、道内の市町村とその他の都府県の市区町村を比較する場合には注意を要する。

表 2-6　農業経営体当たりの経営耕地面積

	2015 年	2020 年
全国平均	2.54	3.05
北海道平均	26.51	30.21
都府県平均	1.82	2.15

単位）ha
出所）農林水産省「農林業センサス」より筆者作成

④販売金額

　販売金額について市区町村の合計額は不明であるが、農産物の販売金額規模別農業経営体数及びその増減率が示されている。

　当該市区町村では、販売金額規模別にみてどの層の割合が高いのか、また5年前の前回調査と比べてどの層の割合が高まっているかを知ることができる。

　全国的な傾向では、規模が大きい層を中心に農業経営体数が高まっており、販売金額3000万円以上の層で農業経営体数が増加していることが示されている。

　また、農産物販売金額が1位の部門別に農業経営体数の構成割合が示されており、当該市区町村において農産物販売の主力となっている部門を把握するとともに、時系列比較による構成割合の増減をみることで販売構造の変化について把握することができる。全国的な傾向では、2020年においても稲作が販売金額1位を占める農業経営体数は過半を超えるが近年では減少傾向にあり、野菜や果樹の割合が増加傾向にある。

　さらに、農産物販売金額1位の出荷先別に農業経営体数の構成割合を市区町村別に把握することができる。全国的な傾向では、2020年において農協が64.3%を占めているが、近年では減少傾向にある。

⑤その他

　市区町村における農業の持続性を考える上で重要となるその他の指標は、後継者に関する指標である。農林業センサスでは、後継者の確保状況別の農業経営体数を求めている。後継者を確保している場合には、親族、親族以外の経営内部の人材、経営外部の人材など内訳についても調査を行っている。

　全国では、5年以内に農業経営を引き継ぐ後継者を確保している割合は、2020年で24.4%にとどまっている。当該市区町村において、後継者の確保割合とともに後継者の内訳についてもみることで、さらに詳細な分析を行うことができる。

⑥林業経営体

　林業経営体に関する主な指標は、まず組織形態別の林業経営体数から、林業経営体数の全体推移や法人経営体、個人経営体別に推移をみることが基本となる。

　また、保有山林面積規模別に林業経営体の構成割合や時系列比較を行うことで、当該市区町村における林業経営体の規模等を把握することができる。全国的には、1経営体当たりの保有山林面積は増加しており、10ha以上の林業経営体の構成割合が高くなっている。

　さらに、素材生産量をみると、当該市区町村において素材生産を行った経営体数と生産量がわかるが、林業経営体数が減少傾向にある中で全体的には秘匿処理をされた市区町村も多く、分析の際には一定の制約を受けることになる。

　以上、農業、林業に関する市区町村別データについて取り上げてきたが、農林業の他に経済センサスで個人事業所を調査対象外とする産業に漁業がある。

　漁業については、漁業センサス（基幹統計調査）を用いることで漁業に関する地域の産業動向を分析することができるが、本書では紙面の関係より割愛する。

(8)「市町村別農業産出額（推計）」（農林水産省）

　市町村別農業産出額（推計）は、農林業センサスでは捉えることが難しい市町村における農業生産のボリュームについて経済的な評価を加えるもので、農業産出額の合計を具体的な金額で評価している。

　市町村別農業産出額は、生産農業所得統計（都道府県別推計）における都道府県別農業産出額[34]を農林業センサス及び作物統計を用いて市町村別に按分した加工統計である。2014年より毎年実施され、一部の推計結果は農林水産省のホームページ[35]にて公表されている。具体的な推計方法は以下の通りである。

$$市町村別農業産出額（推計）＝都道府県別農業産出額 \times \left(\frac{市町村別作付面積（飼養（出荷）頭羽数）等}{都道府県別作付面積（飼養（出荷）頭羽数）等} \right)$$

　なお、市町村別農業産出額は、2006年まで生産農業所得統計（加工統計）による都道府県別推計生産農業所得を市町村単位で推計し公表していたが、2014年から公表が始まった市町村別農業産出額（推計）とは推計方法が大きく異なる[36]ため、注意が必要である。

　調査項目は、耕種、畜産、加工農産物について、それぞれ米、野菜、果実、花きや肉用牛、乳用牛、豚、鶏等などの部門別に産出額が推計されている。さらに、詳細品目別にも公表され、

---

[34] 都道府県を一つの推計単位とし、生産された農産物の価値額について、農産物の生産量及び価格に関する諸統計等を用いて推計したもので、算定式は以下の通りである。
　　都道府県別農業産出額＝Σ（品目別生産数量×品目別農家庭先販売価格）

[35] 市町村別農業産出額（推計）
　　（https://www.maff.go.jp/j/tokei/kouhyou/sityoson_sansyutu/index.html）

[36] 2006年まで作成していた市町村別農業産出額とは、①自家消費等の扱い ②属地統計と属人統計の違い ③地域特産品の価格差 ④単位当たり収穫量の地域差 の点で異なる。詳細は、1 従来の市町村別農業産出額との相違点（https://www.maff.go.jp/j/tokei/kouhyou/sityoson_sansyutu/gaiyou/index.html#2）を参照のこと。

だいこんやにんじん、さといもといった個別品目に関する産出額と都道府県内順位及び全国順位が公表されているが、産出額は秘匿処置がされているため、具体額が不明な品目がある。

(9)「工業統計調査」（経済産業省・総務省[37]）

　工業統計調査は、統計法に基づく基幹統計調査であり、我が国工業の実態を明らかにし、工業に関する施策の基礎資料を得ることを目的に実施されている重要な調査である。

　調査の開始は、1909年と国勢調査より早くから行われ、全国の製造業に関する事業所のうち、従業者4人以上[38]の事業所を対象に、従業者30人以上の事業所を対象とした甲調査と、従業者が4人以上29人以下の事業所を対象とした乙調査によって、毎年実施されてきた。甲種調査票は、有形固定資産や工業用地及び工業用水等に関する調査項目が含まれ、より詳細な調査が行われている。

　市区町村における工業の実態を把握するためには大変重要な統計調査であり、昭和30年代から刊行された工業統計調査「市区町村編」を主に活用することで、工業に関する事業所数、従業者数、現金給与総額、原材料使用額等、製造品出荷額等、付加価値額の数値結果について毎年得ることができ、2004年からは従業者数の秘匿についても解除されることで、市町村レベルでさらに多くのデータを得られるようになった。

　調査結果は、他の統計データと同様にe-Statにて取得が可能だが、経済産業省のホームページでは、過去に遡って取得することが可能であるなど、公表データの内容に一部違いがある。

　一方で、近年は平成24年経済センサス−活動調査及び平成28年経済センサス−活動調査の実施に伴って、2011年工業統計調査、2015年工業統計調査が中止となった。

　そのため、2011年工業統計調査は平成24年経済センサス−活動調査、2015年工業統計調査は平成28年経済センサス−活動調査の中の製造業に関する以下の調査事項にて把握が行われている。

・従業者4人以上の事業所であること
・管理、補助的経済活動のみを行う事業所ではないこと
・製造品目別に出荷額が得られた事業所であること

　経済センサス−活動調査の製造業に関する調査結果のうち、以上の全てに該当する製造事業所について集計を行い、経済センサス−活動調査 産業別集計（製造業）として公表している。本社等が含まれ、全事業所を対象とした産業横断的集計における製造業とは集計対象が異なるため、数値は一致しないことに注意が必要である。

　経済センサス−活動調査 産業別集計（製造業）は、工業統計調査との時系列比較を可能とするために再集計されたものであるが、比較を行う際にはいくつかの点について注意が必要である。

---

[37] 2019年より経済産業省の専管調査から総務省及び経済産業省の共管調査に変更
[38] 2010年から特定年（西暦の末尾が0、3、5、8年）で行われてきた全数調査が廃止され、経済センサス−活動調査実施対象年以外は4人以上の事業所を対象としている。

　まず、工業統計調査の実施にあたっては、独自の母集団名簿（工業調査準備調査名簿）を活用しているが、経済センサスの実施の際に利用される事業所母集団データベースは利用していない。経済センサス−活動調査 産業別集計（製造業）と工業統計調査では、母集団が異なることに注意が必要である。

　また、経済センサス−活動調査 産業別集計（製造業）のうち、事業所数及び従業者数は、2012年（平成24年）調査が2012年2月1日現在、2016年（平成28年）調査が2016年6月1日現在の数値であるのに対して、（当時の）工業統計調査は12月31日現在の数値であるため、調査時点が異なることに注意が必要である。

　なお、平成28年経済センサス−活動調査においては、製造品出荷額等、付加価値額については個人経営調査票による調査分を含まない集計結果になっていることにも注意が必要である。

　その後、2017年工業統計調査（2016年実績）からは、統計表の再編や調査期日の変更、調査項目等の大幅な変更が行われた。公表項目（集計内容）は、①速報、②産業編概要版、③産業編、④品目編、⑤市町村編、⑥用地用水編、⑦工業地区編、⑧企業編、⑨詳細情報の構成から、①速報、②産業別統計表概要版、③産業別統計表、④品目別統計表、⑤地域別統計表へ再編され、国が公表する市区町村データは⑤地域別統計表の中で扱われることになった。

　工業統計調査で得られる市区町村データは、全国版では、従来市区については後述する日本標準産業分類[39]のうち中分類について集計されているが、町村についてはより範囲の大きい大分類の製造業について集計されているため、特に工業が盛んな町村、例えば広島県安芸郡府中町（ふちゅうちょう）や山梨県南都留郡忍野村（おしのむら）について工業の分析を行う際には中分類別のデータを使った方が正確である。町村別の中分類データは、国ではなく、各都道府県等が公表しているデータを使用する必要がある。そのほか、用地（敷地面積等）・用水（淡水用水量等）に関するデータなど各都道府県で公表しているデータは、国が公表しているものより細かく発表されているケースも多く、分析地域や目的に応じて的確な統計資料を収集する必要がある。

　なお、工業統計調査は、2021年の製造業に関する調査事項は、2021年6月実施の経済センサス−活動調査において把握され、2022年以降については、経済構造実態調査に包摂され、2020年調査をもって中止される。

　経済構造実態調査は、我が国全ての産業の付加価値構造を明らかにし、国民経済計算の精度向上に資するとともに、5年ごとに実施する「経済センサス−活動調査」の中間年の実態を把握することを目的として実施している。経済構造実態調査は、「経済センサス−活動調査」が行われる年を除いて毎年実施され、2019年に開始された。2022年からは、新たに同調査の一部として、経済構造実態調査（製造業事業所調査）が加わり毎年実施される[40]。

---

[39] 第Ⅲ章を参照のこと。

[40] 経済構造実態調査への包摂にあたっては、工業統計調査の調査事項は変更されないものの、経済センサス−活動調査とのより円滑な接続に繋がることを考慮して、工業統計調査からの変更が行われている。
　　主な変更点については、経済産業省調査統計グループ構造統計室（2022）を参照のこと。
　　なお、経済構造実態調査の製造業事業所調査においては、市区町村別結果について集計事項とされていないものの、参考表として特別集計することを検討するとしている。（2022年以降の経済構造実態調査の実施方針（案）等について（https://www.stat.go.jp/info/kenkyu/kkj/pdf/giji04-1.pdf））

（10）「商業統計調査」（経済産業省）

　商業統計調査は、統計法に基づく基幹統計調査で、全国の卸売業、小売業など商業を営む全ての事業所について、業種別、業態別、従業者規模別、地域別等に事業所数、従業者数、年間商品販売額、売場面積（小売業のみ）等を把握し、我が国商業の実態と商業に関する施策の基礎資料を得ることを目的として実施されている。

　市区町村における商業の実態を把握するためには大変重要な調査であり、2014 年の商業統計調査では、市区町村データは、市区町村表の中で市区と町村に分けて公表されている。市区と町村で集計される産業分類[41] が異なるため、市区町村を比較するためには、卸売業と小売業中分類レベルで比較することが必要になる。

　調査項目は市区と町村で共通している。卸売業は、事業所数、従業者数、年間商品販売額であり、小売業は、事業所数、従業者数、年間商品販売額、売場面積である。

　なお、事業所数と従業者数以外の項目については、秘匿処置がとられていることに注意が必要である。

　同調査は、1952 年に調査を開始し、1976 年までは 2 年ごと、1997 年までは 3 年ごと、2007 年までは 5 年ごとに本調査を実施し、本調査の 2 年後の中間年には簡易調査を実施した。2009 年以降は、経済センサス–活動調査実施の 2 年後に実施したが、2014 年商業統計調査を経済センサス–基礎調査と同時実施した後に、2018 年に経済構造実態調査が創設された。創設の際に、総務省所管の一般統計調査であるサービス産業動向調査（拡大調査）、経済産業省所管の基幹統計調査である特定サービス産業実態調査、商業統計調査の 3 調査が統合されたため、2014 年調査を最後に同調査は廃止された。

　同調査は、工業統計調査と同様に経済センサス–活動調査の中で卸売業、小売業に関する調査事項を把握しており、産業別集計のうち、「卸売業、小売業に関する集計」として行われている。2012 年及び 2016 年の経済センサス–活動調査、2014 年商業統計調査と過去の商業統計調査を市区町村レベル[42] で比較する場合にはいくつかの注意点がある。

　また、同調査は、工業統計調査と同様に、独自の母集団名簿（商業準備調査名簿）を活用しているが、経済センサスの実施の際に利用される事業所母集団データベースを利用していないため、両者を比較する際には注意が必要である。2014 年調査についても、経済センサス–基礎調査と一体的に調査を実施したため、母集団名簿にない新規の事業所に対しても調査を行っており、同様の注意が必要である。

　さらに、2012 年調査、2016 年調査、2014 年調査では、商業統計の産業細分類の格付けに必要な事項の数値が得られた事業所であることが市区町村表の集計対象とする条件の一つになっている。新規の調査対象に対して、通常の商業統計調査で配布している調査票ではなく、経済センサスで使用する全産業共通の調査票を使うことで、産業細分類の格付けに必要な調査項目

---

[41] 日本標準産業分類を表し、詳細は第Ⅲ章を参照のこと。
[42] 都道府県レベルで比較を行う場合には、「管理、補助的経済活動」のみを行う事業所が一部含まれるなど、さらに注意が必要である。詳細は、例えば平成 28 年経済センサス–活動調査については、以下を参照のこと。利用上の注意
　（https://www.meti.go.jp/statistics/tyo/census/28result/pdf/h28r_oroshi.pdf）

の数値が得られなかった事業所が存在したことが指摘[43]されており、比較には注意が必要である。

　なお、工業統計調査と比較すると、商業統計調査の調査対象となる産業は、時代とともに新たなビジネスモデルが生まれるなど新陳代謝や変化が盛んな産業である。新たな産業が発展することで同調査の調査対象が変化し、業種間の比較に注意が必要な場合があることに留意する必要がある。例えば、2007年調査と2014年調査を比較すると、「持ち帰り飲食サービス業」や「配達飲食サービス業」は、日本標準産業分類の改定によって商業統計調査の調査対象外となっている。調査期日も従来の6月1日実施から2014年調査では7月1日に改められ、2012年調査の2月1日、2016年調査の6月1日とそれぞれ異なることも注意が必要である。

　以上のことから、新規の地域分析に同調査を使用することは出来ないが、これまでの商業の業態変化（コンビニエンスストアやドラッグストア、無店舗販売の台頭や百貨店の低迷）、周辺地域を含めた大型店の動向（事業所あたりの売場面積）、小売吸引度[44]等の把握などを行う際には貴重な資料であるため、今後もしばらくは重要な統計調査になると考える。

　工業統計調査と同様に、全国版で発表されているものに比べて、（業態別動向や大型小売店動向など）都道府県から発表されている商業統計調査の方が細かく発表されているケースも多く、分析地域や目的に応じて的確な統計資料を選択して収集する必要がある。

（11）医療・福祉系の事業所・サービスに関する統計調査

　医療・福祉施設やそれに伴うサービスの充実は、住民の生活を支え住民満足度にも繋がる重要なインフラであり、地域の持続的発展にも資するものであるが、（事業所数や従業者数等の基礎的な内容を除けば）これらに関する統計やデータについて網羅的に扱うものはなく、内容により複数の統計に分かれて公表されているため、以下でそれぞれ統計等の概要について整理を行う。

　各統計においても、都道府県等のデータに比べて市区町村データは部分的な内容のみが公表され、単独の統計から詳細な分析を行うことは難しいが、一つの統計から得られる結果を他の統計の結果と組み合わせて分析することで市区町村における医療・福祉に関する現状や課題の把握をある程度は行うことができる。

①「社会福祉施設等調査」（厚生労働省）

　社会福祉施設等調査は、全国の老人福祉施設や障害者支援施設、児童福祉施設等の社会福祉施設を対象に1956年から毎年、社会福祉行政の推進のための基礎資料を得ることを目的として実施されている一般統計である。

　調査項目は、施設数・事業所数、在所者数、従事者数等である。調査対象となる施設につい

---

[43] 平成26年商業統計調査結果について（https://www.meti.go.jp/statistics/tyo/syougyo/result-2.html）

[44] 店舗や商店街、ショッピングセンター等の商業集積が他地域から購買力を吸引しているのか、反対に購買力が地域外へ流出しているのかを示す指標である。当該市区町村における一人当たり小売業の年間商品販売額÷全国の一人当たり小売業の年間商品販売額で求め、1を上回っていれば、他地域の商圏から購買力を吸引し、1を下回れば他地域へ購買力が流出していることを示す。第Ⅴ章において詳細な説明を行う。

ては、2017 年調査までは全数調査を行っていたが、2018 年調査以降は、一部の施設（保育所、有料老人ホーム）については標本調査[45] を行っている。そのため、一部のデータ（詳細票）については 2017 年以前の調査結果と 2018 年以降の調査結果の実数比較を行う際には、留意が必要である。

　市区町村別データとして、社会福祉施設等に関する施設数や定員数が公表されており、これらの推移を把握することで充実度等について分析を行うことができる。

②「保育所等関連状況取りまとめ」（厚生労働省）

　保育所等関連状況取りまとめは、全国の保育所等の状況を把握することを目的に保育所の定員や待機児童数について、毎年 4 月 1 日時点での状況をまとめたもので、厚生労働省のホームページで公表されている。2015 年度の調査からは、従来の保育所に加えて、幼保連携型認定こども園等の特定教育・保育施設と特定地域型保育事業（うち 2 号・3 号認定）が調査対象に加わっている。

　主な調査項目は、市町村別の保育所等の利用定員や保育所等の利用児童数、待機児童数であり、特に注目度が高いのは「保育所等利用待機児童数調査」（厚生労働省子ども家庭局保育課調べ）をデータの出典とする待機児童数である。

　サービス業を中心とした産業構造の変化や 1986 年の男女雇用機会均等法の施行等に伴う共働き世帯の増加によって保育への需要が急増し、少子化の進展とともに待機児童は 1990 年代半ばには大きな社会問題となった。

　全国の待機児童数は、1995 年に初めて国によって公表され、28,481 人に達した。その後、全国の待機児童数には大きな減少がみられず、増減を繰り返していたが、近年では、保育の受け皿の拡大が進んだことで減少に転じている。2021 年 4 月時点の待機児童数は、調査開始以来最小の 5,634 人となったが、2022 年 4 月時点ではさらに減少して 2,944 人となり、過去最少を 4 年続けて更新した。

　待機児童数の明確な減少は、待機児童に対する対策が量的拡大から質向上に軸足を移す時期に来ていることを示している。日本の配置基準は、4～5 歳児について、保育士 1 人で 30 人をみるが、英国やフランスでは、3 歳児以上であれば保育士 1 人でみるのは 15 人以下である。また、内閣府「令和 3 年教育・保育施設等における事故報告集計」によれば、2021 年に教育・保育施設で発生した事故件数[46] は、前年比 332 件増の 2,347 件で現行の集計方法にした 2015 年以降で最多となった。事故件数が増加している背景には、保育現場における慢性的な人手不足も指摘されており、質の向上は喫緊の課題になっているといえる。

　一方で待機児童の定義から外れてしまう「隠れ待機児童」の問題は、長年指摘されている。2017 年 3 月には待機児童の定義の変更が行われているが、特定の保育所を希望している場合には待機児童に含めてなくてよい等の例外が依然として残っていることや、コロナ禍による保育

---

[45] 全国の施設・事業所をサービス、都道府県、施設の規模別に層化無作為抽出を行い、新設の施設については悉皆調査としている。

[46] 死亡事故、治療に要する期間が 30 日以上の負傷や疾病を伴う重篤な事故等（意識不明（人工呼吸器を付ける、ICU に入る等）の事故を含む。）で 2021 年に国に報告があったもの。

の利用控えも指摘される中で、2022年4月時点で隠れ待機児童は6万1,283人に達すると指摘されている。また、待機児童のうち、77.2％は1歳児と2歳児が占めており、保育ニーズに対して、受け入れ体制が十分でない層で集中的に待機児童が発生していることを示している。以上のことから、量的不足の問題は解消に向かっているとはいえるが、現状においても、量の問題が完全に解消されたとはいえない状況にあると考える。

なお、10月1日時点の待機児童の状況については、自治体ごとに保育所入所手続等が異なるため参考値としてこれまで集計していたが、2021年より厚生労働省による全国集計は行われなくなったので注意が必要である。

③「医療施設調査」（厚生労働省）

医療施設調査は、病院及び診療所（以下、「医療施設」という。）の分布及び設備の実態を明らかにするとともに、医療施設の診療機能を把握し、医療行政の基礎資料を得ることを目的として実施されている基幹統計調査である。

同調査は、1948年の「施設面からみた医療調査」を前身とし、1953年には指定統計となった。その後、1972年までは毎年調査を行っていたが、1973年からは、調査時点で開設している全ての医療施設の詳細な実態の把握を目的とした「医療施設静態調査」を1975年から3年ごとに実施するとともに、医療法に基づき開設・廃止・変更等の届出を受理又は処分した医療施設を対象とした「医療施設動態調査」を毎月実施することとし、現在に至っている。

したがって、医療施設動態調査は、医療施設静態調査の結果に医療施設の開設、廃止等の状況が順次加減されて作成され、例えば令和3年調査の場合には2020年10月1日から1年間の調査結果になる。近年では、「令和2年医療施設調査」が医療施設静態調査と医療施設動態調査の結果が含まれた結果となっている。

調査対象の医療施設には、往診のみの診療所を含むが、助産所や介護老人保健施設、保健所は含んでいない。

調査項目は、医療施設動態調査は、名称、所在地、開設者、診療科目、許可病床等にとどまるが、医療施設静態調査では、患者数や医師数、従事者数、診療や検査の実施の状況等の詳細な項目についても調査が行われる。

ただし、市区町村別に公表されているデータは、種類別の病院数（精神科病院、一般病院、地域医療支援病院、緊急告示病院等）や病床数（精神病床、感染症病床、療養病床等）、一般診療所数や病床数、歯科診療所数にとどまり国や都道府県レベルの公表データに比べて大きく見劣りのするもので、年次による公表内容の違いもない。一方で、医療施設の整備状況とその内容、増減傾向について市区町村レベルでは最も詳細に把握ができる。人口等で割ることで地域間の比較も可能になり、（経済センサスとは異なり）年次別に分析を行うことができることから、地域の持続的発展を支える医療インフラに関する重要な基礎データになる。

④「介護サービス施設・事業所調査」（厚生労働省）

介護サービス施設・事業所調査は、全国の介護サービスの提供体制、提供内容等の把握により、介護サービスの提供面に着目した基盤整備に関する基礎資料を得ることを目的として、毎

年実施されている一般統計である。

　同調査は、2000 年 4 月から介護保険制度が施行されたことに伴い、それまで行われていた統計調査を統廃合する形で「介護サービス施設・事業所調査」として実施することになった。

　介護保険制度の改正に伴って調査対象は変化しているが、令和 3 年調査の調査対象は、基本票では都道府県を対象として調査の概要にて示される施設・事業所[47]の全数を把握した。詳細票では、一部の施設・事業所[48]を調査対象としたが、そのうちの訪問介護、通所介護、居宅介護支援事業所及び介護予防支援事業所（地域包括支援センター）については無作為抽出[49]によって対象となる事業所を選び、その他の事業所については全数（休止中を含む）を対象に 2021 年 10 月 1 日現在で実施した。

　なお、介護保険施設及び訪問介護ステーションの利用者については、3 年毎に調査を行い、令和元年調査において実施された。

　調査項目は、基本票では法人名や、施設や事業所の名称、所在地、活動状況、定員などの基本的な項目が中心で、詳細票や利用者票[50]は以下の項目について調査を行う。

・詳細票
　　介護保険施設：開設・経営主体、在所（院）者数、居室等の状況、従事者数等
　　居宅サービス事業所等：開設・経営主体、利用者数、従業者数等
・利用者票
　　要介護度、日常生活自立度、傷病名、医療処置等の状況、利用料等

　同調査の市区町村別の公表データは、基本的な項目が中心の基本票のみで、対象施設も介護老人福祉施設や介護老人保健施設、介護医療院、介護療養型医療施設の施設数と定員（病床数）に限定されている。施設が介護保険施設に限定され、通所介護（デイサービス）や訪問介護などの事業所の把握ができないため、同調査の結果から市区町村における介護サービスの全体像を把握することは難しい。

　一方で、他の統計調査では得られない定員に関するデータや（経済センサスと異なり）年次データが得られることから、例えば国勢調査の 65 歳以上人口あたりの定員数を他地域と比較することで、地域における介護保険施設の充実度について比較を行うことができる。

　大都市と地方では、高齢化のスピードに違いがある。地方では、今後高齢者が減少する地域も多いが、東京などの大都市では、今後急激な高齢化の進展が指摘されている。地方においては、介護施設が貴重な雇用先になっており、現在勤めている人材の活用も今後大きな課題となる可能性もあることから、地域の持続的発展を考える上で重要な基礎データとなる。

---

[47] 医療施設がみなしで行っている（介護予防）訪問看護、（介護予防）短期入所療養介護及び（介護予防）通所リハビリテーションを除く。

[48] 令和 3 年介護サービス施設・事業所調査 調査の概要
　　（https://www.mhlw.go.jp/toukei/saikin/hw/kaigo/service21/dl/tyosa.pdf）

[49] 訪問介護、通所介護、居宅介護支援、介護予防支援の事業所については、都道府県及び事業所の規模（通所介護は都道府県）を層として層化無作為抽出している。

[50] 全国の介護保険施設の在所者及び退所者、訪問介護ステーションの利用者を対象とする。

なお、同調査の市区町村別データを時系列で比較する場合、一部の期間（2009〜2011年）については調査方法の変更を行っているため、実数について前後の時期との直接比較を行う際には注意が必要である。

⑤「医師・歯科医師・薬剤師統計」（厚生労働省）

医師・歯科医師・薬剤師統計は、医師、歯科医師、薬剤師の分布及び就業の実態等を把握することを目的として、1954年から毎年実施され、1982年からは隔年で実施されている。

なお、同統計は、2016年までは一般統計調査である「医師・歯科医師・薬剤師調査」として実施されていた。2018年からは日本国内に住所のある医師、歯科医師、薬剤師が義務付けられている2年毎の届出から得られる行政記録情報を活用し、公的統計の「医師・歯科医師・薬剤師統計」を作成している。

同統計の集計事項は、住所、性別、年齢、業務の種別、従事場所及び診療科名（薬剤師を除く。）等である。

市区町村別データとしては、医師、歯科医師、薬剤師の従業地における従事者数が基本的なデータとなる。

医師数については、例えば、主たる従業地となる市区町村において施設の種別[51]、医師の主たる業務の種別[52]に把握することができる。また、医療施設に従事する医師数については、主たる診療科別や従事する診療科（複数回答）別に把握することができる。なお、医師の診療科名については、2008年調査から調査項目が変更されているため、変更の前と後を単純に比較することはできない。

地域の持続的発展を考える上では、医療における地域格差の視点は重要である。同統計では、上述したように、医師数だけでなく、主たる診療科別の医療施設従事医師数が公表されており、例えば、小児科や産婦人科の市区町村別従事医師数は、地域の医療環境を考察する上で重要である。

歯科医師数については、医師と同様に、例えば主たる従業地となる市区町村において施設の種別、歯科医師の主たる業務の種別に把握することができる。また、医療施設に従事する歯科医師数については、主たる診療科別や従事する診療科（複数回答）別に把握することができる。なお、医師、歯科医師ともに、専門性に関する資格についても市区町村別に把握することができる。

薬剤師数については、従業地の市区町村における施設の種別[53]、薬剤師の業務の種別に把握することができる。

---

[51] 医療施設（病院、診療所）、介護老人保健施設、介護医療院、これらの施設以外等「令和2年医師・歯科医師・薬剤師統計」

[52] 開設者又は法人の代表者、勤務者、教官・教員、大学院生等「令和2年医師・歯科医師・薬剤師統計」

[53] 薬局、医療施設（病院、診療所等）、介護保険施設、大学、医薬品関係企業、衛生行政機関又は保健衛生施設等

⑥「医療費の地域差分析」（厚生労働省）

　医療費の地域差分析は、市町村国民健康保険と後期高齢者医療制度の医療費及び国民医療費に関する医療費水準の地域差について分析したものである。2022 年 8 月現在、1994 年度（国民健康保険医療費マップ）から毎年度厚生労働省[54] のホームページにおいて一部の市区町村が公表されているが、全国の市区町村の地域差指数が取得できるのは、1999 年度（医療費マップ）からである。一人当たりの医療費について、地域間における人口の年齢構成の相違分を補正し、全国平均を 1 として指数化している。

　一方で、2007 年度までの地域差指数は、給付費をベースとした医療費によって作成されてきたが、2010 年度の制度改正を踏まえて 2008 年度以降は医療費をベースに作成することになり、作成の基準が変更された。さらに、2008 年度からは後期高齢者医療制度が創設され、2007 年度以前と 2008 年度以降の給付費等の範囲が大きく異なっているため、過去の地域差指数との比較は困難であることに注意が必要である。

　なお、「2019 年度医療費の地域差分析」では、市区町村別の地域差指数は、都道府県に比べて人口規模が小さいことで年齢階級別一人当たり医療費が大きく変動する危険性を考慮に入れ、都道府県別の地域差指数の算出とは異なった算出方法[55] にて地域差指数を求めている。さらに、都道府県別の地域差指数は、市町村国民健康保険と後期高齢者医療制度の医療費及び国民医療費について地域差指数を求めているが、市区町村別の地域差指数は、市町村国民健康保険と後期高齢者医療制度の医療費のみが公表され、範囲に違いがあることにも注意が必要である。

　「2019 年度医療費の地域差分析」では、医療費に関する市区町村別の地域差指数以外に、一人当たりの実績医療費や対全国比、地域差指数に対する診療種別（入院、入院外、歯科）寄与度、さらに診療種別の疾病分類別寄与度なども公表されている。これらのデータを活用することで、特定の市区町村と全国との医療費の地域差をもたらしている要因について分析を行うことができる。ただし、疾病の分類や基準についても過去に変更が行われているため、時系列で比較を行う際には注意が必要である。

　なお、一部の広域組合（最上地区広域連合）と一部の政令指定都市（浜松市、岡山市、熊本市）については市区町村単位の医療費が把握できないため、広域連合や政令指定都市の単位で各数値が算出されていることに注意が必要である。

　我が国における平均寿命の伸長とそれに伴う高齢化社会の進展には、医療技術の進歩と地域における医療インフラの充実が大きな役割を果たしている。高齢化社会に直面する地域が持続性を考える際に必要なのは、「ウエルビーイング[56]」の推進による「健康寿命」や「介護負担の軽減」の視点である。市区町村における医療費の地域差分析を活用することで高齢者を含めた住民が他地域に比べてウエルビーイングの状態にあるかを知ることで、超高齢社会に直面しつつある市区町村の持続性の一端について分析を行うことが可能になる。

---

[54] 1994 年度から 1998 年度までは旧厚生省のホームページにて公表
[55] 都道府県では（一人当たり年齢調整後医療費）÷（全国平均の一人当たり医療費）によって地域差指数を求めるが、市区町村では、（当該地域の一人当たり医療費）÷（仮に当該地域の年齢階級別 1 人当たり医療費が全国平均と同じだとした場合の一人当たり医療費）によって、地域差指数を求める。詳細については（https://www.mhlw.go.jp/content/iryohi_r01.pdf）を参照のこと。
[56]「身体的、精神的、社会的に健康であること」を意味する。

（12）「学校基本調査」（文部科学省）

　学校基本調査は、統計法に基づく基幹統計調査で、学校教育行政に必要な学校に関する基本的事項（学校数、学級数、生徒数など）を調査し、学校教育行政上の基礎資料を得ることを目的として 1948 年から始まったものである。全国の学校[57] を対象に毎年実施され、調査事項は、学校数、在学者数、教職員数、学校施設、学校経費、卒業後の進路状況[58] 等であり、毎年 5 月 1 日現在の状態を調査している。

　市町村別データには、小学校、中学校、高等学校等について、学校数、生徒数（児童数）、教員数、職員数が示され、卒業後の進路も詳細にまとめられている。例えば、高等学校の卒業後の進路について、男女別、公立・合計別に、進学・入学、就職者等の人数が示され、市町村別の進学率や就職率等及びその推移について男女別に求めることで、地域の教育と人材との関係について考察を加えることが可能である。

　一方で、同調査の調査対象である大学・大学院・短期大学・高等専門学校について市区町村別データは公表されておらず、人口移動の要因のひとつである大学・大学院等における卒業後の進路状況等については都道府県レベルの把握しか出来ない。

　代替手段は、5 年毎になるが、国勢調査の在学学校・未就学の種類別人口に関する結果を活用できるが、市区町村別レベルでは、年齢別データは公表されておらず、注意が必要である。また、国勢調査の従業地・通学地集計に関する結果を活用することで、市区町村別の通学者数について、男女別年齢 5 歳階級別に、常住地、通学地を基準とした通学者の通学状況について把握することができる。常住地を基準とした通学者の場合は、常住している市区町村（自市区町村）内に通学しているのか、他市区町村への通学（県内他市区町村、他県の内訳についても公表）しているのか、について把握ができる。通学地を基準とした通学者の場合は、対象となる市区町村に通学している通学者が自市区町村から通学しているのか、県内の他市区町村または他県から通学しているのか、について把握することができる。常住地と通学地における通学者を全体及び年齢別に比較することで当該市区町村における教育環境について評価分析を行うことができる。

　さらに、国勢調査の従業地・通学地集計では、15 歳以上と 15 歳未満の市区町村別男女別通学者について、常住地別、通学地別に自市区町村と自市区町村以外の個々の市区町村名ごとに通学者数を求めることができる。これらのデータを用いて、ある市区町村に住む学生がどの市区町村で学び、ある市区町村で学ぶ学生がどの市区町村から通っているのかといったことを市区町村ごとに具体的に把握することができる。

　以上の国勢調査に関する通学者データを組み合わせることで、通学人口の他市区町村への流出や他市区町村からの流入について、男女別、年齢別、種類別に一定程度の把握を行うことができる。

---

[57] 幼稚園、幼保連携型認定こども園、小学校、中学校、義務教育学校、高等学校、中等教育学校、特別支援学校、大学（短期大学含む）、高等専門学校、専修学校及び各種学校を含む。

[58] 令和 2 年度調査より卒業後の状況調査票について、就職者に関する区分を中心に名称が変更されているので、時系列比較を行う場合は注意が必要である。例えば、令和元年度調査の「一時的な仕事に就いた者」は、令和 2 年度調査の「臨時労働者」＋「常用労働者 有期雇用労働者」－「有期雇用労働者のうち雇用契約期間が一年以上、かつフルタイム勤務相当の者」に相当する。

　なお、大学等の高等教育専門機関の学校に関する立地や従業者数については、経済センサスでも把握することができる。

（13）「労働市場月報」等（厚生労働省 都道府県労働局）

　雇用に関する全国及び都道府県に関する指標は、業務統計である「一般職業紹介状況（職業安定業務統計）」を毎月厚生労働省が公表している。

　一般職業紹介状況（職業安定業務統計）は、公共職業安定所（ハローワーク）における求人、求職、就職の状況（新規学卒者除く）を取りまとめ、求人倍率等の指標を作成することを目的としている。

　雇用に関する最も代表的な指標は、有効求人倍率（パート含む、学卒除く）であり、月間有効求人倍率の場合には以下の式で求められる。

$$月間有効求人倍率 = \left(\frac{月間有効求人数^{59}}{月間有効求職者数^{60}} \right)$$

　有効求人倍率は、1963年に学卒（中卒・高卒）を除いた現行のデータと比較可能な形で集計が開始され、2004年11月からは正社員についても集計が開始された。

　有効求人倍率は、1人の求職者に対して何人の求人があるかを示しており、倍率が1を上回る時は一般的には人手不足の状態にあり、倍率が1を下回る時には一般的には人手が余っている状態にあることを示す。

　有効求人倍率は、月単位で統計が公表されるなど速報性が高いこと、企業の採用意欲などを通じた国内の雇用情勢や景気動向に関する判断指標[61]になることから重要なデータであるといえる。

　ただし、同統計では、都道府県より細かいデータは公表されていない。本書のテーマである市区町村に関する有効求人倍率を取得するには、厚生労働省の地方機関である都道府県労働局が中心となって公表している「労働統計月報」等の公表データを各労働局のホームページから取得する必要がある。現時点（2022年8月時点）において、ほとんどの都道府県労働局において安定所別の有効求人倍率を取得することが可能であるが、いくつかの点で問題がある。

　まず、「一般職業紹介状況（職業安定業務統計）」では、有効求人倍率の他に新規求人倍率や就職率、充足率など様々な雇用に関する指標を得ることができるが、安定所別データでは、公表されているデータに制約があるため、取得できるのは有効求人倍率に限られる。職業別有効求人倍率など有効求人倍率に関する内訳も得られないため、職業間の雇用のミスマッチなどの構造的な問題についても分析が難しく、全体の有効求人倍率についても、全国統一の定義であ

---

[59]　前月から繰越された有効求人数（前月末日現在において、求人票の有効期限が翌月以降にまたがる未充足の求人数）と当月の「新規求人数」の合計数を表す。

[60]　前月から繰越された有効求職者数（前月末日現在において、求職票の有効期限が翌月以降にまたがる就職未決定の求職者）と当月の「新規求職申込件数」の合計数を表す。

[61]　雇用情勢や景気動向の先行きを示すものとして新規求人倍率があり、新規求職者数に対する新規求人数の倍率をみる。有効求人倍率と同様に、1を上回れば一般的には先行きの雇用情勢が良好であることを示す。

る有効求人倍率（パート含む、学卒除く）で取得ができない地域があり、他の都道府県の安定所間で比較を行う際には注意が必要になっている。

　また、公共職業安定所の管轄地域と市区町村が異なるため、市区町村別データとして整理を行う必要がある。**表2-7**は、公共職業安定所の管轄区域を示したものだが、一般的には、政令指定都市や大都市の市区には、複数の安定所があり、小規模の町村では、複数の町村を1つの安定所が管轄している場合が多い。離島にある町村を大都市にある安定所が管轄しているケース（例えば、ハローワーク飯田橋）などもあり、地域間の比較を行う際には、管轄区域に対する正確な理解が求められる。

　さらに、都道府県労働局が公表するデータは、近年インターネット上での公表が進み、以前に比べれば取得が容易になったものの、紙媒体をPDF化したものも多く、電子データで集計をする際には、再度入力等が必要になるケースが依然として少なくない点も問題である。

　最後に、都道府県労働局が公表している有効求人倍率に関するデータ（月間有効求職者数、月間有効求人数等）は、受理地別データ[62]が中心で就業地別データ[63]ではないことにも注意が必要である。受理地別データは、企業の本社などが全国の各支社や地方工場に関する求人を本社が立地する公共職業安定所に一括して提出する場合には、大企業の本社が多く立地する首都圏に

表2-7　公共職業安定所管轄一覧（東京労働局）

労働局	名称	管轄区域
東京	飯田橋	千代田区、中央区、文京区、大島町、八丈町、利島村、新島村、神津島村、三宅村、御蔵島村、青ヶ島村
東京	上野	台東区
東京	玉姫労働［出］	
東京	品川	港区、品川区
東京	大森	大田区
東京	渋谷	目黒区、世田谷区、渋谷区
東京	新宿	中野区、杉並区、新宿区
東京	池袋	豊島区、板橋区、練馬区
東京	王子	北区
東京	足立	足立区、荒川区
東京	河原町労働［出］	
東京	墨田	墨田区、葛飾区
東京	木場	江戸川区、江東区
東京	八王子	八王子市、日野市
東京	立川	立川市、昭島市、小金井市、小平市、東村山市、国分寺市、国立市、東大和市、武蔵村山市
東京	青梅	青梅市、福生市、羽村市、あきる野市、西多摩郡
東京	三鷹	三鷹市、武蔵野市、清瀬市、東久留米市、西東京市
東京	町田	町田市
東京	府中	府中市、調布市、狛江市、多摩市、稲城市

注）［出］…出張所
出所）「東京都労働局」（https://www.mhlw.go.jp/kouseiroudoushou/shozaiannai/roudoukyoku/tokyo/antei.
　　html）より筆者作成

---

[62] 求人票を受理した公共職業安定所の所在地別に集計するデータを示す。
[63] 求人票に実際に記入された就業地で集計するデータを示す。

おける（受理地別）有効求人倍率は高くなり、地方の（受理地別）有効求人倍率は低くなる可能性がある。全国の有効求人倍率では受理地別と就業地別が一致するため問題はなく、市区町村レベルでは公表されておらず比較そのものも難しいが、大都市と地方の地域間比較を行う場合には注意が必要である。

　以上、安定所別の有効求人倍率は様々なデータの問題がある。加えて、有効求人倍率自体も、2019年の厚生労働省「雇用動向調査」（一般統計）によれば、公共職業安定所経由で入職する全体割合が17.8%[64]にとどまっており、雇用情勢の全体像を必ずしも反映していない可能性もある。

　一方で、市町村レベルで得られる雇用関連データは元々種類が少なく、安定所別の有効求人倍率は、地域分析においては他のデータでは代替することのできない貴重なデータである。

　例えば、有効求人倍率と対極的な関係にあると考えられる完全失業率については、通常使用される総務省「労働力調査」は、（標本調査であり）市区町村データが公表されていないことから、総務省「国勢調査」を使用することになるが、5年に一度しかデータを得ることができない。事業所における従業者数の増減から雇用に関連したデータが取得できる総務省「経済センサス」は市区町村レベルのデータが得られるが、国勢調査と同様に調査実施年しかデータを得ることができない。安定所別有効求人倍率のように月次でデータを得ることはできず、労働需給の内訳も不明である。

　今後の地域の持続性を考える上で、最も重要な視点の1つは雇用である。情報通信総合研究所（2017）によれば、人口流出が課題と認識する自治体が考える人口流出の最大の要因は「良質な雇用機会の不足」と考え、86.3%の自治体が要因にあげた。

　良質な雇用機会のない地域は、今後とも人口流出が進む可能性があり、地域の持続性の観点から大きな問題である。地域における雇用機会を分析するスタートとなる有効求人倍率は、例えば「住民基本台帳人口移動報告」の転入超過人口等と掛け合わせてみることで、さらに詳細な分析が可能であり、地域分析の際には是非取り上げてほしいデータの1つである。

（14）「住宅・土地統計調査」（総務省）

　住宅・土地統計調査は、我が国の住宅とそこに居住する世帯の居住状況、世帯の保有する土地等の現状と推移を把握し、住宅・土地関連諸施策の基礎資料を得ることを目的として実施される基幹統計調査である。同調査は、1948年以来5年ごとに実施していた住宅統計調査の調査内容について、1998年調査から土地に関する項目を加えて実施されてきたもので、2018年調査は15回目の調査となる。

　2018年調査の対象は、まず調査期日（2018年10月1日午前零時現在）における全国の調査単位区（約50世帯）の中から、調査対象となる単位区を無作為に選定する。次に、選ばれた区域内にある住戸（住宅及び住宅以外で人が居住している建物）の中からさらに調査対象となる住戸

---

[64] 最も多いのは「広告」の32.8%であるが、1,000人以上の規模の企業による職業安定所経由と広告経由の入職率がそれぞれ11.9%と40.0%であるのに対して、5〜99人の規模の企業の入職率がそれぞれ22.3%と29.5%であることを考えると、有効求人倍率の動向は、大企業よりも中小企業の雇用情勢をより反映している可能性があると考える。

を無作為に選定する。2018 年調査では、1 調査単位区当たり 17 住戸、全国で約 370 万住戸・世帯を対象とした[65]。

　主な調査項目は、以下の 5 つである。

・住宅等に関する事項（建物の種類、構造、敷地面積、家賃等）
・世帯に関する事項（世帯の種類、構成、年間収入等）
・家計を主に支える世帯員又は世帯主に関する事項（従業上の地位等）
・住環境に関する事項（敷地に接している道路）
・現住居以外の住宅及び土地に関する事項

　調査項目は多岐にわたるが、1953 年の第 2 回調査以降は標本調査である。対象自治体についても、市区の結果は得られるが、町村は 2008 年調査から人口 1 万 5 千人以上の自治体に限られるため、人口規模の小さい自治体は調査対象外である。

　地域の持続的発展に向けて、特に重要度が高いデータは、総住宅数、居住世帯のある住宅数、（種類別）空き家数と空き家率、住宅の建て方別住宅数、1 住宅当たり延べ床面積、住宅の建築時期別住宅数と建築時期別建て方別住宅数、住宅所有の関係別住宅数、住環境（生活関連施設までの距離）、通勤時間中位数などである。

　例えば、総住宅数に占める空き家数である空き家率は、人口減少社会の到来とともに全国的に上昇傾向にある。空き家率の上昇に伴う地域の活力の減退や一体感の喪失、安全性の問題等の指摘もあることから、現状と推移を把握することが重要であるとともに、住宅の建築時期別住宅数等の指標を組み合わせてみることで建物の老朽化と空き家との関係についても考察を加えることができる。

　また、1 住宅当たり延べ床面積や住環境（生活関連施設までの距離）は、いわば住宅環境を示す指標のひとつと考えられる。例えば、規模の狭い住宅が多く、最寄りの保育所までの距離が遠い地域は、子供を持つファミリー層が暮らす地域としては不適切と判断される可能性があり、これらの地域からはファミリー層が流出する可能性がある。当該地域の現状や推移を分析する際にはこれらは重要な指標となる。

（15）「都道府県地価調査」（都道府県（知事））

　都道府県地価調査は、1974 年に施行された国土利用計画法による土地の取引価格の規制を適正に実施するため、国土利用計画法施行令第 9 条に基づき、都道府県知事が基準地を選び、毎年 7 月 1 日時点における 1 m^2 当たりの標準価格を判定するもので 1975 年から行われている。都道府県の発表に合わせて、国土交通省が全国の状況をとりまとめて 9 月下旬頃に国土交通省のホームページで公表している。

　公的機関が行う地価の調査には、都道府県地価調査以外に国土交通省土地鑑定委員会が行う「地価公示」があり、1969 年に施行された地価公示法に基づき、1970 年から行われている。地

---

[65] 外国の大使館、皇室用施設、刑務所、自衛隊施設、在日米軍施設等に関する施設及びこれらに居住する世帯は、調査の対象から除外している。詳細は、平成 30 年住宅・土地統計調査 調査の概要（https://www.stat.go.jp/data/jyutaku/2018/tyougai.html#midashi3）を参照のこと。

価公示は、国（同委員会）が標準地を選定する。適正な地価の形成に寄与するために毎年1月1日時点における1m²当たりの標準価格を判定し3月下旬頃に公表している。

　都道府県地価調査における基準地地点数は、全国で21,443地点（令和3年都道府県地価調査）、地価公示の標準地地点数は、全国で26,000地点（令和3年地価公示）である。調査地点数に大きな違いはなく、いずれも一般の土地取引の指標や公共事業用地の取得価格算定の基準として活用されていることに加えて、基準地と公示地が同一の地点に選定されていることもあるため、半年間の土地価格の変動を把握することができる。

　都道府県地価調査と地価公示の最大の違いは、都道府県地価調査は、都道府県が調査主体であるため対象地域は都道府県全域に調査地点が設定されていることである。

　市区町村における地価を広く把握する場合には、都市計画区域やその他の土地取引が相当程度見込まれる都市圏において調査地点が多く設定されている地価公示よりも、地方圏を含めた都道府県全域の地価を広く調査する都道府県地価調査を使用する方が適している。

　都道府県地価調査における市区町村別公表データは、個別地点（基準地）の検索を行うことも可能だが、市区町村別の平均価格や変動率について、時系列推移表が公表されている。さらに平均地価については、全用途合計だけでなく、住宅地、宅地見込地、商業地、準工業地、工業地、市街化調整区域内宅地の用途別に平均価格と変動率の推移表が公表されている。

　なお、用途別のうち準工業地と市街化調整区域内宅地については、2013年以降は公表が行われず、東京都青ヶ島村など一部の自治体は調査の対象外となっているため注意が必要である。

　地価の動向分析や周辺地域、他地域と比較した市区町村の地価（水準）に関する分析は、対象市区町村における地価からみたポジショニングを考える上で重要なデータとなる。地域の持続性を考える上で、例えば、地価水準が周辺地域より低ければ土地を活用した事業（住宅開発、産業団地開発等）が有効となる可能性がある。

（16）「建築着工統計調査」（国土交通省）

　建築着工統計調査は、基幹統計の建築着工統計を作成するために行う基幹統計調査である。建築基準法第15条1項の規定により届出が義務づけられている延べ床面積10m²を超える建築物（増改築を含む）を対象とする統計調査であり、1950年から開始された。同調査は、民間非居住建築物を対象とした建築物の着工状況を建築主・構造・用途ごとに把握する建築物着工統計調査、新設[66]住宅の着工状況を把握する住宅着工統計調査、工事費の予定額と実施額の差を調べる建築工事費調査[67]から構成される。着工統計調査は全数調査であるが、建築工事費調査は層化無作為抽出による標本調査である。

　市町村別データが公表されているのは、建築物着工統計調査と住宅着工統計調査である。

　建築物着工統計調査は、年間または年度で構造別の建築物の数や床面積の合計、工事費予定額を得ることができる。ただし、工事費予定額については秘匿処理がされているため注意が必要である。また、年間または年度で用途別に同様のデータを得ることができ、製造業用や卸売

---

[66] 新築、増築又は改築によって居室、台所及び便所のある独立して居住しうる住居が新たに造られることをいう。

[67] 2021年1月より調査の名称が「補正調査」から変更され、抽出方法などが変更された。

業、小売業用、医療、福祉用などの産業の用途別に建築物の数や床面積、工事費予定額を求めることができる。

　住宅着工統計調査は、構造別、一戸建などの建て方別に持ち家などの利用関係別戸数や床面積を求めることができる。また、民間資金などの資金別、建て方別に利用関係別戸数や床面積を求めることもできる。

　地域の持続的発展を考える上では、これらの指標のうち、建築物着工統計調査の用途別（大分類）の建築物の数、床面積（m²）と住宅着工統計調査の新設住宅着工戸数が秘匿処理もなく最も重要と考える。

　例えば、特に産業に関して用途別（大分類）の着工件数や建築物当たりの床面積が分かれば、今後どのような産業の生産やサービスの提供が増えて、地域経済への波及効果が期待されるか、具体的に早期に把握することが可能になる。また、倒産や廃業などは考慮していないため、地域においてネットでの波及効果が見込まれるとは限らないが、どのような産業の立地需要が大きいかは少なくとも知ることができる。経済産業省「工場立地動向調査」などでは一定規模以上の工場[68]に対象が限定され、都道府県レベルでの公表が基本のため、建築物着工統計調査の重要性は高い。住宅着工統計調査における新設住宅着工戸数が増えれば、人口の流入が期待されることで、地域の持続的発展を考える上では重要な指標であることは建築物着工統計と同様である。

　なお、建築物着工統計調査及び住宅着工統計調査は、2020年4月以降のデータについて市区町村別の集計結果の公表がとりやめになっているので注意が必要である。

（17）「市町村税課税状況等の調」（総務省）

　市町村税課税状況等の調は、地方自治法第252条の17の5第1項の規定に基づき、毎年7月1日現在の全市区町村を対象に行われる、市区町村税の課税状況に関する重要な統計資料である。

　調査の対象は、住民税の納税義務者等であり、非納税義務者は含まれていない。税制改正によって住民税の課税最低限度額が変更されれば、対象となる納税義務者の母集団は影響をうける。

　主な市区町村別データとして、納税義務者等に加えて課税対象所得[69]が公表されている。なお、課税対象所得について、他の統計調査等の結果と比較する場合には、公表されているものは、前年の所得であることに注意して分析する必要がある。

　一方で、個人事業主の所得や年金所得など給与所得者以外の幅広い所得を含み、南・藤原（2017）によれば「納税義務者に対して悉皆的に把握できる統計」であるため、市町村別の毎年の所得を分析する際には最も重要な統計資料となる。

　市区町村別データとしては、課税対象所得そのものの比較よりも、納税義務者当たりの課税対象所得や人口一人当たりの課税対象所得を用いて、他の市区町村との比較が行いやすい形にして分析することも多い。

---

[68] 製造業、電気供給業、ガス供給業、熱供給業及びこれら4業種に係る分野の研究を行う研究所を対象業種とし、これらの業種のうち、1,000 m² 以上の用地を取得した事業者を対象に調査を行っている。

[69] 各年度の個人の市町村民税の所得割の課税対象となった前年の所得金額のことであり、地方税法による各所得控除を行う前のものである。

（18）「市町村別決算状況調」等（総務省）

　総務省では、地方財政の状況を把握するため、毎年度「地方財政状況調査」（業務統計）を行うとともに、その結果をとりまとめ様々な観点から統計資料として公表している。

　各地方公共団体の財政状況について公表されている統計資料は多数ある[70]が、市町村別決算状況調は、市町村の普通会計[71]決算に係る主要な情報をまとめたものである。市区町村間の財政状況を比較的簡単に比較、分析する場合に適したものと言える。令和２年度決算については、2022年３月に公表されている。

　地域における持続可能性にも大きな影響を与える市区町村の財政状況を分析する場合には、特に以下の数値や指標に着目し、単年度でなく、経年で比較を行う必要がある。

■市区町村の財政分析における主要指標[72]

・財政規模
　標準財政規模

・収支
　実質収支、単年度収支、実質単年度収支

・財政力
　財政力指数、自主財源比率

・（財政構造の）弾力性
　経常収支比率

・適正度
　人口千人当たり職員数
　人口一人当たり人件費・物件費等決算額
　ラスパイレス指数

・健全度
　実質公債費比率
　将来負担比率
　実質的将来財政負担比率
　有形固定資産減価償却率

・その他
　地方税に占める市町村民税個人分及び市町村税法人分

---

[70] 代表的な統計資料として、都道府県、市町村の単位で普通会計歳入・歳出決算額や各種財政指標等の状況について１枚にまとめた「決算カード」や都道府県や市町村の主要な財政指標（財政力指数、経常収支比率等）を一覧にまとめた「地方公共団体の主要財政指標一覧」、各年度に地方財政状況調査の情報を全て掲載した「地方財政状況個別データ」等がある。

[71] 一般会計のほか、特別会計のうち地方公営事業会計に係るもの以外の会計である。個々の地方公共団体ごとに各会計の範囲が異なり、財政状況の統一的な掌握及び比較が困難なため、地方財政統計上で統一的に用いられる会計区分である。

[72] 指標の定義については、補論２を参照のこと。

　また、地方財政分析を行う場合は、当該自治体のみでなく、社会構造や地理的・経済的条件が似通っている近隣の自治体や類似団体との比較を参考にする場合がある。類似団体[73] については、該当する市区町村と同一の類型に属する類似団体内の順位や類似団体の平均との比較を行うもので、政令指定都市、特別区、中核市、施行時特例市についてはそれぞれ1類型、都市と町村については、16類型と15類型に分けることで、全国の市区町村を合計35類型[74] に分けたものが公表されている。**表2-8** は、都市と町村に関する人口規模や産業構造の類型基準に基づく該当団体数と選定団体数を示したものである。

　類似団体と該当自治体の比較を行う場合は、「財政状況資料集」が2010年度（平成22年度）より新たに再編成された形で公表されており、「市町村財政比較分析表（普通会計決算）」や「類似団体比較カード」の結果を使って様々な比較を行うことができる。なお、2019年度（令和元年度）からは財政状況資料集に掲載される主な指標等を1枚に集約した「概要版」を新たに作成し、地方公共団体の財政状況がより把握しやすくなっている。

表2-8　類型基準別市町村数

都市		II次、III次90%以上		II次、III次90%未満		計
		III次65%以上	III次65%未満	III次55%以上	III次55%未満	
		3	2	1	0	
50,000人未満	I	32 (36)	70 (73)	122 (128)	33 (35)	257 (272)
50,000〜100,000人未満	II	82 (86)	89 (93)	68 (69)	12 (12)	251 (260)
100,000〜150,000人未満	III	50 (50)	30 (30)	21 (21)	1 (1)	102 (102)
150,000人以上	IV	30 (31)	17 (17)	5 (5)	- (-)	52 (53)
計		194 (203)	206 (213)	216 (223)	46 (48)	662 (687)

町村		II次、III次80%以上		II次、III次80%未満	計
		III次60%以上	III次60%未満		
		2	1	0	
5,000人未満	I	45 (64)	37 (52)	122 (151)	204 (267)
5,000〜10,000人未満	II	58 (67)	66 (79)	84 (96)	208 (242)
10,000〜15,000人未満	III	48 (54)	52 (56)	32 (36)	132 (146)
15,000〜20,000人未満	IV	60 (63)	31 (31)	23 (24)	114 (118)
20,000人以上	V	90 (99)	46 (49)	5 (5)	141 (153)
計		301 (347)	232 (267)	266 (312)	799 (926)

　注）1：（　）外は選定団体数、（　）内は該当団体数を示す。
　　　2：人口及び産業構造は平成27年国勢調査によった。なお、産業構造の比率は、分母を就業人口総数（分類不能の産業を含む。）とし、分子のII次、III次就業人口には分類不能の産業を含めずに算出している。
　　　3：市町村数は、令和2年3月31日現在
　出所）総務省「令和元年度類似団体別市町村財政指数表」より筆者作成

---

[73] 類似団体の選定にあたっては、標準的な財政運営を行っている市町村を選定する趣旨から、大規模な合併を行っていないことや実質単年度収支において著しく赤字を生じていないこと等の基準を設けている。

[74] 兼村（2009）によれば、平成16年度までは都市42類型、町村45類型であったが、市町村合併による市町村数の減少に伴って類型の見直しが行われ、平成17年度決算から、現在の35類型となった。

コラム 1 　国勢調査と住民基本台帳に基づく人口について（東京都八王子市）

　国勢調査の人口が「実際に住んでいる居住地」をベースに調査を行うのに対して、住民基本台帳に基づく人口、人口動態及び世帯数調査における人口は、「住民登録を行っている地」をベースに集計されている。国勢調査とは、同じ人口を対象とした統計であるが、届出地と居住地が異なる人がいるために、多くの市区町村で2つの統計における人口には差がある場合が多い。差が生じる理由として、総務省統計局[75]では、「日本人が住民登録を残したまま他の地域や海外に出て居住している事例が数多くあること」や「特に若年層で、広い範囲の地方都市から、少数の特定の都市に、大学進学や就職などで住民票を移さず移動しているケースがあること」を指摘している。

　図2-4 は、八王子市における日本人人口について、近年の推移をみたものである。「はちおうじ学園都市ビジョン（平成29年4月）」によれば、八王子市には、21の大学等が立地し、9万5千人以上の学生が学んでおり、市内に住む学生も相当数に及んでいると考えられる。学生のまちともいえる八王子市において、2つの調査の日本人人口を比較すると、国勢調査における日本人人口は、住民基本台帳に基づく人口、人口動態及び世帯数調査における日本人人口を常に1万人以上上回って推移していることがわかる。

　一方で、災害等により被災地から避難した場合には、避難先の市町村に転入の届出があった者は移動者として計上されるが、届出がない場合には移動者として計上されないため、避難元の市町村の人口に計上される。そのため、例えば原子力被災自治体では、避難指示が解除された自治体においても、住民基本台帳に基づく人口が国勢調査の人口を大きく上回る状態が続いている。

　2つの調査における人口を比較することで、地域の現状や課題の把握に繋がることもあり、分析の際の視点として重要である。

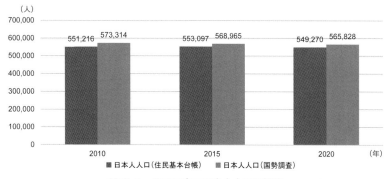

図2-4　八王子市の日本人人口の推移

注）1：国勢調査の日本人人口は、総人口に対する日本人人口で按分した国籍不詳を含む。
　　2：住民基本台帳に基づく人口、人口動態及び世帯数調査の人口は、2010年が3月31日、2015年と2020年は1月1日時点である。
出所）総務省「国勢調査」、総務省「住民基本台帳に基づく人口、人口動態及び世帯数調査」より筆者作成

---

[75] 統計 TodayNo.87（https://www.stat.go.jp/info/today/087.html）

コラム 2 「経済センサス」の変遷

①「事業所・企業統計調査」について

　経済センサスの実施に伴って廃止された事業所・企業統計調査は、1947年の第1回調査[76]から2006年の第20回調査まで行われたもので、全国の全ての事業所を対象として行われる国の最も基本的な統計調査の一つであった。事業所及び企業の産業、従業者規模等の基本的構造を全国及び地域別に明らかにするとともに、各種標本調査実施のための母集団情報となる事業所及び企業の名簿を整備することを目的として実施された。

　市区町村別データについては、産業別、従業者規模別、男女別等について事業所数や従業者数が得られるほか、事業所の開業や廃業についてのデータ等を得ることができる。経済センサスは、前述したように2009年から開始されたもので、長期のデータを取得することが出来ない。事業所数や従業者数について、長期に市区町村データを取得する場合には、調査方法等が異なるため直接の比較は難しいものの、事業所・企業統計調査の結果を活用することがある。

　1996年以降の事業所・企業統計調査では、調査から3年目に当たる年は、簡易調査を行っており、民営の事業所のみが調査の対象となる。事業所・企業統計調査内で市区町村における事業所数や従業者数を時系列でみる際には注意が必要である。

② 2016年以前の経済センサス

　2009年の第1回経済センサス－基礎調査の実施後、2012年には売上高や費用等の経理項目の把握に重点を置いた第1回経済センサス－活動調査が実施された。調査項目以外の当初の基礎調査と活動調査の違いは、事業所・企業統計調査の簡易調査と大規模調査の違いに近く、基礎調査は民営事業所に加えて、国や地方公共団体等の事業所についても調査するが、活動調査は民営事業所のみの調査となるため注意が必要である。

　経済センサスを市区町村別データからみた際の特徴は、事業所・企業統計調査が事業所数や従業者数が中心のデータ利用に限定されていたのに対して、売上（収入）金額や付加価値額などの経理項目に関するデータの把握も同時に可能なことがあげられる。例えば、経済センサスのデータを活用すれば、これまで求めることが難しかった市区町村における産業別の労働生産性[77]（付加価値生産性）を分析することも可能になった。

　一方で、事業所・企業統計調査では、例えば一時期を除き従業者数に対する秘匿処理が施されていないが、経済センサス、特に活動調査では多くの経理項目が調査対象となっている。経済センサスの実施にあたっては、個々の企業情報を保護する観点から、当該セルに該当する情報から企業が特定される恐れがある際には秘匿処理を行う必要があり、市区町村においても、人口規模が大きく経済規模の大きい政令指定都市に比べて人口規模が小

---

[76] 当時は「事業所統計調査」、1996年の調査から企業に係る調査項目が充実したことで、「事業所・企業統計調査」へ変更された。

[77] 従業員一人あたりの付加価値額で表され、労働生産性が高ければ投入された労働力が効率的に利用されているといえる。

さく事業所の立地が少ない町村では、秘匿処理をされる傾向が高く、公表データにおいては、小規模市区町村ほど、また単独の特定企業のみが当該地域に立地する場合ほど、正確な情報を得ることが難しいといった問題がある。

　また、経済センサスの市区町村データとしてのもう一つの特徴は、存続、新設、廃業の事業所に関する項目である。平成28年経済センサス－活動調査（2016年調査）を基準とした場合の定義は以下の通りである。

・存続事業所：2016年調査で調査した事業所のうち、前回の平成26年経済センサス－基礎調査（2014年調査）でも調査をした事業所のことである。
・新設事業所：2016年調査で調査した事業所のうち、2014年調査では調査をしなかった事業所のことである。他の場所からの移転事業所や経営組織の変更を行った事業所が含まれているが、前回調査以降に新設され、今回の調査以前に廃業した事業所は含まれていない。
・廃業事業所：2014年調査で調査した事業所のうち、2016年調査の時点で存在しなかった事業所であり、移転した事業所が含まれている。

　人口減少社会に直面する地域経済にとって、新たなイノベーションの創出や需要の拡大に貢献する産業活動の活性化は、地域の持続的発展を実現する上で最も重要な視点のひとつである。例えば、新設事業所が事業所全体に占める割合が高ければ、当該地域の産業活動が拡大していることを示し、廃業事業所が事業所全体に占める割合が高ければ、産業活動が縮小していることを示す。一方で、存続事業所の割合が高ければ、その地域は安定性の面から評価はできるが、当該地域における経済の新陳代謝機能の面からは問題のある可能性がある。人口減少社会において必要不可欠な産業活動の活力を測るこれらの指標は、今後もますます重要になる。

　なお、経済センサス－活動調査は、市区町村データについても前述したように産業横断的集計と産業別集計にわかれることに注意が必要である。具体的には、製造業の産業横断的集計には「管理・補助的経済活動のみを行う事業所」（メーカーの事務所ビル等）や出荷額のない事業所が含まれているが、製造業の産業別集計にはこれらの事業所は含まれていない。経済センサス－基礎調査は、活動調査の産業横断的集計と同様の事業所を対象としているため、比較を行う際には注意が必要である。

　その後、2014年には第2回経済センサス－基礎調査、2016年には第2回経済センサス－活動調査が実施された。

基礎編

第 Ⅲ 章

地域分析に関連する分類・コード

　公的統計の作成にあたっては、2007 年に成立した統計法第 2 条第 9 項において統一性又は総合性を確保するための技術的な基準として「統計基準」が設けられ、総務大臣が定めることとされている。現在定められている統計基準のうち、地域分析において深く関係し頻繁に利用するのは、「日本標準産業分類」と「日本標準職業分類」である。

1 日本標準産業分類

(1) 日本標準産業分類について

　日本標準産業分類は、事業所を単位として経済活動別に分類するもので、1949年10月に設定されて以来、2013年10月まで13回にわたり改定されてきた。事業所における財及びサービスの生産又は提供に係る全ての経済活動について分類を行っている。事業所における産業の決定方法については、一般原則の中で、一事業所内で単一の分類項目に該当する経済活動が行われている場合は、その経済活動によって決定されるが、複数の分類項目に該当する経済活動を行っている場合には、主たる経済活動によって当該事業所の産業を決定することとされている。

　日本標準産業分類は、全ての経済活動について、大分類、中分類、小分類、細分類から構成される4段階の基準によって分類されており、構成は大分類20、中分類99、小分類530、細分類1,460に及ぶ。同分類の分類符号は、大分類項目がアルファベット、中分類項目が2桁、小分類項目が3桁、細分類項目が4桁の数字で示されている。

　また、産業の分類方法として、産業大分類よりも大きな固まりである3部門に分割する産業3部門分類がある。この分割の考え方はClark (1957)によれば、A.G.B.Fisherが最初に提唱したものだが、この産業区分を基にクラークがそれぞれ第一次産業、第二次産業、第三次産業と

表 3-1　日本標準産業分類における分類構成

大分類	中分類	小分類	細分類
A　農業, 林業	2	11	33
B　漁業	2	6	21
C　鉱業, 採石業, 砂利採取業	1	7	32
D　建設業	3	23	55
E　製造業	24	177	595
F　電気・ガス・熱供給・水道業	4	10	17
G　情報通信業	5	20	45
H　運輸業, 郵便業	8	33	62
I　卸売業, 小売業	12	61	202
J　金融業, 保険業	6	24	72
K　不動産業, 物品賃貸業	3	15	28
L　学術研究, 専門・技術サービス業	4	23	42
M　宿泊業, 飲食サービス業	3	17	29
N　生活関連サービス業, 娯楽業	3	23	69
O　教育, 学習支援業	2	16	35
P　医療, 福祉	3	18	41
Q　複合サービス事業	2	6	10
R　サービス業 (他に分類されないもの)	9	34	66
S　公務 (他に分類されるものを除く)	2	5	5
T　分類不能の産業	1	1	1
(計) 20	99	530	1,460

出所）総務省「日本標準産業分類一般原則」
　　　（https://www.soumu.go.jp/main_content/000286955.pdf）より筆者作成

名づけた。Clark（1940）の中で、国民所得の上昇に伴って、一国の産業構造が、第一次産業から第二次産業、第二次産業から第三次産業へ、その比重を移していくという傾向をペティの法則と呼んだ。

　産業３部門分類と日本標準産業分類における大分類との関係をみると、第一次産業はA～B、第二次産業はC～E、第三次産業はF～Tに該当する。国勢調査における産業３部門別15歳以上就業者数の推移（1920年～2020年）において、それぞれの産業が占める割合をみると、第一次産業は減少傾向にあり、第二次産業は1970年代前半まで増加した後で減少傾向にあり、第三次産業は戦前戦後を通じて長く増加傾向にあることを示している。以上の結果から、就業者数からみた日本産業構造の変化は、ペティの法則と近似性が高いことがわかる。

（2）日本標準産業分類の改定について[78]

　日本標準産業分類の改定には、経済・社会の環境変化等が大きく反映されている。

　例えば、産業大分類についてみると、第9回改定（1984年）では大分類L「サービス業」で一本化されていたが、第13回改定（2013年）では、他の大分類からの統合も含まれるが大分類L「学術研究、専門技術サービス業」から大分類R「サービス業（他に分類されないもの）」に至るまで細分化されている。この改定の背景には、ペティの法則で示された産業構造のサービス化が背景にあると考えられる。

　前述したように、日本標準産業分類はこれまで13回の改定が行われているが、地域統計において産業分類が含まれた2時点間の比較を行う場合、2つの期間の間で改定が行われていると、そのまま比較を行うことが難しい場合があるため注意が必要である。

（3）日本標準産業分類と地域統計

　改定を繰り返してきた日本標準産業分類について、「国勢調査」や「経済センサス−基礎調査」、「経済センサス−活動調査」、「工業統計調査」等の基幹統計調査から得られる産業分類別の地域統計について時系列比較を行う場合には、調査日と産業分類について第何回改定のものが使われているかを確認することが必要である。そして、必要な時期の時系列比較を行う際に産業分類の変更が行われていることが確認できた時は、変更を可能な限り反映した比較を行うことでより正確なデータを得ることができる。

①日本標準産業大分類、中分類における改定への対応

　大分類、中分類、小分類、細分類を比較すると、大分類の改定が最も少ないが、近年サービス業ではサービス化の進展とともに大分類においても細分化が進んでいる。

　時系列比較を行う際の基本的な調整方法は、通常は大きな分類にあわせることが基本となる。**表3-3**は、第10回改定（1993年10月）から第13回改定（2013年10月）における産業大分類の変遷と対応表を示したものである。第10回改定から第13回改定までの産業分類の調整を行うと、例えば第12回改定、第13回改定の大分類I「卸売業・小売業（飲食店含まず）」は、第

---

[78] 近年の詳細な改定状況については、補論3を参照のこと。

表 3-2　産業（3 部門）別 15 歳以上就業者数の推移

年次	就業者数（千人）					割　合　（%）			
	総数	第1次産業	第2次産業	第3次産業	分類不能の産業	総数	第1次産業	第2次産業	第3次産業
1920（大正9年）	27,261	14,672	5,598	6,464	527	100.0	54.9	20.9	24.2
1930（昭和5年）	29,620	14,711	6,002	8,836	71	100.0	49.8	20.3	29.9
1940（昭和15年）	32,483	14,392	8,443	9,429	218	100.0	44.6	26.2	29.2
1950（昭和25年）	36,025	17,478	7,838	10,671	37	100.0	48.6	21.8	29.7
1955（昭和30年）	39,590	16,291	9,247	14,051	2	100.0	41.2	23.4	35.5
1960（昭和35年）	44,042	14,389	12,804	16,841	8	100.0	32.7	29.1	38.2
1965（昭和40年）	47,960	11,857	15,115	20,969	19	100.0	24.7	31.5	43.7
1970（昭和45年）	52,593	10,146	17,897	24,511	40	100.0	19.3	34.1	46.6
1975（昭和50年）	53,141	7,347	18,106	27,521	167	100.0	13.9	34.2	52.0
1980（昭和55年）	55,811	6,102	18,737	30,911	62	100.0	10.9	33.6	55.4
1985（昭和60年）	58,357	5,412	19,334	33,444	167	100.0	9.3	33.2	57.5
1990（平成2年）	61,682	4,391	20,548	36,421	321	100.0	7.2	33.5	59.4
1995（平成7年）	64,182	3,848	19,936	40,004	395	100.0	6.0	31.3	62.7
2000（平成12年）	63,032	3,208	18,392	40,671	761	100.0	5.2	29.5	65.3
2005（平成17年）	61,530	2,981	15,957	41,425	1,168	100.0	4.9	26.4	68.6
2010（平成22年）	59,611	2,381	14,123	39,646	3,460	100.0	4.2	25.2	70.6
2015（平成27年）	58,919	2,222	13,921	39,615	3,162	100.0	4.0	25.0	71.0
2020（令和2年）	57,643	1,963	13,259	40,679	1,742	100.0	3.5	23.7	72.8

注）1：1990 年までは、平成 12 年国勢調査の産業分類（以下「旧産業分類」という。）に組み替えた 15 歳以上就業者数。
　　2：就業者数の総数には「分類不能の産業」は含み、割合の総数には「分類不能の産業」は含まず。
　　3：1920 年、1930 年の就業者数は、全年齢の就業者数。
　　4：1940 年の就業者数は、韓国・朝鮮、台湾、樺太及び南洋群島以外の国籍の外国人を除く全年齢「銃後人口」有業者数。
　　5：1950 年の就業者数は 14 歳以上就業者数であり、沖縄県の本土籍の日本人及び外国人を除く。
　　6：1955 年の就業者数について、沖縄県は 5% 抽出集計結果による 14 歳以上就業者数。
　　7：1950 年、1955 年、1960 年の一部の産業には沖縄県の就業者数は含まず。
　　8：就業者数の総数には分類不能の産業は含み、割合の総数には分類不能の産業は含まず。
　　9：1995 年、2000 年の就業者数は、平成 17 年国勢調査新産業分類特別集計及び平成 12 年国勢調査新産業分類特別集計のデータを用いて、新旧分類間の分割比率を算出して推計。
　　10：1995 年、2000 年、2005 年の就業者数は、抽出詳細集計に基づいて推計、集計しており、基本集計（全ての調査票を用いた集計）とは一致しない。
　　11：2005 年の就業者数は、平成 17 年国勢調査 新産業分類特別集計結果による。
　　12：「労働者派遣事業所の派遣社員」（平成 22 年は 153 万 1 千人、27 年は 154 万 4 千人）は、2005 年では、産業大分類「サービス業（他に分類されないもの）」のうち産業小分類「労働者派遣業」に分類されていたが、2010 年以降は派遣先の産業に分類していることから、時系列比較には注意を要する。
　　13：各産業に分類されるものは、以下の通りである。
　　　　「第1次産業」…「農業、林業」及び「漁業」
　　　　「第2次産業」…「鉱業、採石業、砂利採取業」、「建設業」及び「製造業」
　　　　「第3次産業」…「電気・ガス・熱供給・水道業」、「情報通信業」、「運輸業、郵便業」、「卸売業、小売業」、「金融業、保険業」、「不動産業、物品賃貸業」、「複合サービス事業」、「サービス業（他に分類されないもの）」及び「公務（他に分類されるものを除く）」
出所）総務省「国勢調査」より筆者作成

表 3-3　日本標準産業大分類対応表（第 10 回～第 13 回）

第 10 回改定 (1993.10)	第 11 回改定 (2002.3)	第 12・13 回改定 (2007.11・2013.10)	第 10 回～第 13 回対応分類表
A 農業 B 林業	A 農業 B 林業	A 農業, 林業	①農業, 林業
C 漁業	C 漁業	B 漁業	②漁業
D 鉱業	D 鉱業	C 鉱業, 採石業, 砂利採取業	③鉱業, 採石業, 砂利採取業
E 建設業	E 建設業	D 建設業	④建設業
F 製造業	F 製造業	E 製造業	⑤製造業
G 電気・ガス・熱供給・水道業	G 電気・ガス・熱供給・水道業	F 電気・ガス・熱供給・水道業	⑥電気・ガス・熱供給・水道業
H 運輸・通信業	H 情報通信業 I 運輸業	G 情報通信業 H 運輸業, 郵便業	⑦情報通信業, 運輸業, 郵便業[1]
I 卸売・小売業, 飲食店	J 卸売, 小売業 (飲食店含まず)	I 卸売業, 小売業 (飲食店含まず)	⑧卸売業, 小売業 (飲食店含まず)
J 金融・保険業	K 金融, 保険業	J 金融業, 保険業	⑨金融業, 保険業
K 不動産業 (物品賃貸業含まず)	L 不動産業 (物品賃貸業含まず)	K 不動産業, 物品賃貸業	⑩不動産業, 物品賃貸業
L サービス業	M 飲食店, 宿泊業 O 教育, 学習支援業 N 医療, 福祉 P 複合サービス事業 Q サービス業 (他に分類されないもの)	L 学術研究, 専門・技術サービス業 M 宿泊業, 飲食サービス業 N 生活関連サービス業, 娯楽業 O 教育, 学習支援業 P 医療, 福祉 Q 複合サービス事業 R サービス業 (他に分類されないもの)	⑪サービス業
M 公務 (他に分類されないもの)	R 公務 (他に分類されないもの)	S 公務 (他に分類されるものを除く)	⑫公務 (他に分類されるものを除く)
N 分類不能の産業	S 分類不能の産業	T 分類不能の産業	⑬分類不能の産業

注) 1：63 郵便貯金取扱機関、政府関係金融機関含まず
　　 2：全ての改定内容を網羅したものではない
出所) 総務省「日本標準産業分類」より筆者作成

10 回改定では大分類 I「卸売・小売業、飲食店」が該当し、直接比較を行う場合には注意が必要で、正確に時系列比較を行うためには、中分類以下での調整を行う必要がある。また、飲食業の移動先であるサービス業についても同様に第 10 回改定と第 13 回改定では直接比較が難しく、中分類以下での調整を行う必要がある。

　市区町村レベルの地域統計では、産業分類が細かいほどデータは公表されていない場合が多い。また、付加価値額などのデータでは秘匿処理が施される場合が増えることで、産業分類の改定に応じて分類間の調整を行ったとしても、正確なデータを得て分析を行うことが難しくなる場合がある。

　表 3-4 は、第 9 回改定（1984 年 1 月）から第 13 回改定における産業中分類の変遷と第 9 回改定から第 13 回改定において時系列比較を行うための対応表を示している。

　前述したように、産業大分類に比べて産業中分類は改定が多く、時系列比較が一般的に困難であるが、表に示されているようにより大きな分類にあわせることで、ある程度の比較を行うことができる。例えば、機械器具関連の製造業は、第 9 回改定では、中分類 29「一般機械器具製造業」、中分類 32「精密機械器具製造業」、中分類 33「武器製造業」に分かれていた。その後、武器製造業が精密機械器具製造業の一部となり、さらに再編されて、第 12 回改定では中分類 25「はん用機械器具製造業」、中分類 26「生産用機械器具製造業」、中分類 27「業務用機械器具製造業」に再編された。そのため、第 9 回改定から第 13 回改定までを時系列で直接比較することはできず、第 12 回改定及び第 13 回改定における中分類 25～27 をまとめて任意の産業分類名である「機械器具製造業」とすることで初めて長期における産業動向の比較を行うことが

表 3-4　日本標準産業中分類対応表

第 9 回改定 (1984.1)	第 10 回改定 (1993.10)	第 11 回改定 (2002.3)	第 12・13 回改定 (2007.11・2013.10)	第 9 回～第 13 回対応表	比較注意
01 農業	01 農業	01 農業	01 農業	01 農業	
02 林業	02 林業	02 林業	02 林業	02 林業	
03 漁業	03 漁業	03 漁業	03 漁業 (水産養殖業を除く)	03 漁業 (水産養殖業を除く)	
04 水産養殖業	04 水産養殖業	04 水産養殖業	04 水産養殖業	04 水産養殖業	
05 金属鉱業	05 金属鉱業				
06 石炭・亜炭鉱業	06 石炭・亜炭鉱業	05 鉱業	05 鉱業、採石業、砂利採取業	05 鉱業、採石業、砂利採取業	
07 原油・天然ガス鉱業	07 原油・天然ガス鉱業				
08 非金属鉱業	08 非金属鉱業				
09 総合工事業	09 総合工事業	06 総合工事業	06 総合工事業	06 総合工事業	
10 職別工事業 (設備工事を除く)	10 職別工事業 (設備工事業を除く)	07 職別工事業 (設備工事業を除く)	07 職別工事業 (設備工事業を除く)	07 職別工事業 (設備工事業を除く)	
11 設備工事業	11 設備工事業	08 設備工事業	08 設備工事業	08 設備工事業	
12 食料品製造業	12 食料品製造業	09 食料品製造業	09 食料品製造業	09 食料品製造業	
13 飲料・飼料・たばこ製造業	13 飲料・たばこ・飼料製造業	10 飲料・たばこ・飼料製造業	10 飲料・たばこ・飼料製造業	10 飲料・たばこ・飼料製造業	
14 繊維工業 (衣服・その他の繊維製品を除く)	14 繊維工業	11 繊維工業	11 繊維工業	11 繊維工業	
15 衣服・その他の繊維製品製造業	15 衣服・その他の繊維製品製造業	12 衣服・その他の繊維製品製造業			
16 木材・木製品製造業 (家具を除く)	16 木材・木製品製造業 (家具を除く)	13 木材・木製品製造業 (家具を除く)	12 木材・木製品製造業 (家具を除く)	12 木材・木製品製造業 (家具を除く)	
17 家具・装備品製造業	17 家具・装備品製造業	14 家具・装備品製造業	13 家具・装備品製造業	13 家具・装備品製造業	
18 パルプ・紙・紙加工品製造業	18 パルプ・紙・紙加工品製造業	15 パルプ・紙・紙加工品製造業	14 パルプ・紙・紙加工品製造業	14 パルプ・紙・紙加工品製造業	
19 出版・印刷・同関連産業	19 出版・印刷・同関連産業*	16 印刷・同関連業*	15 印刷・同関連業	15 印刷・同関連業	*
20 化学工業	20 化学工業	17 化学工業	16 化学工業	16 化学工業	
21 石油製品・石炭製品製造業	21 石油製品・石炭製品製造業	18 石油製品・石炭製品製造業	17 石油製品・石炭製品製造業	17 石油製品・石炭製品製造業	
22 プラスチック製品製造業 (別掲を除く)	22 プラスチック製品製造業 (別掲を除く)	19 プラスチック製品製造業 (別掲を除く)	18 プラスチック製品製造業 (別掲を除く)	18 プラスチック製品製造業 (別掲を除く)	
23 ゴム製品製造業	23 ゴム製品製造業	20 ゴム製品製造業	19 ゴム製品製造業	19 ゴム製品製造業	
24 なめし革・同製品・毛皮製造業	24 なめし革・同製品・毛皮製造業	21 なめし革・同製品・毛皮製造業	20 なめし革・同製品・毛皮製造業	20 なめし革・同製品・毛皮製造業	
25 窯業・土石製品製造業	25 窯業・土石製品製造業	22 窯業・土石製品製造業	21 窯業・土石製品製造業	21 窯業・土石製品製造業	
26 鉄鋼業	26 鉄鋼業	23 鉄鋼業	22 鉄鋼業	22 鉄鋼業	
27 非鉄金属製造業	27 非鉄金属製造業	24 非鉄金属製造業	23 非鉄金属製造業	23 非鉄金属製造業	
28 金属製品製造業	28 金属製品製造業	25 金属製品製造業	24 金属製品製造業	24 金属製品製造業	
29 一般機械器具製造業	29 一般機械器具製造業	26 一般機械器具製造業	25 はん用機械器具製造業	(25～27 機械器具製造業)	
32 精密機械器具製造業	32 精密機械器具製造業	31 精密機械器具製造業	26 生産用機械器具製造業		
33 武器製造業	33 武器製造業		27 業務用機械器具製造業		
		29 電子部品・デバイス製造業	28 電子部品・デバイス・電子回路製造業	(28～30 電気機械器具製造業)	
30 電気機械器具製造業	30 電気機械器具製造業	27 電気機械器具製造業	29 電気機械器具製造業		
		28 情報通信機械器具製造業	30 情報通信機械器具製造業		
31 輸送用機械器具製造業	31 輸送用機械器具製造業	30 輸送用機械器具製造業	31 輸送用機械器具製造業	31 輸送用機械器具製造業	
34 その他の製造業	34 その他の製造業	32 その他の製造業	32 その他の製造業	32 その他の製造業	
36 電気業	35 電気業	33 電気業	33 電気業	33 電気業	
37 ガス業	36 ガス業	34 ガス業	34 ガス業	34 ガス業	
38 熱供給業	37 熱供給業	35 熱供給業	35 熱供給業	35 熱供給業	
39 水道業	38 水道業	36 水道業	36 水道業	36 水道業	
		37 通信業*	37 通信業*		
47 通信業	47 電気通信業		49 郵便業 (信書便事業を含む)*	(37、49、86 通信、郵便 (郵便局含む))	*
	46 郵便業	78 郵便業 (別掲を除く)	86 郵便局		
79 放送業	81 放送業	38 放送業	38 放送業	38 放送業	
77 映画業*	80 映画・ビデオ制作業*	39 情報サービス業	39 情報サービス業	(39、41、73 情報サービス・情報制作・広告業)	*
84 情報サービス、調査、広告業	82 情報サービス・調査業*	41 映像・音声・文字情報制作業*	41 映像・音声・文字情報制作業		
	83 広告業	89 広告業	73 広告業		
		40 インターネット附随サービス業	40 インターネット附随サービス業	40 インターネット附随サービス業	
40 鉄道業	39 鉄道業	42 鉄道業	42 鉄道業	42 鉄道業	
41 道路旅客運送業	40 道路旅客運送業	43 道路旅客運送業	43 道路旅客運送業	43 道路旅客運送業	
42 道路貨物運送業	41 道路貨物運送業	44 道路貨物運送業	44 道路貨物運送業	44 道路貨物運送業	
43 水運業	42 水運業	45 水運業	45 水運業	45 水運業	
44 航空運輸業	43 航空運輸業	46 航空運輸業	46 航空運輸業	46 航空運輸業	
45 倉庫業	44 倉庫業	47 倉庫業	47 倉庫業	47 倉庫業	
46 運輸に附帯するサービス業	45 運輸に附帯するサービス業	48 運輸に附帯するサービス業	48 運輸に附帯するサービス業	48 運輸に附帯するサービス業	
49 各種商品卸売業	48 各種商品卸売業	50 各種商品卸売業	50 各種商品卸売業	50 各種商品卸売業	
	49 繊維・衣服等卸売業	51 繊維・衣服等卸売業	51 繊維・衣服等卸売業		
50 繊維・機械器具・建築材料等卸売業	50 飲食料品卸売業	52 飲食料品卸売業	52 飲食料品卸売業		
51 衣服・食料・家具等卸売業	51 建築材料、鉱物、金属材料等卸売業	53 建築材料、鉱物・金属材料等卸売業	53 建築材料、鉱物・金属材料等卸売業	(51～55 卸売業)	
52 代理商、仲立業	52 機械器具卸売業	54 機械器具卸売業	54 機械器具卸売業		
	53 その他の卸売業	55 その他の卸売業	55 その他の卸売業		
53 各種商品小売業	54 各種商品小売業	55 各種商品小売業	56 各種商品小売業	56 各種商品小売業	
54 織物・衣服・身の回り品小売業	55 織物・衣服・身の回り品小売業	56 織物・衣服・身の回り品小売業	57 織物・衣服・身の回り品小売業	57 織物・衣服・身の回り品小売業	
55 飲食料品小売業	56 飲食料品小売業	57 飲食料品小売業	58 飲食料品小売業	(58、77 飲食料品小売業 (持ち帰り・配達含む))	
			77 持ち帰り・配達飲食サービス業		
56 自動車・自転車小売業	57 自動車・自転車小売業	58 自動車・自転車小売業	59 機械器具小売業	59 機械器具小売業	
57 家具・建具・じゅう器小売業	58 家具・じゅう器・家庭用機械器具小売業	59 家具・じゅう器・機械器具小売業	60 その他の小売業	60 その他の小売業	
58 その他の小売業	59 その他の小売業	60 その他の小売業	60 その他の小売業		
			61 無店舗小売業	61 無店舗小売業	
61 銀行・信託業	62 銀行・信託業	61 銀行業	62 銀行業		
62 農林水産金融業	65 政府関係金融機関	63 郵便貯金取扱機関、政府関係金融機関*			
63 中小企業・庶民・住宅等特定目的金融業	63 中小企業等金融業	62 協同組織金融業	63 協同組織金融業	(62～64、66 金融業)	*
65 投資業	64 農林水産金融業	64 貸金業、投資業等非預金信用機関	64 貸金業、クレジットカード業等非預金信用機関		
	66 貸金業、投資業等非預金信用機関	66 補助的金融業、金融附帯業	66 補助的金融業		
	67 補助的金融業、金融附帯業				
66 証券業、商品取引業	68 証券業、商品先物取引業	65 証券業、商品先物取引業	65 金融商品取引業、商品先物取引業	65 金融商品取引業、商品先物取引業	
67 保険業	69 保険業 (保険媒介代理業等を含む)	67 保険業 (保険媒介代理業等を含む)	67 保険業 (保険媒介代理業、保険サービス業を含む)	67 保険業 (保険媒介代理業、保険サービス業を含む)	
68 保険媒介代理業、保険サービス業					
69 不動産取引業	70 不動産取引業	68 不動産取引業	68 不動産取引業	68 不動産取引業	
70 不動産賃貸・管理業	71 不動産賃貸・管理業	69 不動産賃貸・管理業	69 不動産賃貸・管理業	69 不動産賃貸・管理業	
72 駐車場業	73 駐車場業				
92 物品賃貸業	92 物品賃貸業	88 物品賃貸業	70 物品賃貸業	70 物品賃貸業	
93 学術研究機関	92 学術研究機関	81 学術・開発研究機関	71 学術・開発研究機関	71 学術・開発研究機関	
			72 専門サービス業 (他に分類されないもの)		
86 専門サービス業 (他に分類されないもの)	84 専門サービス業	80 専門サービス業	74 技術サービス業 (他に分類されないもの)	(72、74、91、92 専門・技術・その他の事業サービス業)	
85 その他の事業サービス業	86 その他の事業サービス業	90 その他の事業サービス業	91 職業紹介・労働者派遣業		
			92 その他の事業サービス業		
73 旅館、その他の宿泊所	75 旅館、その他の宿泊所	72 宿泊業	75 宿泊業	75 宿泊業	
59 一般飲食店	60 一般飲食店	70 一般飲食店	76 飲食店	76 飲食店	
60 その他の飲食店	61 その他の飲食店	71 遊興飲食店			
75 洗濯・理容・浴場業	72 洗濯・理容・浴場業	82 洗濯・理容・美容・浴場業	78 洗濯・理容・美容・浴場業	78 洗濯・理容・美容・浴場業	
74 家事サービス業 (住込みのもの)	74 その他の生活関連サービス業	83 その他の生活関連サービス業	79 その他の生活関連サービス業	79 その他の生活関連サービス業	
76 その他の個人サービス業					
78 娯楽業 (映画業を除く)*	76 娯楽業 (映画・ビデオ制作業を除く)*	84 娯楽業	80 娯楽業	80 娯楽業	*
		76 学校教育	81 学校教育		
91 教育	91 教育	77 その他の教育、学習支援業	82 その他の教育、学習支援業	(81～82 教育)	
87 医療業	88 医療業	73 医療業	83 医療業	83 医療業	
88 保健衛生	89 保健衛生	74 保健衛生	84 保健衛生	84 保健衛生	
92 社会保険、社会福祉	90 社会保険、社会福祉	75 社会保険・社会福祉・介護事業	85 社会保険・社会福祉・介護事業	85 社会保険・社会福祉・介護事業	
83 協同組合 (他に分類されないもの)	85 協同組合 (他に分類されないもの)	79 協同組合 (他に分類されないもの)	87 協同組合 (他に分類されないもの)	87 協同組合 (他に分類されないもの)	
89 廃棄物処理業	87 廃棄物処理業	85 廃棄物処理業	88 廃棄物処理業	88 廃棄物処理業	
81 自動車整備業	77 自動車整備業	86 自動車整備業	89 自動車整備業	89 自動車整備業	
82 その他の修理業	78 機械・家具等修理業 (別掲を除く)	87 機械等修理業 (別掲を除く)	90 機械等修理業 (別掲を除く)	90 機械等修理業 (別掲を除く)	
94 政治・経済・文化団体	94 政治・経済・文化団体	91 政治・経済・文化団体	93 政治・経済・文化団体	93 政治・経済・文化団体	
90 宗教	93 宗教	92 宗教	94 宗教	94 宗教	
95 その他のサービス業	95 その他のサービス業	93 その他のサービス業	95 その他のサービス業	95 その他のサービス業	
96 外国公務	96 外国公務	94 外国公務	96 外国公務	96 外国公務	
97 国家公務	97 国家公務	95 国家公務	97 国家公務	97 国家公務	
98 地方公務	98 地方公務	96 地方公務	98 地方公務	98 地方公務	
99 分類不能の産業	99 分類不能の産業	99 分類不能の産業	99 分類不能の産業	99 分類不能の産業	

出所）総務省「日本標準産業分類」より筆者作成

できる。同様の例として、第9回改定の中分類30「電気機械器具製造業」を第13回改定時の
データと直接比較を行う際にも同様の処理が必要になる。

　なお、一番右の欄で＊が付されているのは、第9回改定と第13回改定の比較を行う場合に、
産業分類の変更によって直接比較を行うことができない産業分類があることを示している。

　例えば、第9回改定の中分類19「出版、印刷・同関連産業」は、第11回改定において、新
聞業と出版業が製造業から情報通信業に移行され、第11回改定では中分類16「印刷・同関連
業」となったため、第9回改定から第13回改定について中分類レベルで直接の時系列比較を行
う際には注意を要する。同様の例として、娯楽業などがあげられる。

②国勢調査における産業分類改定に伴う組替集計について[79]（平成17年国勢調査）

　国勢調査に用いる産業分類は、日本標準産業分類を基に、国勢調査に適合するよう各回の国
勢調査ごとに集約して編成している。そのため、前述したように、前回調査で用いた産業分類
と今回調査で用いる産業分類が異なる場合がある。

　このような場合に、国勢調査では時系列比較を可能にすることを目的として、新たな産業分
類により前回の調査結果を組み替える特別集計を行っている。

　例えば、平成17年国勢調査では、第11回改訂（2002年3月改訂）に基づく日本標準産業分
類を用いているが、平成22年国勢調査では、第12回改定（2007年11月改定）に基づいて編成
を行うため、産業分類に係る時系列比較を困難にしている。このため、平成17年国勢調査と平
成22年国勢調査の時系列比較を行うことを目的として、第12回改定に基づく日本標準産業分
類を用いて平成17年国勢調査を組み替えた「平成17年国勢調査　新産業分類特別集計」が公
表されている[80]。

　日本標準産業分類の第12回改定は、平成17年国勢調査について新たな産業分類を用いた組
替集計が行われることで、新たに新設された産業分類、例えば第12回改定においては、「生活
関連サービス業、娯楽業」等（これらの新産業は往々にして成長産業であることが多い）につ
いて、過去に遡って原数値を把握し過去からの伸び率などを把握することが可能となり、地域の
持続的発展を考える上で重要なデータになる。

　一方で、表3-3のような共通項によって時系列間の標準産業分類に対応させると、より大き
な項目によって産業分類が集約され、集計された産業別に増減率を把握することになるため、
新たな産業構造の変化など、特定の地域産業における僅かな変化の芽を捉えるといったことは
一層困難になる懸念がある。

　ただし、平成17年国勢調査においても、上記のような組替集計が市区町村レベルで行われて
いるのは、男女別の産業大分類別15歳以上就業者数や、男女別の産業小分類別、従業上の地位
別15歳以上就業者数など一部の公表データにとどまり、2000年以前の国勢調査などさらに過
去の調査との比較はできないなど制約は多い。

---

[79] 組替集計については、産業分類や職業分類以外にも、世帯の家族類型や外国人、子供の数等につい
　　ても、分類や区分が変更されたため、過去の調査との比較を行うために遡及集計が行われている。
[80] 詳細は、平成17年国勢調査　新産業分類特別集計－日本標準産業分類第12回改定に伴う組替集計
　　の概要（https://www.stat.go.jp/data/kokusei/2005/shinsan/syukei.html）を参照のこと。

　平成17年国勢調査における組替集計の集計方法は、平成17年国勢調査の抽出詳細集計で対象となった15歳以上就業者について、調査票の記入内容に基づいて新産業分類符号を付して集計しているが、産業小分類単位で新たな産業分類とこれまでの産業分類が対応するものは、新産業分類の符号を機械的に付している。

　結果は、一定方法により一部の世帯の調査票を抽出し、就業者の産業等に関する詳細な結果を全国・都道府県・市区町村別に集計する抽出詳細集計の推定方法によって推定を行っている[81]。

　なお、**表3-5**は、平成17年国勢調査と平成22年国勢調査に用いられた産業分類の対応関係の概要を示したものである。第三次産業において、多くの産業分類が改定されていることを示しており、産業構造のサービス化が日本標準産業分類の改定状況によって裏づけられた形となっている。

表3-5　新旧産業分類対応表（概要）

旧産業分類（平成17年国勢調査産業分類） （大分類19、中分類80、小分類228）		新産業分類（平成22年国勢調査産業分類） （大分類20、中分類82、小分類253）	
A	農業	A	農業，林業（統合・新設）
B	林業		
C	漁業	B	漁業
D	鉱業	C	鉱業，採石業，砂利採取業（改称）
E	建設業	D	建設業
F	製造業	E	製造業
G	電気・ガス・熱供給・水道業	F	電気・ガス・熱供給・水道業
H	情報通信業	G	情報通信業
I	運輸業	H	運輸業，郵便業（統合・新設）
J	卸売・小売業	I	卸売業，小売業（改称）
K	金融・保険業	J	金融業，保険業（改称）
L	不動産業	K	不動産業，物品賃貸業（統合・新設）
M	飲食店，宿泊業	L	学術研究，専門・技術サービス業（新設）
N	医療，福祉	M	宿泊業，飲食サービス業（統合・再編）
		N	生活関連サービス業，娯楽業（新設）
O	教育，学習支援業	O	教育，学習支援業
		P	医療，福祉
P	複合サービス事業	Q	複合サービス事業
Q	サービス業（他に分類されないもの）	R	サービス業（他に分類されないもの）
R	公務（他に分類されないもの）	S	公務（他に分類されるものを除く）（改称）
S	分類不能の産業	T	分類不能の産業

　出所）総務省「新旧産業分類対応表」を基に筆者作成
　　　　（https://www.stat.go.jp/data/kokusei/2005/shinsan/pdf/hyo2.pdf）

---

[81] 詳細は、抽出詳細集計の抽出方法及び結果の精度
　　（https://www.stat.go.jp/data/kokusei/2005/shosai/00/pdf/seido.pdf）を参照のこと。

2 日本標準職業分類

(1) 日本標準職業分類について

　日本標準職業分類は、個人を単位として従事する仕事の類似性に着目して、それを体系的に分類したもので、公的統計を職業別に表示するための統計基準の一つである。市区町村別の地域統計では、特に総務省「国勢調査」の分析において必要であり、例えば、職業別人口を求めるだけでなく、産業別職業別人口を分析することで、産業別人口だけでは捉えることができない産業における構造変化等についてより詳細に分析することができる。

　現行の日本標準職業分類は、2009 年 12 月に設定された。職業分類の分類表は、**表 3-6** からわかるように、12 の大分類、74 の中分類、329 の小分類から構成される 3 段階分類である。大分類符号は、アルファベットの大文字で表記し、A − 管理的職業従事者から L − 分類不能の職業まで 12 分類ある。中分類符号は、大分類 A から始まる二桁数字の通し番号で表記する。例えば、大分類 A には中分類が 4 つ含まれ、中分類 01 − 管理的公務員から中分類 04 − その他の管理的職業従事者の 4 分類から構成される。次の大分類である B − 専門的・技術的職業従事者は中分類 05 − 研究者から中分類 24 − その他の専門的職業従事者で構成されている。小分類符号は、三桁の数字で表記する。上位二桁の数字は小分類符号が含まれる中分類を示し、大分類 A − 管理的職業従事者には 10 の小分類が含まれている。

　日本標準職業分類によって、職業を決定する方法は、個人が単一の分類項目に該当する仕事に従事している場合は、その仕事により職業を決定する。一方で、個人が複数の分類項目に該当する仕事に従事する場合があり、主に以下の判断基準により職業を決定する[82]。

表 3-6　日本標準職業分類における分類構成（2009 年 12 月設定）

大　分　類	中分類	小分類
A − 管理的職業従事者	4	10
B − 専門的・技術的職業従事者	20	91
C − 事務従事者	7	26
D − 販売従事者	3	19
E − サービス職業従事者	8	32
F − 保安職業従事者	3	11
G − 農林漁業従事者	3	12
H − 生産工程従事者	11	69
I − 輸送・機械運転従事者	5	22
J − 建設・採掘従事者	5	22
K − 運搬・清掃・包装等従事者	4	14
L − 分類不能の職業	1	1
（計）12	74	329

出所）総務省「日本標準職業分類一般原則」（https://www.soumu.go.jp/main_content/000394427.pdf）より筆者作成

---

[82] 詳細は「日本標準職業分類一般原則　第 4 項　職業分類の決定方法」（https://www.soumu.go.jp/main_content/000394427.pdf）を参照。

・二つ以上の勤務先で異なる分類項目に該当する二つ以上の仕事に従事する場合
　報酬の最も多い分類項目で決定するが、これにより難い場合は就業時間の最も長い分類項目により決定する。
・一つの勤務先で、二つ以上の分類項目に該当する仕事に従事する場合
　就業時間の最も長い分類項目で決定するが、これにより難い場合で、一つの大分類内又は中分類内の複数の分類項目に該当する場合は、一つの財・サービスの生産過程のうち、主要な段階又は最終の段階に該当する分類項目とする。

　日本標準職業分類は、統計の正確性と客観性の保持や、統計の相互比較性と利便性の向上を目的として、1960 年 3 月に日本標準職業分類として設定され、1997 年 12 月改定に至るまで 4 回の改定が行われてきたが、従来の日本標準職業分類は、法令に基づいて設定されたものではなかった。また、周知は告示によるものでなく、官報掲載が行われた日本標準産業分類とは扱いが異なっていた。

　そのような状況の中で、2007 年 5 月に新たな統計法（平成 19 年法律第 53 号）が成立した。前述したように、同法第 2 条第 9 項では、公的統計の作成に際して、統一性又は総合性を確保するための技術的な基準として「統計基準」が設けられた。

　新法の成立を背景として、総務省では、第 4 回改定（1997 年 12 月）の内容を基に統計法第 28 条第 1 項の規定に基づく統計基準として、2009 年 12 月に現行の日本標準職業分類となる新たな日本標準職業分類を統計基準として設定し、公示した。

　現行の日本標準職業分類は、通算 5 回目の改定に相当すると考えるが、日本標準職業分類の原形は、1920 年の第 1 回国勢調査で用いられた職業分類に遡ることができる。当時は、職業分類と産業分類の概念が明確に分けられておらず、職業分類の名称の下に産業分類が行われていた。三潴（1983）は、このような分類を「産業分類的職業分類」と指摘し、当時「職業」はそのまま特定の産業に属しており、今日のように各産業を横断する「職業」が社会的にまだ確立していなかったため、このような分類は適切であったと評価した。その後、1930 年の第 3 回国勢調査において職業分類と産業分類がはじめて独立して表示されたが、依然として職業分類の大分類項目には産業分類が表章されていた。1940 年の第 5 回国勢調査からは、職業分類と産業分類の区別がより明確に行われ、職業分類の大分類項目は I 経営者、事務者、II 技術者、III 作業者等の表章に変わり、個人を単位として事業所内で従事する仕事を体系的に分類する現行の職業分類に近づいていくこととなった。職業分類は、西澤（2006）が指摘するように、「職業分類が産業分類や従業上の地位分類からはっきり分離していく過程、すなわち職業分類の純化の進展」の中で独自の分類として改定されてきたと考えられる。以上でみたように、日本標準職業分類は、日本標準産業分類と同様に、時代の変遷とともに改定されてきたといえる[83]。

---

[83] 近年の詳細な改定状況については、補論 4 を参照のこと。

（2）日本標準職業分類と地域統計

①日本標準職業大分類における改定への対応

　市区町村データを中心に地域統計を考える際には、前述したように日本標準職業分類が使われている統計調査は、総務省「国勢調査」などに限られており、分類項目についても大分類が中心である。

　ただし日本標準職業分類は、2009 年 12 月の統計基準設定の際に大幅な改定が行われており、前後の調査年における時系列比較を行う場合には、大分類の比較であったとしても、直接比較を行うことができない分類項目が多い。

　表 3-7 は、日本標準職業分類の大分類について、2009 年 12 月統計基準設定と第 4 回改定（1997 年 12 月）における職業大分類の変遷と対応表を示したものである。

　なお、日本標準産業分類の対応表と同様に、以下の対応表は、中分類以下の分類項目の改定内容を全て含めた網羅的なものではなく、あくまで公表されている市区町村レベルの統計から調整が可能なレベルの簡易的な対応表であることに留意する必要がある。

　両者の分類が含まれる地域統計データについて時系列比較を行う際の最も大きな特徴は、第 4 回改定（1997 年基準）における大分類Ⅰ「生産工程・労務作業者」が 2009 年 12 月統計基準設定（2009 年基準）において多数の大分類に分割され分類されていることである。

　大分類に分割されたままでは大分類レベルの集計を行ったとしても時系列による比較が難しく、1997 年基準の大分類Ⅰ「生産工程・労務作業者」を 2009 年基準の大分類 H「生産工程従事者」と生産部門に従事する職業大分類別人口として比較すると、2009 年の生産部門を過小評価することになる可能性がある。

　生産部門の範囲を広げることに繋がる問題はあるが、1997 年基準の大分類 H「運輸・通信従事者」も含めて、「生産系職業従事者」として全体をまとめることで時系列比較を可能とすることを考える。

表 3-7　日本標準職業大分類対応表（第 4 回改定、2009 年 12 月統計基準設定）

1997 年基準	2009 年基準	1997 年・2009 年対応分類表
B－管理的職業従事者	A－管理的職業従事者	管理的職業従事者
A－専門的・技術的職業従事者	B－専門的・技術的職業従事者	専門的・技術的職業従事者
C－事務従事者	C－事務従事者	事務従事者
D－販売従事者	D－販売従事者	販売従事者
E－サービス職業従事者	E－サービス職業従事者	サービス職業従事者
F－保安職業従事者	F－保安職業従事者	保安職業従事者
G－農林漁業従事者	G－農林漁業従事者	農林漁業従事者
Ⅰ－生産工程・労務作業者（一部）	H－生産工程従事者	生産系職業従事者
H－運輸・通信従事者（一部）	Ⅰ－輸送・機械運転従事者	
Ⅰ－生産工程・労務作業者（一部）		
Ⅰ－生産工程・労務作業者（一部）	J－建設・採掘従事者	
Ⅰ－生産工程・労務作業者（一部）	K－運搬・清掃・包装等従事者	
J－分類不能の職業	L－分類不能の職業	分類不能の職業

　注）1997 年基準の運輸・通信従事者の一部は分割されて、2009 年基準の専門的・技術的職業従事者、事務従事者、運搬・清掃・包装等従事者の小分類に分割された上で新設されている。

　出所）総務省「日本標準職業分類」より筆者作成

具体的には、以下のような恒等式を想定する。

1997 年基準：大分類 H＋大分類 I ＝ 2009 年基準：大分類 H＋大分類 I＋大分類 J＋大分類 K

　2009 年基準では大分類 A「管理的職業従事者」、大分類 F「保安職業従事者」、大分類 L「分類不能の職業」を除き、小分類レベルでは多少の改定がある。前述したように、1997 年基準との比較の際には注意が必要である。

　なお、中分類レベルは、市区町村レベルの統計では、取り扱うことは少ないが、2009 年基準における大分類 E「サービス職業従事者」の中に中分類 36「介護サービス職業従事者」と中分類 37「保健医療サービス職業従事者」が「専門的・技術的職業従事者」の一部と統合される形で新設したことが特徴といえ、仮に都道府県レベルの地域統計などを分析する際には対応が必要となるため、注意が必要である。

②国勢調査における職業分類改定に伴う組替集計について（平成 17 年国勢調査）

　国勢調査に用いる職業分類は、日本標準職業分類の小分類を基にして、各回の調査に適応するように集約及び分割を行い編成している。

　前述したように、日本標準職業分類は、2009 年 12 月の統計基準設定により、大分類項目の増加や中・小分類項目の全面的見直しが行われるなど大幅に改定された。平成 22 年国勢調査で用いる職業分類は、2009 年 12 月に新たに設定された日本標準職業分類を基準としているが、平成 17 年国勢調査は、1997 年に設定された日本標準職業分類を基準としているため、時系列比較を困難にしている。

　国勢調査では、産業分類と同様に、平成 22 年国勢調査と平成 17 年国勢調査の比較を可能にするため、平成 17 年国勢調査の結果を平成 22 年の職業分類基準で組み替えた「平成 17 年国勢調査　新職業分類特別集計結果」を公表している。

　新たな職業分類による組替集計が平成 17 年国勢調査についても行われることで、市区町村データでの公表が多く、大分類項目が増加した職業大分類についても、平成 22 年国勢調査との時系列比較が可能になる。

　一方で、**表3-7** のような共通項目を用いた編成によって、時系列間の日本標準職業分類を対応させると、より大きな項目で職業分類が集約され、集計された職業別に増減率を把握することになるため、新たな職業別の人口構造の変化を捉えることが一層困難になる懸念がある。

　ただし、産業分類と同様に、平成 17 年国勢調査において市区町村レベルの組替集計が公表されているのは、職業大分類別の男女別 15 歳以上就業者数のみにとどまり、2000 年以前の国勢調査などさらに過去の調査との比較は行うことができないなど制約は多い。

　平成 17 年国勢調査における組替集計の集計方法は、平成 17 年国勢調査抽出詳細集計の職業小分類を用いて、機械組み替え又は人力による符号格付[84]を行って新職業分類に組み替えて集計を行った。

---

[84] 調査票に記入された回答をコンピュータで集計処理しやすいように分類基準に従って、英字や数字に置き換える作業を示す。

　結果は、産業分類の組替集計と同様に、一定方法により一部の世帯の調査票を抽出し、就業者の職業等に関する詳細な結果を全国・都道府県・市区町村別に集計する抽出詳細集計の推定方法によって推定を行っている。

　なお、**表3-8** は、平成17年国勢調査と平成22年国勢調査に用いられた職業分類の対応関係の概要を示したものである。旧職業分類の生産工程・労務作業者は、新職業分類では最大の5つの職業大分類に分割されるなど最も大きな改定がなされたことがわかる。

表 3-8　新旧職業分類対応表（概要）

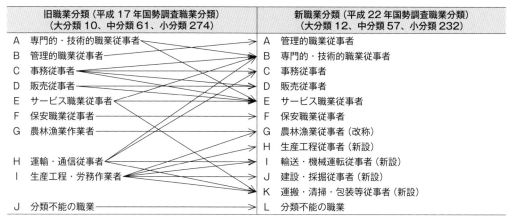

旧職業分類（平成17年国勢調査職業分類） （大分類10、中分類61、小分類274）	新職業分類（平成22年国勢調査職業分類） （大分類12、中分類57、小分類232）
A　専門的・技術的職業従事者	A　管理的職業従事者
B　管理的職業従事者	B　専門的・技術的職業従事者
C　事務従事者	C　事務従事者
D　販売従事者	D　販売従事者
E　サービス職業従事者	E　サービス職業従事者
F　保安職業従事者	F　保安職業従事者
G　農林漁業作業者	G　農林漁業従事者（改称）
	H　生産工程従事者（新設）
H　運輸・通信従事者	I　輸送・機械運転従事者（新設）
I　生産工程・労務作業者	J　建設・採掘従事者（新設）
	K　運搬・清掃・包装等従事者（新設）
J　分類不能の職業	L　分類不能の職業

出所）総務省「新旧職業分類対応表」を基に筆者作成
　　（https://www.stat.go.jp/data/kokusei/2005/shinsyo/pdf/syukei.pdf）

3 標準地域コード（全国地方公共団体コード）

　地域統計を扱う際に必須の標準地域コードは、都道府県及び市町村の区域を示す統計情報の表章及び当該情報の相互利用のための基準である。統計審議会の答申（「統計に用いる地域コードの標準化について」（昭和44年12月12日統計審議会答申第128号））を踏まえて1970年4月に告示で定められ、以降は国勢調査等の各種統計において活用されている。市町村合併等により区域に変更が生じた場合には、その都度改正されている。

（1）標準地域コードの仕様について
①コードの範囲及び構造
　標準地域コードを付する対象は、全国の地方公共団体等であり、都道府県、指定都市、指定都市以外の市、特別区、指定都市の区、町村、一部事務組合、地方開発事業団、広域連合が含まれる。

　コードの桁数は、5桁のアラビア整数に、1桁の検査数字を加えて6桁とする。第1桁及び第2桁の番号は、各都道府県を意味し、第3桁から第5桁は、各市区町村、一部事務組合、地方開発事業団及び広域連合を意味する。第6桁は、電算処理にあたって誤入力等によって不正なコードが使われないようするために設けられている。6桁目が必要な場合、不要な場合があるが、地域統計においては、総務省「国勢調査」が市区町村を5桁で表示し公表している。以降は、本書では市区町村を示すコードについては、5桁に統一して説明等を行うこととする。

②コードを付する都道府県及び市区町村の配列の順序
　都道府県、市区町村等の配列順は、総務省（2007）によれば、「関係都道府県の意見に基づき、統計その他一般の慣用のものによる」とされている。奥積（2021）は、都道府県の配列については、既に1924年（大正13年）に現行の都道府県コードの配列順と整合していると指摘しており、1970年の告示のかなり以前から同様の配列順が使われていた可能性があることがわかる。

③都道府県コード及び市区町村コード
　都道府県コードは、第1桁及び第2桁の番号について基本的には北から順に01から47までの連番号にするとともに、第3桁から第5桁の番号を000とする。例えば、北海道の都道府県コードは01000となり、沖縄県の都道府県コードは47000となる。

　市区町村コードにおける第1桁及び第2桁の番号は、市区町村が属する都道府県の都道府県コードとする。

　第3桁から第5桁の番号については、市区町村の種別によって以下の番号とすることが細かく決められているが、第3桁の番号については、指定都市及び特別区は1、その他の市は2、町村は3以上の数字が与えられている。

ⅰ）指定都市

100で表示する。ただし、同一都道府県内に2以上の指定都市がある場合は、100から199までの間で任意の数字を定める。例えば、神奈川県横浜市は、神奈川県の都道府県コード14と指定都市の100が組み合わされ、14100となる。

ⅱ）特別区及び指定都市の区

101から199までの連番号で表示する。ただし、同一都道府県内に2以上の指定都市がある場合は、101から199までの間で任意に数字を定めており、それぞれの指定都市のコードにつづく連番号で表示する。例えば、横浜市鶴見区は横浜市の14100に続く連番号として14101となるが、神奈川県川崎市川崎区は、神奈川県の都道府県コード14と指定都市の130、さらに連番となる131が組み合わされ、14131となる。

なお、利用上の便宜のため、全特別区の区域についてもコードを付し、これを100で表示する。2022年4月1日現在、特別区は東京23区のみであるが、23区合計である東京都特別区部は13100で表示され、地域統計において23区とともに表章される場合もあるので、データを集計する際にはダブルカウントにならないよう注意が必要である。

ⅲ）市（指定都市を除く。）

201から299までの連番号で表示する。

ⅳ）町村（（ⅴ）の町村を除く。）

301から799までの数字で表示する。301～319、321～339、…781～799の19ずつのグループに区分し、各郡の区域にそれぞれのグループを割り当て、各郡に属する町村を各グループの範囲内の連番号で表示する。ただし、沖縄県島尻郡は341～369までを、同県宮古郡については、371～379までを割り当てる。例えば、山形県東村山郡山辺町（やまのべまち）は、山形県の都道府県コードである06に山辺町の301が組み合わさり06301となる。同県西村山郡河北町（かほくちょう）は、山形県の都道府県コードに321が組み合わさって06321となっている。

ⅴ）北海道の区域内にある町村

301から779までの数字を、301～329、331～359…751～779の29ずつのグループに区分し、（各郡でなく）各総合振興局の所管区域にそれぞれのグループを割り当て、各総合振興局の所管区域内の町村を、各グループの範囲内の連番号で表示する。例えば、北海道松前郡福島町（ふくしまちょう）の市区町村コードは01332であり、北海道上磯郡知内町（しりうちちょう）の市区町村コードは01333であるが、これは、2つの町が同じ渡島総合振興局[85]の所管区域にあるためである。

なお、北海道における支庁制度改革に伴う所管区域の変更に伴って、幌加内町（ほろかないちょう）と幌延町（ほろのべちょう）の市区町村コードが2010年4月1日に変更になっている。

---

[85] 2010年4月1日に渡島支庁から渡島総合振興局に改称しているため、時系列比較の際に注意を要する。なお、道内14支庁は9総合振興局、5振興局に改称された。

ⅵ）東京都の支庁の所管区域内にある町村

　東京都の大島、三宅、八丈及び小笠原の各支庁の所管区域は、区域全体を１つの郡とみなし、所管区域内の全ての町村を連番号で表示する。

(2) 市区町村コードの改正について

　全国の市区町村数は、2000年1月1日現在では3252市区町村（特別区含む）であった。平成の大合併によって、2004年から2007年にかけて市区町村数は大幅に減るなど市区町村コードも大きく改正されているが、2015年以降は1741市区町村で推移している。

　地域統計は、基本的に調査時点における市区町村をベースとして公表されていることが多い。特に、平成の大合併の前と現時点における市区町村データの時系列比較を行う際には、市町村合併に対する対応を行った上で分析を行う必要がある。

　なお、市区町村合併への対応を行う際には、市区町村の名称をベースに集計を行うことも可能だが、平成の大合併の前は、同一県内であっても同じ名称の町村が多数あり、混同する可能性があった。そのため、市区町村が一意に決まる市区町村コードを使って市町村合併に対する対応を行う方が良い。

　以上のことから、市区町村コードの改正に関する知識は、地域統計の時系列比較を行う際には必須のものであり、以下で市区町村に関する基本的な改正の原則について示すことにする。

①市区町村コードに関する基本的な改正原則

ⅰ）市町村の名称変更等の場合

・市町村の名称のみ変更

　コードは変更せず、名称変更前のコードを使用する。

・町村が市になり、市が町村となった場合

　コードは、上記(1)③ⅲ）～ⅴ）の市及び町村の付与のルールに従って新設され、従前のコードは欠番とする。

・村が町、町が村となった場合

　コードは変更せず、従前のコードを使用する。

ⅱ）市町村の廃置分合[86]の場合

・廃置分合後の市町村が関係市町村のいずれかの市町村の名称を、その名称とした場合

　廃置分合後の市町村のコードは、廃置分合後の市町村が、その名称とした関係市町村の従前のコードとし、その他の関係市町村の従前のコードは欠番とする。例えば、埼玉県川口市と埼玉県鳩ケ谷市の合併では、2011年10月11日に鳩ケ谷市の編入合併が行われ、合併後の名称が川口市となったため、川口市の従前の市区町村コードである11203が合併後も引き続き使用され、鳩ケ谷市の従前の市区町村コードである11226は欠番となった。

---

[86] 地方公共団体の区域の変更のうち、法人格の変動を伴う区域の変更をいい、地方公共団体の新設または廃止を伴う。分割、分立、合体、編入の４種類があり、市町村の合体と編入のことを市町村の合併と称する。

・廃置分合後の市町村が関係市町村のいずれの市町村の名称をも、その名称としなかった場合

　　廃置分合後の市町村のコードは、上記（1）③ⅲ）～ⅴ）の市及び町村の付与のルールに従って新設され、関係市町村の従前のコードは欠番とする。例えば、2006 年 3 月 27 日に熊本県南西部の 2 市 8 町（本渡市、牛深市、有明町、御所浦町、倉岳町、栖本町、新和町、五和町、天草町、河浦町）が合併して誕生した天草市は、関係市町村のいずれの市町村の名称をもその名称としない合併のため、天草市の市区町村コード 43215 が新設され、従前の 2 市 8 町の市区町村コードは全て欠番となった。

・郡の区域の新設又は変更によって町村の所属する郡が変更になった場合（北海道の区域におけるものを除く。）

　　新たな郡の新設や郡の区域が変更され、所属する郡が変更になった町村のコードは、（1）③ⅳ）により新設し、従前のコードは欠番とする。

・特別区及び指定都市の区の名称変更等の場合

　　特別区の名称変更、設置及び廃置分合並びに指定都市の区の名称変更、設置及び所管区域の変更があった場合における特別区及び指定都市の区のコードについては、①ⅱ）の例による。

②地域統計における市町村合併等のその他の注意点

　　上記のルールによって、市区町村コードは付され、平成の大合併時には市区町村コードの改正が行われた。地域統計において時系列比較を行う際には、上記のルールを踏まえた上で集計を行うが、これまで取り上げた例以外にも特に間違えやすい点があるため、近年の例に限定して改めて以下でまとめることとする。

ⅰ）同一都道府県における同一名称の町村

　　平成の大合併が行われる前は、いくつかの県で同一名称の町村が複数みられた。前述したように、それが市区町村名でなく、市区町村コードを使用する理由の一つであったが、改めて以下で具体的に取り上げることとする。

　　例えば、群馬県東村はかつて勢多郡東村（あずまむら）、吾妻郡東村（あづまむら）、佐波郡東村（あずまむら）と 3 つあったため、市区町村コードか郡名がないと混同が起きやすかった。現在は、3 村とも合併したため存在しない。同様の例として、兵庫県一宮町（宍粟郡一宮町、津名郡一宮町）、広島県三和町（神石郡三和町（さんわちょう）、双三郡三和町（みわちょう））があるが、いずれも現在は合併しており消滅している。平成の大合併の前と現在の市区町村データについて時系列比較を行う際には注意が必要である。

ⅱ）市昇格による市区町村コード変更

　　町村が市になった場合の市区町村コードの変更は前述しているが、中でも町村が単独で市制施行によって市になる場合は注意が必要である。

　　例えば、宮城県黒川郡富谷町（とみやまち）は、仙台市のベッドタウンとして人口増を続け、2016 年 10 月 10 日に単独市制を施行して宮城県富谷市となった。単独市制のため、宮城県内の市区町村数は変わらないが、市になったことで、市町村コードは 4423（宮城県黒川郡富谷町）か

ら4216（宮城県富谷市）へと変更になっており、都道府県内における市区町村データの場所は変更されている。市区町村コードで並び替えを行って比較などを行う際には注意が必要である。同様の例として、福岡県筑紫郡那珂川町（なかがわまち、市区町村コード40305）が単独市制を施行して福岡県那珂川市（2018年10月1日単独市制、市区町村コード40231）になった例がある。

　2015年以降、特別区を含めた市区町村数は変化がないため、市区町村データについてそのまま時系列比較を行ってしまうケースも考えられるため、注意が必要である。

iii）上九一色村の分割

　山梨県西八代郡上九一色村（かみくいっしきむら）は、2006年3月1日に北部の古関・梯地区が甲府市へ、中・南部の精進・本栖・富士ヶ嶺地区が山梨県南都留郡富士河口湖町（ふじかわぐちこまち）に分割・編入され消滅した。分割・編入の前後の地域統計の時系列比較を行うためには、同村を北部と中・南部に分けてデータ処理を行うことが必要であるが、公表されているケースはほとんどないと考えられる。従前では人口や面積が過半を占めていた中・南部が編入された富士河口湖町に同村のデータを全て入れる簡易的な処理を行うか旧上九一色村を全国合計から除いて集計する方法、さらには山梨県公表の「やまなしの統計」内にある「平成17年国勢調査（上九一色村の甲府市分と富士河口湖分の状況[87]）」のデータを活用して各種データをそれぞれの比率で按分することなどが考えられる。

iv）長野県山口村の越県合併

　長野県木曽郡山口村（やまぐちむら）は、2005年2月13日に恵那郡北部6町村（坂下町、川上村、加子母村、付知町、福岡町、蛭川村）とともに岐阜県中津川市に編入された。県を越えた合併となる「越県合併」は、平成の大合併でも例がなく、1959年以来であった。

　例えば、現在の岐阜県中津川市の人口を「越県合併」の前と比較する場合には、北部6町村とともに長野県山口村のデータを旧中津川市と合計する必要があり、その場合には、岐阜県の市区町村合計の人口が当時の岐阜県の人口とは異なることに注意が必要である。

コラム3　市区町村コードの改正と地域統計

　合併等を行った市区町村について、合併等を行う前の旧自治体の原数値を現在の自治体と比較が行えるように合算等を行う必要があることは、地域統計の利用上の課題となっている。

　地域統計の利便性の向上を図るため、いくつかの地域統計では、現在の自治体の集計結果だけでなく、合併などを行う前の旧自治体の集計結果を併せて公表している例がある。

　特に国勢調査では、**表3-9**で表されているように、人口等基本集計と就業状態等基本集計の一部の集計項目について、平成の大合併が始まる前の2000年の市区町村をベースとし

---

[87] やまなしの統計　平成17年国勢調査第1次基本集計結果（確定数）
（https://www.pref.yamanashi.jp/toukei_2/HP/17koku_1syuukei.html）

た市区町村結果が公表されている。

　なお、合併が行われた個別市区町村などにおいて、時系列比較を可能とするために、統計書などの形で現在の市区町村と公表合併前の旧市区町村が併記されて公表されている場合もあるため、分析を行う場合には、事前に該当市区町村のホームページ等を確認する必要がある。

表3-9　令和2年国勢調査における2000年市区町村の集計項目一覧

2015年（前回）結果表	主番号	枝番号	集計対象	表章事項	1 男女	2 世帯主の男女	4 年齢	8 夫の年齢	9 妻の年齢	11 世帯主の年齢	12 世帯員の年齢	13 出生の月	16 配偶関係	22 国籍	23 国籍総数か日本人	27 世帯の種類	28 世帯の種類・施設等の世帯の種類	29 世帯の家族類型	33 夫婦のいる世帯の家族の種類	34 母子・父子世帯の種類	35 65歳以上世帯員の有無による世帯の類型	37 世帯員の年齢による世帯の種類	41 世帯人員の人数	43 子供の有無・数	44 子供の数・年齢	45 子供の有無	47 最年少の子供の年齢	55 住宅の所有の関係	57 住宅の建て方・世帯が住んでいる階
人1・人2	1	1	総数	人口、2015年（平成27年）の人口（組替）、世帯数、2015年（平成27年）の世帯数（組替）、世帯人員、5年間の人口増減数、5年間の人口増減率、5年間の世帯増減数、5年間の世帯増減率、人口性比、面積（参考）、人口密度	3										3														
人3-2	2	5	総数	人口、平均年齢、年齢中位数	3		109								2														
人3-2	2	7	総数	人口、平均年齢、年齢中位数、人口構成比［年齢別］	3		29B・10								2														
人18-2	18	4	総数	一般世帯数																								10	
人18-2	18	5	総数	一般世帯人員																								10	
人18-2	18	6	総数	一般世帯の1世帯当たり人員																								10	

2015年（前回）結果表	主番号	枝番号	集計対象	表章事項	1 男女	4 年齢	8 夫の年齢	9 妻の年齢	16 配偶関係	27 世帯の種類	29 世帯の家族類型	33 夫婦のいる世帯の家族類型	45 子供の有無	47 最年少の子供の年齢	60 労働力状態	62 夫の労働力状態	63 妻の労働力状態	64 従業上の地位	65 労働力状態上の地位・従業上の地位	71 産業	72 職業	89 世帯の経済構成	90 在学か否かの別・最終卒業学校の種類	92 在学・未就学の種類	93 都市計画の地域区分
就2-2	2	2	15歳以上	人口	3	23			6									18							
就5-2	5	3	15歳以上	就業者数	3													12		25					
就8-2	8	3	15歳以上	就業者数	3													12			13				

出所）総務省「令和2年国勢調査　調査結果の利用案内―ユーザーズガイド―」より筆者作成
（https://www.stat.go.jp/data/kokusei/2020/kekka/sankou.html）

応 用 編

第 Ⅳ 章

人口構造分析

　地域統計において、地域の持続的発展に向けた市区町村データ分析を行う際に最も基本となるのは、人口に関する分析である。人口の規模や変化は、住民生活や企業活動等によってもたらされる社会経済現象と相互密接に関係する総合的な指標であるからである。

　第Ⅳ章では、第Ⅱ章及び第Ⅲ章で紹介した地域統計や分類手法を活用した人口構造に関する分析手法について、総務省「国勢調査」や「住民基本台帳人口移動報告」、「住民基本台帳に基づく人口、人口動態及び世帯数調査」等で公表されている統計データを中心に考える。

1 人口構造分析

　年齢別人口分析は、地域の年齢構成を明らかにするため、地域の持続性を考える上で最も基本的かつ重要な分析のひとつである。また、産業別や職業別の就業者についても、男女別や昼夜間等の重要な人口属性と掛け合わされて分析が行われることが多く、最も基本的かつ重要な分析のひとつといえる。

　以下では、年齢別人口分析、産業別就業者分析、職業別就業者分析とともに、産業別と職業別を掛け合わせた産業別職業別就業者分析を中心に考える。

（1）年齢別人口分析
①年齢割合別人口分析
　人口構造分析を考える時に最も基本となるのは、全人口に占める年齢別人口の割合を求める年齢区分別人口分析である。

　全体的な傾向を把握するためには、年齢を15歳未満の年少人口、15歳以上64歳以下の生産年齢人口、65歳以上の老年人口の3つに分けた年齢3区分別人口を使用することが多いが、人口減少の本格化や高齢化、地域の多様性が進展する中で、近年ではより詳細な年齢区分別人口によって分析を行うことが増えている。

　「国勢調査」では、市区町村レベルにおいて年齢5歳階級別人口だけでなく、各歳別人口についても入手することが可能である。また、1947年から1949年に生まれた団塊の世代が全て75歳以上の後期高齢者となる2025年以降に人口減少や医療費等の面で地域の社会経済に大きな影響を与えることが予想されていることから、65歳以上人口だけでなく、75歳以上人口についても着目する動きがある。

②年齢構造指数
　人口の推移について規模とは別に構造でみるためには、年齢構造指数を求めることが適当である。同指数は一般的には以下の4つの指数から構成される。

【年齢構造指数】
・年少人口指数＝（年少人口÷生産年齢人口）×100
・老年人口指数＝（老年人口÷生産年齢人口）×100
・従属人口指数＝（（年少人口＋老年人口）÷生産年齢人口）×100
・老年化指数　＝（老年人口÷年少人口）×100

　長期的な推移としては、年少人口指数は、少子化によって長期的に減少傾向が続き、老年人口指数は働き手の減少と高齢化によって増加傾向が続いている。従属人口指数については、高齢化の進展によって、近年急激な増加傾向にあり、老年化指数は少子高齢化の進展により一貫

して増加傾向にある。**図4-1**は、近年における全国の年齢構造指数の推移を示したものである。

　年齢構造指数は、いわば稼得所得等を通じて支え、支えられる構造を指数化したものである。ここで想定されているのは、生産年齢人口に相当する人口が年少人口と老年人口を支える構図と年少人口は現時点では生産年齢人口に支えられるが、将来的には生産年齢人口に達し、支えられる側から支える側に移行する潜在的な可能性があるとの考えに基づいている。そのような視点から当該地域において、人口面で持続可能性があるかどうかを、年齢構造指数を活用することで分析することができる。

　また、年齢構造指数は、地域間の人口移動が少なければ長期的にみても構造変化はそれほど生じないが、「傾向・変化分析」の視点を加えて時系列比較による分析を行った際に、構造が大きく変化している場合には、新たな人口の流入や流出などが生じている可能性があるため、詳細な分析が必要になる。

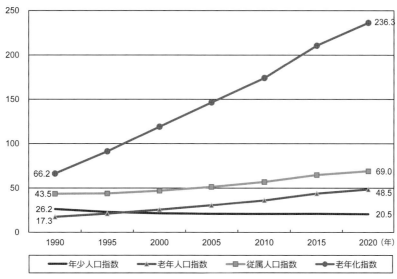

図 4-1　年齢構造指数の推移

注）年齢不詳は除く
出所）総務省「国勢調査」より筆者作成

（2）産業別就業者分析

①産業別就業者分析

　産業別就業者分析は、第Ⅲ章で紹介した「日本標準産業分類」を利用した分析手法である。「国勢調査」を使った市区町村レベルの分析では、（より詳細な産業分類データが得られる「経済センサス」等に比べて）産業大分類が基本の分析となるが、常住地別、従業地別に産業別の15歳以上の就業者数を求めることができる利点もある。特に大都市圏では、ベッドタウンである郊外の市町村から通勤する場合も多く、常住地と従業地の就業者数の「ずれ」が生じるため、区別は一層重要になる。ただし、従業地をベースとして分析を行う際には、「国勢調査」だけでなく、「経済センサス」の利用も可能なため、目的に合わせて利用する統計を選択することが求

められる。

　また、「経済センサス」では農業、林業、漁業の個人事業主は対象外とされているが、「国勢調査」を使った分析では、これらの産業を含めた横断的な把握が可能であり、より実態に近い産業別就業者の比較分析を行うことができる。

　なお、時系列比較を行う場合には、前述したように、日本標準産業分類の改定が数次にわたって行われ、産業大分類でも直接比較することが難しいため、**表 3-3** 日本標準産業大分類対応表（第 10 回〜第 13 回）で紹介した分類対応表などを参考にして比較可能な形に変換した後で分析を行う必要がある。

(3) 職業別就業者分析
①職業別就業者分析

　職業別就業者分析は、第Ⅲ章で紹介した「日本標準職業分類」を利用した分析手法である。「国勢調査」を使った市区町村レベルの分析では、職業大分類が基本の分析となるが、「経済センサス」では職業別従業者数が得られず、従業地に加えて常住地別にも求めることができる利点がある。

　職業別就業者分析を行う際には、該当市区町村の職業大分類別の就業者数が就業者数の合計に占める割合を全国と比較する「特化係数[88]」の活用が有効である。「特化係数」を活用することで職業大分類別に特化の状況を明らかにすることができる。

　なお、時系列比較を行う場合には、前述したように、日本標準職業分類の改定が 2009 年に行われ、職業大分類でも改定前後において直接比較することが難しいため、**表 3-7** 日本標準職業分類大分類対応表（第 4 回改定、2009 年 12 月統計基準設定）で紹介した分類対応表などを参考にして比較可能な形に変換した後に分析を行う必要がある。

(4) 産業別職業別就業者分析

　市区町村レベルで公表され取得できる職業別就業者は、主に大分類である。一方で、例えば大分類 B「専門的・技術的職業従事者」であれば、20 に及ぶ職業中分類から構成されている。構成としては、研究者や技術者は含まれているが、医師や弁護士、教員、記者、音楽家なども含まれる。結果として、大分類 B 専門的・技術的職業従事者が多い地域であったとしても、製造業等に関連した技術者が多いのか、医療業等に関連した技術者が多いのかは明確にならない場合がある。

　一方で「国勢調査」では、産業別就業者数、職業別就業者数以外に産業別職業別就業者数についても公表されている。

　例えば、産業大分類別の E 製造業における大分類 B 専門的・技術的職業従事者を基に分析を行えば、医師や教員、記者、音楽家などが含まれることは減り、製造業の技術者の実態をより正確に把握することで、人口構造の詳細な分析が可能になる。

　図 4-2 は、製造業の職業別就業者と製造業における専門的・技術的職業従事者の全国の推移

---

[88] 詳細は第Ⅴ章を参照のこと。

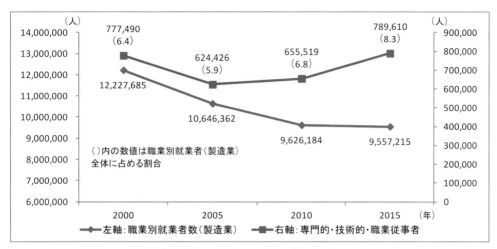

図 4-2　製造業の職業別就業者と専門的・技術的職業従事者の推移

出所）総務省「国勢調査」より筆者作成

を示したものである。大分類 E 製造業における日本標準職業分類の大分類 B 専門的・技術的職業従事者に分類される 15 歳以上の就業者数は、2005 年を境に増加に転じている。産業大分類 E 製造業の就業者数に占める割合は増加傾向にあり、我が国の製造業が研究開発型の産業へ構造転換しつつあることを示している。

　なお、従業地ベースでみた 2015 年の製造業の就業者数に占める専門的・技術的職業従事者の割合が全国で高いのは、東京都国分寺市（33.5%）、神奈川県足柄上郡開成町（32.8%）、東京都小平市（31.2%）、広島県安芸郡府中町（31.2%）の順である。いずれの市町でも、日本を代表する電気機器メーカーの研究所や主力工場、ゴムメーカーの主力工場、大手自動車メーカーの本社工場等が立地している。

　産業別職業別就業者分析を行うことで、単なる就業者数や従業者数の増減だけでなく、産業内における構造変化等についても詳細な分析が可能になる。該当地域における主力産業の産業別職業別就業者分析を用いて時系列比較や他地域との比較を行うことで、製造業であれば研究開発機能の水準や変化等についてより詳細な把握・分析を行うことができる。

> **コラム 4　年齢別人口割合クラスター分析等（石川県野々市市等）**
>
> 　年齢別人口については、全人口に占める各年代別人口の割合を求め、それらの割合を基にグラフを作成すれば、市区町村によって、様々な「形」を持つことがわかる。
>
> 　例えば、**図 4-3** は石川県野々市市と石川県輪島市の年齢 5 歳階級別人口の割合を比較したものである。同じ石川県内にある両市であるが、人口構造は大きく異なっていることがわかる。
>
> 　金沢市のベッドタウンであり、市内に複数の大学が立地する野々市市は、若年人口の割合が高く、近年人口が増加基調にあることから 2011 年に市に昇格した。一方で、輪島市は

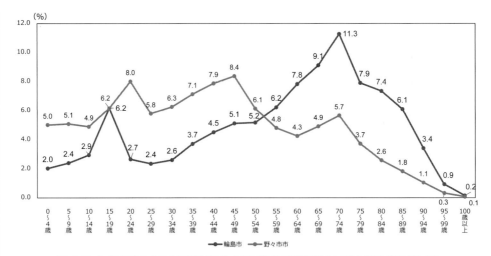

図4-3　石川県野々市市と石川県輪島市の年齢5歳階級別人口割合比較（2020年）

注）年齢不詳は除く
出所）総務省「国勢調査」より筆者作成

能登半島の北部に位置し、海上交通の要衝として栄えた歴史のある全国的に知られた市であるが、近年は少子高齢化が急速に進んでいることがわかる。

　以上のように、全国の市区町村における人口割合の「形」は各市町村で異なっているが、似たような形をしている市区町村も多い。全国の市区町村の中から、年齢別に似たような割合を持つグループに分けることを「クラスター分析」と呼んでいる。

　多変量解析の一種であるクラスター分析は、Excel等の表計算ソフトには機能として含まれておらず、統計分析フリーソフトの「R」等の統計解析ソフトが必要になる。その他の手法に比べてやや手間はかかるが、大きな集団をいくつかのグループにグループ化することで、市区町村のタイプ分けが可能になり、地域の人口構造について分類分けを行う際には、有効な分析手法であると考える。

　例えば、**表4-1**は、全国の1741市区町村の5歳階級別人口割合について、6つのクラスターを設定し、非階層クラスター分析（K-means法）を用いて分析を行い、埼玉県内の市町村のみについてとりまとめを行ったものである。全国の市区町村について、年齢構成の最も若い市区町村のグループをⅠ、最も高齢化した市区町村のグループをⅥとして分類している。埼玉県内の市町村では、東京都に近接した市町を中心にⅠに分類され、その周辺がⅡに分類される市町が多いが、県西部は全国平均に最も近いⅢや、高齢化の進んだ町村が位置付けられるⅣやⅤのタイプも多いことがわかる。なお、Ⅵに分類される市区町村は、同県内にはないこともひとつの特徴である。

　年齢別人口割合のクラスター分析からわかることは、人口構造がより高齢化したタイプに分類される市区町村ほど持続的発展可能性の点から問題を抱えているということである。また、同様のクラスター分析を複数時点で行い、時点間のタイプの変化をみることで、当該市区町村が持続的発展可能性の観点から、問題がより深刻化しているのか、改善の方向に向かっているのかを全国における位置づけの視点から分析することもできる。

　なお、該当市区町村において、各年代別人口が全体人口に占める割合を全国と比べる「特化係数」を活用することで、各年代別に特化の状況が明らかになるため、「①年齢割合別人口分析」を行う際に、併せて行うことも有用である。

表4-1　埼玉県内市町村別人口クラスター分析結果（2015年）

市区町村名	タイプ	市区町村名	タイプ	市区町村名	タイプ	市区町村名	タイプ
さいたま市	Ⅱ	上尾市	Ⅱ	蓮田市	Ⅲ	吉見町	Ⅲ
川越市	Ⅱ	草加市	Ⅱ	坂戸市	Ⅱ	鳩山町	Ⅴ
熊谷市	Ⅱ	越谷市	Ⅱ	幸手市	Ⅲ	ときがわ町	Ⅴ
川口市	Ⅰ	蕨市	Ⅰ	鶴ヶ島市	Ⅱ	横瀬町	Ⅲ
行田市	Ⅲ	戸田市	Ⅰ	日高市	Ⅲ	皆野町	Ⅴ
秩父市	Ⅲ	入間市	Ⅱ	吉川市	Ⅰ	長瀞町	Ⅴ
所沢市	Ⅱ	朝霞市	Ⅰ	ふじみ野市	Ⅱ	小鹿野町	Ⅳ
飯能市	Ⅲ	志木市	Ⅱ	白岡市	Ⅱ	東秩父村	Ⅴ
加須市	Ⅲ	和光市	Ⅰ	伊奈町	Ⅰ	美里町	Ⅲ
本庄市	Ⅲ	新座市	Ⅱ	三芳町	Ⅱ	神川町	Ⅲ
東松山市	Ⅱ	桶川市	Ⅱ	毛呂山町	Ⅲ	上里町	Ⅱ
春日部市	Ⅱ	久喜市	Ⅲ	越生町	Ⅲ	寄居町	Ⅲ
狭山市	Ⅲ	北本市	Ⅲ	滑川町	Ⅰ	宮代町	Ⅲ
羽生市	Ⅲ	八潮市	Ⅰ	嵐山町	Ⅲ	杉戸町	Ⅲ
鴻巣市	Ⅱ	富士見市	Ⅱ	小川町	Ⅳ	松伏町	Ⅱ
深谷市	Ⅱ	三郷市	Ⅱ	川島町	Ⅲ		

　注）非階層クラスター分析（k-means法）により実施
　出所）総務省「国勢調査」より筆者作成

コラム5　職業5分類別就業者分析

　以下は、職業大分類別就業者を5つのグループに集約化して分類している。

> 【職業5分類別就業者】
> ・管理・技術部門（グレイカラー）
> 　＝（（A管理的職業従事者＋B専門的・技術的職業従事者）÷全就業者数）×100%
> ・事務部門（ホワイトカラー）＝（（C事務従事者）÷全就業者数）×100%
> ・生産部門（ブルーカラー）＝（（H生産工程従事者＋I輸送・機械運転従事者
> 　＋J建設・採掘従事者＋K運搬・清掃・包装等従事者）÷全就業者数）×100%
> ・販売、保安部門（グレイカラー）
> 　＝（（D販売従事者＋Eサービス職業従事者＋F保安職業従事者）÷全就業者数）×100%
> ・農業部門（グリーンカラー）＝（（G農林漁業従事者）÷全就業者数）×100%

　以上の5部門分類について、それぞれの全就業者数に占める割合を全国平均＝1とした特化係数分析を行うことで、当該市区町村における就業者がどの部門に多く特化しているかが明らかになり、地域の社会経済的な特徴を把握することが可能になる。

　表4-2は、全国平均を1とした時の職業5分類別特化係数について、全国市区町村の中から特徴的な例をあげたものである。

　群馬県邑楽郡大泉町（おおいずみまち）は、自動車、食品、電気機械など日本を代表する製造業が多く立地しており、生産部門の特化係数が全国を上回っている。東京都千代田区は、大企業の本社機能が集積しており、管理・技術部門や事務部門の特化係数が全国を上回り特化している。神奈川県足柄下郡箱根町（はこねまち）は、観光業に代表される販売、サービス系の産業が多く集積しており、販売、保安部門の特化係数が高くなっている。一方で、長野県南佐久郡川上村（かわかみむら）は高原野菜の一大産地である。特にレタスは日本有数の生産量を誇っており、農業部門の特化係数は、全国平均を大きく上回り特化していることを示している。

　なお、職業5分類別就業者分析についても、常住地だけでなく、従業地の視点からの分析も必要である。特に大都市圏では、ベッドタウンである郊外の市町村から通勤する場合も多く、常住地と従業地の区別は一層重要になる。

表 4-2　職業5分類別就業者にかかる特化係数分析の一例（2015年）

	管理・技術部門	事務部門	生産部門	販売、保安部門	農業部門
群馬県邑楽郡大泉町	0.76	0.74	1.75	0.67	0.18
東京都千代田区	1.96	1.41	0.23	0.99	0.01
神奈川県足柄下郡箱根町	0.54	0.52	0.66	2.12	0.43
長野県南佐久郡川上村	0.22	0.26	0.23	0.30	19.72
全国	1.00	1.00	1.00	1.00	1.00

注）1：常住地ベース
　　2：L分類不能を除く
出所）総務省「国勢調査」より筆者作成

2 人口動態分析

人口規模や変化に直接影響を与えるのは、出生・死亡・結婚・離婚・移転等を要因とした一定期間の人口変動を示す人口動態である。したがって、人口動態を把握・分析することは、人口に関する分析を行う際の基本となる。

以下では、人口動態のうち、出生と死亡に関する自然人口分析と国内の転入と転出に関する社会人口分析を中心に考える。

（1）自然増減分析

自然増減数は、出生者数と死亡者数の差によって求められる。我が国は、戦後の第一次ベビーブーム期（1947年〜1949年）には大幅な自然増となったことや平均寿命が延びたことで、自然増減数は長期にわたりプラスで推移していた。一方で、合計特殊出生率が人口置換水準[89]である 2.07 を下回って推移したことや高齢化が進展したことで、2005年に初めて自然増減数はマイナスとなり、近年ではマイナス幅は拡大を続けている。

さらに直近では、新型コロナウイルスの感染拡大による影響もあり、婚姻数の減少に伴う出生者数の減少と死亡者数の増加により自然減は更に拡大しており、人口減少に拍車をかけている。

総務省「住民基本台帳に基づく人口、人口動態及び世帯数調査」によれば、2020年において出生者数が死亡者数を上回る自然増の状態にあるのは、1741市区町村のうち、6.0%にあたる104市区町村にとどまり、既に9割強の自治体で自然減の状態にある。自然増減は、人口増減の最も基本的な要素であり、自然減がほとんどを占める現状は、地域の持続的発展にとって大きな問題といえる。

表4-3は、自然増加数及び自然増加率が高い自治体の一覧である。自然増加率は、沖縄県、鹿児島県等の自治体が多いが、自然増減数は東京23区や川崎市、福岡市など人口規模の大きい市区が中心になっている。

なお、自然増減は、以下で紹介する社会増減と関連することで急激に変動する場合（例：子育て世代の流入による自然増等）がある。自然増減率や自然増減数といった「結果の数値」だけでなく、出生と死亡に分けて時系列比較を行うことで、わずかな変化の芽を見逃さず、最終

表 4-3　自然増減率と自然増減数の上位 5 市区町村（2020 年）

順位	市区町村名	自然増減率（%）	順位	市区町村名	自然増減数
1	沖縄県島尻郡渡嘉敷村	0.98	1	神奈川県川崎市	1,213
2	鹿児島県鹿児島郡三島村	0.82	2	東京都中央区	1,189
3	沖縄県島尻郡南風原町	0.78	3	東京都港区	1,168
4	東京都中央区	0.71	4	福岡県福岡市	702
5	沖縄県島尻郡与那原町	0.70	5	東京都品川区	660

出所）総務省「住民基本台帳に基づく人口、人口動態及び世帯数調査」より筆者作成

---

[89] 人口を維持するために必要となる合計特殊出生率のこと。

的にはその要因についても詳細に分析を行う必要がある。

（2）社会増減分析

　社会増減数は、市区町村においては住民票に記載された転入者数と住民票から消除された転出者数の差を表しており、転入者が上回れば社会増となる。前述したように、我が国の自治体はほとんどの自治体において自然減となっているため、人口移動による社会増減が人口の規模や変化に与える影響は大きい。

①市区町村における社会増減分析

　市区町村における社会増減分析を行う際に主に活用できるのは、総務省「国勢調査」、総務省「住民基本台帳人口移動報告」、総務省「住民基本台帳に基づく人口、人口動態及び世帯数調査」である。

　「国勢調査」においては、総人口を対象に男女別年齢別に各市区町村別の転入、転出について詳細な把握を行うことができる。一方で、西岡（2001）が指摘するように、調査項目が変更されているため、1990年以前との長期の時系列比較が難しく、移動人口に関する調査は、10年ごとの大規模調査の実施年にしか行われないため、速報性・利便性の点に問題がある。

　「住民基本台帳人口移動報告」は、前述のように1954年から公表が始まるなど、長期統計で速報性に優れている。一方で、年齢5歳階級別データの公表や外国人が調査対象となったのは2014年の年次データからであるため、これらのデータに関する長期の時系列比較は困難である。また、該当する市区町村への転入超過数は、男女別や年齢別には把握することができるが、「国勢調査」と異なり、それらの転入超過数がどの市区町村から移動してきたのかを把握することはできないなど詳細な分析の実施には制約がある。

　「住民基本台帳に基づく人口、人口動態及び世帯数調査」は、国外との転出入を含めて、住民票の記載、消除をベースとしているため、国内移動を原則とした「住民基本台帳人口移動報告」では得られない移動状況について把握を行うことができる。一方で、公表されている市区町村データは、日本人、外国人の総数のみのため、年齢別や男女別、転出する先の市区町村や転入してきた元の市区町村に関する情報などがなく、さらなる分析を行うことは難しい。

　以下では、一長一短のある地域統計の中から、「住民基本台帳人口移動報告」と「国勢調査」を使った社会増減分析について考える。

②「住民基本台帳人口移動報告」による転出入分析

　人口移動に関する構造は、コロナ禍の前後では大きく異なるため、「住民基本台帳人口移動報告」を活用して、2019年と2021年における市区町村別の転出入分析を行う。以下は、東京都内の市区町村について代表的な市区町村を例として70歳代前半までの年齢別転入超過数をみたものである。

　東京都中央区は2019年の全世代を合計した転入超過数は4,007人であったが、2021年は258人にとどまり、コロナ禍の中で人口の転出入構造が大きく変化したことを示している。転出入構造としては、20歳代の転入超過は依然として続いているが、30歳代が転出超過に転じたこと

が全体の転入超過数の減少を招いたことがわかる。

　東京都武蔵野市は2019年の全体の転入超過数は305人であったが、コロナ禍の中で2021年には563人に増加している。同市は、東京23区に近接し、吉祥寺を擁する若年層に人気の自治体である。10歳代後半から20歳代による転入超過の構造に大きな変化はないが、コロナ禍の前に比べて30歳代の転出超過が多少改善したことで全体の転入超過数の伸びに繋がっている。同様の構造は、隣接した東京都三鷹市などでもみられる。

　東京都立川市は、多摩地域における業務、商業の中核都市として発展してきた都市である。2019年の全体の転入超過数は383人であったが、コロナ禍の2021年には1,062人に増加している。転出入構造は、多摩地域の業務、商業の中核都市でありながら、2019年は20歳代後半から30歳代前半の世代の転出超過が目立ち、10歳代後半から20歳代前半の世代の人気に支えられていた。2021年には、10歳代後半から40歳代前半までが転入超過となる幅広い世代に人気

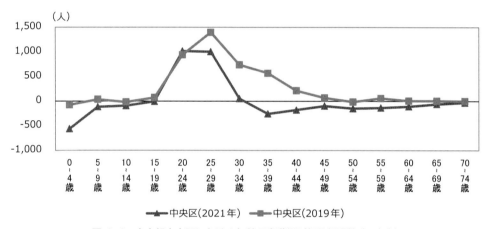

図4-4　東京都中央区における年齢5歳階級別転入超過数（日本人）

出所）総務省「住民基本台帳人口移動報告」より筆者作成

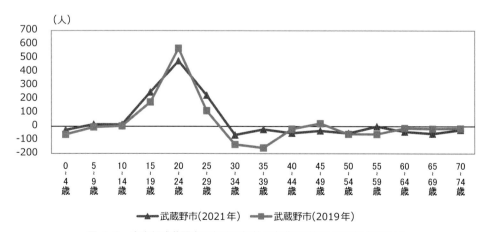

図4-5　東京都武蔵野市における年齢5歳階級別転入超過数（日本人）

出所）総務省「住民基本台帳人口移動報告」より筆者作成

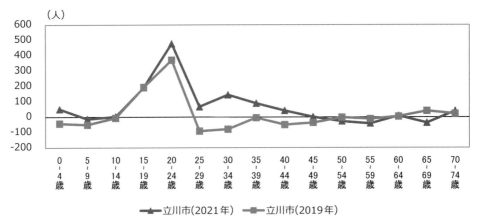

図 4-6　東京都立川市における年齢5歳階級別転入超過数（日本人）
出所）総務省「住民基本台帳人口移動報告」より筆者作成

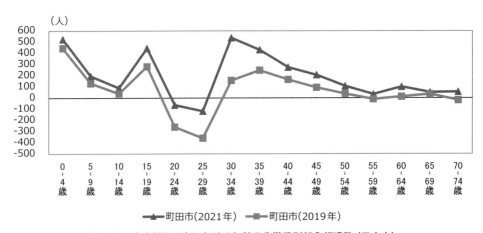

図 4-7　東京都町田市における年齢5歳階級別転入超過数（日本人）
出所）総務省「住民基本台帳人口移動報告」より筆者作成

の都市になった。ファミリー層が転入超過に転じたことで、ベビー世代も転入超過に転じ、転出入構造が変化したことを示している。

　東京都町田市は、東京都の南部に位置し多摩地域を代表する商業都市で、都心から30～40km に位置するベッドタウンである。2019 年の全体の転入超過数は 1,064 人であったが、コロナ禍の 2021 年には 3,029 人へと大きく増加している。転出入構造は、コロナ禍以前よりベッドタウンとしての人気が高く、大学等の集積も多いため、年齢別転入超過数のグラフは W の形を描いていた。2021 年においても、基本的な転出入構造の形に変化はないが、ほぼ全ての世代について 2019 年の転入超過数を上回ったため、全体の転入超過数が大きく増加したことがわかる。

　東京都青梅市は、多摩地区の西部に位置し都心から 40～60km に位置する。多摩地域における経済の中心地のひとつであるが、秩父多摩甲斐国立公園の玄関口にあたる豊かな自然環境に恵まれた都市でもある。2019 年は全体で 167 人の転出超過であったが、2021 年は 161 人の転入

超過に転じた。

　転出入構造は、20歳代の若年層の転出超過が大きく、仕事を求めて市外に転出する構造にある。また、町田市と異なり30歳代から40歳代における転入超過がなく、ベッドタウンとしての機能もないことが全体としての転出超過に繋がっている。一方で2021年は、依然として20歳代の転出超過が続く傾向に大きな変化は見られないものの、30歳代後半以降で一貫して転入超過になっており、構造変化が始まっている可能性がある。

　東京都西多摩郡奥多摩町（おくたままち）は、東京都最北西端に位置し、町の全域が秩父多摩甲斐国立公園に含まれる。JR青梅線の終着駅である奥多摩駅が町内にあり、中央線を経由することで東京都心と繋がっている。2019年の転入超過数は全体で33人であったが、2021年の転入超過数は62人に増加している。転出入構造は、コロナ禍の前は、定年後の転入超過が多かったが、コロナ禍の下では、定年後の年齢層に加えて、30歳代前半が転入超過に転じ、0～4歳の

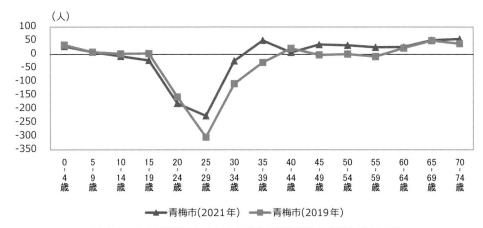

図4-8　東京都青梅市における年齢5歳階級別転入超過数（日本人）

出所）総務省「住民基本台帳人口移動報告」より筆者作成

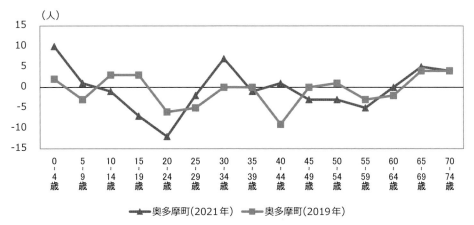

図4-9　東京都西多摩郡奥多摩町における年齢5歳階級別転入超過数（日本人）

出所）総務省「住民基本台帳人口移動報告」より筆者作成

乳幼児の転入超過が増えるなど構造変化が進んでいることを示している。同様の構造は、東京都西多摩郡檜原村（ひのはらむら）などでもみられる。

　以上のことから、東京都内の市区町村について代表的な市区町村を例としてみると、2021年は、東京23区などの都心では転出超過となった区も多く、23区全体としても7,983人の転出超過となった。一方の島嶼部を除く多摩地域では、転入超過となった市町村も多く、全体としては18,897人の転入超過となった。例でみたように、都下の自治体では、全体構造としては大きな変化はないが、転入超過に向けて改善している自治体が多いことを示していた。

③「国勢調査」による移動人口分析

　前述したように「国勢調査」は、各市区町村に対する転出入人口について、市区町村別に公表されている。各市区町村に対する市区町村別の転出入人口や人口割合をみることで、各市区町村との関係の深さを明らかにすることができる。一般的には、各市区町村が所属する都道府県の周辺自治体や近接する大都市や県庁所在都市等との関係が深い場合が多く、分析を行うことで各市区町村と移動人口において関係の深い市区町村を把握することができる。

　表4-4は、全国の市区町村において比較的転入人口が多く、転入する前の市区町村に特徴のある市区町村を10位までランキングにしたものである。

　例えば埼玉県所沢市では、2015年及び2020年の転入人口の1位は、東京都練馬区である。所沢市と練馬区は隣接した自治体ではなく、東京都北西部と埼玉県南西部を結ぶ大手私鉄の1つ

表4-4　市区町村別転入人口ランキング（2015年、2020年）

【2015年】

市区町村名	市区町村コード	1位市区町村名	1位転入人口	市区町村コード	2位市区町村名	2位転入人口	市区町村コード	3位市区町村名	3位転入人口	市区町村コード	4位市区町村名	4位転入人口	市区町村コード	5位市区町村名	5位転入人口
所沢市	13120	練馬区	1,860	11225	入間市	1,820	11215	狭山市	1,612	13213	東村山市	1,056	11100	さいたま市	893
江田島市	34100	広島市	499	34202	呉市	426	14201	横須賀市	170	42202	佐世保市	161	26202	舞鶴市	83
苅田町	40100	北九州市	1,226	40213	行橋市	648	40130	福岡市	215	14203	平塚市	170	40625	みやこ町	111
竹富町	47207	石垣市	145	47201	那覇市	61	27100	大阪市	33	14100	横浜市	30	47211	沖縄市	22

市区町村名	市区町村コード	6位市区町村名	6位転入人口	市区町村コード	7位市区町村名	7位転入人口	市区町村コード	8位市区町村名	8位転入人口	市区町村コード	9位市区町村名	9位転入人口	市区町村コード	10位市区町村名	10位転入人口
所沢市	14100	横浜市	756	11201	川越市	743	13221	清瀬市	626	11230	新座市	588	13229	西東京市	588
江田島市	35201	下関市	74	2208	むつ市	54	34212	東広島市	52	35208	岩国市	52	14100	横浜市	41
苅田町	40647	築上町	93	14100	横浜市	63	44201	大分市	59	44203	中津市	55	40206	田川市	53
竹富町	47205	宜野湾市	19	47208	浦添市	15	1100	札幌市	15	47213	うるま市	14	13112	世田谷区	14

【2020年】

市区町村名	市区町村コード	1位市区町村名	1位転入人口	市区町村コード	2位市区町村名	2位転入人口	市区町村コード	3位市区町村名	3位転入人口	市区町村コード	4位市区町村名	4位転入人口	市区町村コード	5位市区町村名	5位転入人口
所沢市	13120	練馬区	1,803	11225	入間市	1,750	11215	狭山市	1,420	13213	東村山市	1,042	11100	さいたま市	840
江田島市	34100	広島市	450	34202	呉市	325	14201	横須賀市	165	42202	佐世保市	103	26202	舞鶴市	84
竹富町	47207	石垣市	143	47201	那覇市	52	14100	横浜市	28	47208	浦添市	28	47213	うるま市	19

市区町村名	市区町村コード	6位市区町村名	6位転入人口	市区町村コード	7位市区町村名	7位転入人口	市区町村コード	8位市区町村名	8位転入人口	市区町村コード	9位市区町村名	9位転入人口	市区町村コード	10位市区町村名	10位転入人口
所沢市	14100	横浜市	700	11201	川越市	652	13229	西東京市	592	11230	新座市	521	13221	清瀬市	515
江田島市	35201	下関市	68	34212	東広島市	57	35208	岩国市	53	14100	横浜市	52	2208	むつ市	47
竹富町	47205	宜野湾市	15	13112	世田谷区	13	47211	沖縄市	12	1100	札幌市	11	40130	福岡市	9

注）福岡県京都郡苅田町は、2020年は転入傾向が異なるため、除外。
出所）総務省「国勢調査」より筆者作成

である西武鉄道沿線の都市としての繋がりが深いことを示している。なお、所沢市の転入人口の2位以下の市区町村をみると、2015年及び2020年の2位は埼玉県入間市、3位は埼玉県狭山市、4位には東京都東村山市など隣接した自治体が並んでいることがわかる。

　一方で、各市区町村に対する転出入人口について、市区町村別にみることで、近隣自治体にとどまらない他地域との新たな関係性を見出すことができる場合がある。

　例えば、福岡県京都郡苅田町（かんだまち）では、2015年の転入人口の4位に神奈川県平塚市、7位に神奈川県横浜市が入っている。3市町にはいずれにも、大手自動車メーカーの本社や主力工場が立地しており、事業所間の異動等による転入人口が多いことが影響していると考えられる。また、広島県江田島市では、2015年及び2020年の転入人口の3位に神奈川県横須賀市、4位に長崎県佐世保市、5位に京都府舞鶴市が入り、2015年の7位、2020年の10位には、青森県むつ市が入っている。5市には、全て海上自衛隊の基地が立地しており、同様に異動による転入人口の多さが影響していると考えられる。さらに、沖縄県八重山郡竹富町（たけとみちょう）は、近年移住者が増加傾向にあり、2015年の転入人口の3位に大阪府大阪市、4位に神奈川県横浜市、8位に北海道札幌市、10位に東京都世田谷区が入り、2020年においても、3位に神奈川県横浜市、7位に東京都世田谷区、9位に北海道札幌市が入るなど全国の主要都市からの転入者数が一定割合を占めていることがわかる。

　各市区町村における転出入人口について、転入と転出の比較を行うことも重要である。前述した福岡県京都郡苅田町や広島県江田島市などでは、異動によって転入と転出の双方向で同様の市区町村との間で人口が移動している可能性があるのに対して、沖縄県八重山郡竹富町などでは、転入と転出で対象となる市区町村が異なっている可能性がある片方向の関係が成り立っている可能性がある。双方向と片方向、どちらの関係が成り立っているか見極めることで、対象地域における他地域との人口移動の関係性をより具体的に把握することができる。

　また、上記のように明確な例は、比較的人口規模の小さい市区町村で現れる場合が多い。人口規模の大きな大都市では、複数の要因が互いに絡み合い相殺することで明確な特徴として見えない場合がある。このような場合、「国勢調査」は、年齢5歳階級別かつ男女別に分けて求めることができる。転出入人口を性別や年齢別に細分化して分析することで、総数では見えなかった特徴等が明らかになる可能性がある。

コラム 6　人口移動の長期動向

①全国の人口移動について

　人口移動は、社会動態を通じて地域の人口増減に影響を与える。全国における人口移動の長期的な動向を概観する。

　図4-10から、1954～2019年の人口移動率は、戦後の高度成長期において上昇傾向にあったが、1970年の8.02%（移動者総数）と4.11%（都道府県間移動者数）を境に都道府県内移動、都道府県間移動に関わらず全体的に低下傾向に転じ、その後も低下傾向が続いている。

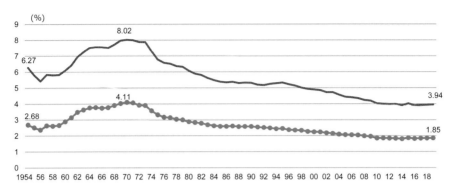

図4-10　人口移動率の推移（日本人）

注）1：日本人人口には総人口に対する日本人人口の割合で按分した国籍不詳人口を含む
　　2：人口推計は補間補正人口を使用し（国勢調査の調査年を除く）、1972年は沖縄県を除
　　　く全国人口を使用
　　3：人口移動率には、市町村内の移動者数は含まない
出所）総務省「住民基本台帳人口移動報告」、総務省「人口推計」より筆者作成

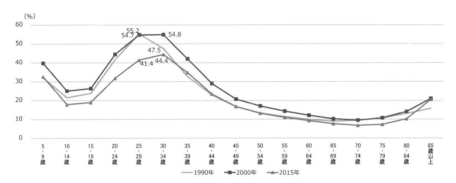

図4-11　年齢5歳階級別の移動率比較

注）現住所と5年前の常住地との比較
出所）総務省「国勢調査」より筆者作成

　人口移動には世代間で大きな差があることが知られている。**図4-11**は、5歳以上人口における年齢5歳階級別にみた移動率である。

　図4-10と国籍や移動等に関する定義は異なるものの、1990年、2000年、2015年を比較すると、年齢5歳階級別の人口移動率についても全体的に低下傾向にあることを示している。

　年齢別にみると、20歳代前半から30歳代後半の移動率が高く、25〜29歳、30〜34歳の世代の移動率が特に高くなっていることがわかる。

　これらの世代は、大学入学や就職、結婚、子供の誕生など人間の一生の中で最も大きく生活スタイルが変化する時期であり、それに伴って転居などが行われているためと考えられる。また、5〜9歳の人口移動率が高いのは、子供の誕生に伴って、住む環境や住居の広さを求めて移転する世帯が同様に多いことを示していると考えられる。

　以上のことから、自然減が進む中で社会増減が人口に与える影響力は高まってきたが、

特に日本人の人口移動率は長期的に低下傾向にあること、年代によって移動率に大きな差があることがわかる。社会増による地域の持続的発展を考える場合には、年代や国籍等を含めた明確な目標設定が一層重要になっていることを示している。

②都市と地方間の移動状況について

　市区町村における社会増減を考える際に重要なもう一つの視点は、都市と地方の間の移動人口に関する関係である。

　図4-12は、日本人について三大都市圏における転入超過数の長期的推移を示したものである。

　高度成長期は、東京圏、名古屋圏、大阪圏はともに転入超過で推移し、大都市圏への人口流入は高水準で推移したが、高度成長期後は、大阪圏、名古屋圏では人口の流出が進み、2013年以降は、転出超過が続いている。一方で、東京圏では1994年と1995年の一時期を除き、唯一転入超過で推移している。直近では、コロナ禍による転入者数の減少等により、転入超過数は2019年の145,576人から2020年に98,005人、2021年には80,441人へと減少しているが、依然として転入超過を維持している。近年は、人口減少が続く中で東京への一極集中ともいえる状態が続き、地方のさらなる衰退に繋がるとの指摘がある。地域の持続的発展を考える上では、都市と地方の人口移動の関係をどのように考えるかは、最も重要なテーマのひとつといえる。

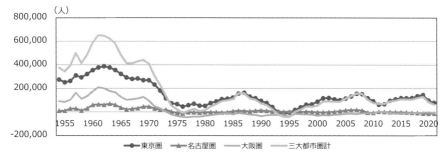

図4-12　三大都市圏における日本人の転入超過数の推移（1954年～2021年）
　注）東京圏：東京都、神奈川県、埼玉県、千葉県　名古屋圏：愛知県、岐阜県、三重県
　　　大阪圏：大阪府、兵庫県、京都府、奈良県　三大都市圏：各大都市圏の単純合計
　出所）総務省「住民基本台帳人口移動報告」より筆者作成

コラム7　若者ロス、若者リターン4象限分析

　若者ロス及び若者リターンの考え方を使って、1741市区町村における2000年と2015年の転出入状況の2時点間比較を行うことで、（現時点の評価に加えて）地域の方向性を検討することができる。

　図4-13の4象限を活用すると、Y軸の10歳代では、転入超過であればタイプⅠ及びタイプⅡに該当し、転出超過であればタイプⅢ及びタイプⅣに該当する。同じく、X軸の

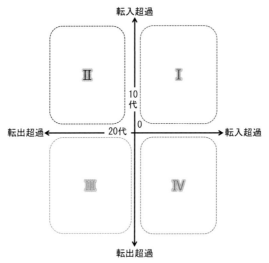

図4-13　若者ロス率、若者リターン率による4象限分類

20歳代では、転入超過であればタイプⅠ及びタイプⅣが該当し、転出超過であれば、タイプⅡ及びタイプⅢが該当する。つまり、10歳代が転出超過で20歳代が転入超過であれば、4象限分類上ではⅣに位置づけられる。2015年における4象限タイプ別の市区町村数をみると、Ⅰの市区町村数は270、Ⅱが221であるのに対して、Ⅲが976と最も多く、Ⅳが267になっている[90]。

　2000年と2015年の10歳代と20歳代の転出入の動きをみると、現状だけでなく、地域の方向性についても検討することができる。例えば2000年がⅢ、2015年がⅠと評価される市区町村は、2000年では10歳代、20歳代でともに転出超過であったが、2015年には10歳代、20歳代でともに転入超過となる市区町村へ構造が変化したことになる。

　なお、10歳代の人口が転出超過である場合は、本書では10歳代で失った若者を20歳代でどの程度取り返すことができているか、と考え、「若者リターン率」として計算を行っている。例えば、10歳代の転出超過が500人で20歳代の転入超過が300人の場合は、500人の10歳代の若者が出ていったが、300人が20歳代で帰ってきたと考え、若者リターン率は60%（＝(-(300/-500)×100)）としている。一方で、10歳代の人口が転入超過である場合は、10歳代で得た若者を20歳代でどれだけ失っているか、と考え、「若者ロス率」として計算を行っている。例えば、10歳代の転入超過が500人で20歳代の転出超過が100人の場合は、500人の10歳代の若者が入ってきたが、100人が20歳代で出ていったと考え、若者ロス率は20%（＝(-(-100/500)×100)）としている。

　表4-5は、2000年がⅢ、2015年がⅠに該当する全国の市区町村をみたものである。

　これらの市町村では、2000年において10歳代、20歳代がともに転出超過であった状態から、2015年には10歳代、20歳代がともに転入超過の状態に大きく発展した。若者が流出する一方であった自治体が、若者が流入する自治体へと構造変化したことを示している。

---

[90] 福島県内7町村（楢葉町、富岡町、大熊町、双葉町、浪江町、葛尾村、飯舘村）を除く。

表4-5　若者ロス率、リターン率の2時点間比較

	2000年 転入超過数 (10歳代)	2000年 転入超過数 (20歳代)	2015年 転入超過数 (10歳代)	2015年 転入超過数 (20歳代)	2000年 若者リターン率 (%)	2015年 若者ロス率 (%)	2000年タイプ	2015年タイプ
室蘭市	-514	-1,442	169	465	-280.5	-275.1	Ⅲ	Ⅰ
大衡村	-45	-22	17	26	-48.9	-152.9	Ⅲ	Ⅰ
鹿嶋市	-787	-837	172	382	-106.4	-222.1	Ⅲ	Ⅰ
つくばみらい市	-1	-533	125	578	-53,300.0	-462.4	Ⅲ	Ⅰ
八潮市	-143	-686	18	982	-479.7	-5,455.6	Ⅲ	Ⅰ
三郷市	-912	-873	150	440	-95.7	-293.3	Ⅲ	Ⅰ
銚子市	-671	-977	70	66	-145.6	-94.3	Ⅲ	Ⅰ
鴨川市	-292	-303	21	363	-103.8	-1,728.6	Ⅲ	Ⅰ
袖ケ浦市	-67	-150	40	32	-223.9	-80.0	Ⅲ	Ⅰ
大島町	-52	-99	121	97	-190.4	-80.2	Ⅲ	Ⅰ
寒川町	-174	-199	2	169	-114.4	-8,450.0	Ⅲ	Ⅰ
箱根町	-75	-177	89	191	-236.0	-214.6	Ⅲ	Ⅰ
福井市	-847	-970	27	96	-114.5	-355.6	Ⅲ	Ⅰ
北相木村	-1	-4	10	0	-400.0	0.0	Ⅲ	Ⅰ
富加町	-9	-99	10	3	-1,100.0	-30.0	Ⅲ	Ⅰ
静岡市	-1,716	-3,267	30	973	-190.4	-3,243.3	Ⅲ	Ⅰ
常滑市	-32	-862	46	547	-2,693.8	-1,189.1	Ⅲ	Ⅰ
阿久比町	-24	-371	40	131	-1,545.8	-327.5	Ⅲ	Ⅰ
豊郷町	-29	-81	26	32	-279.3	-123.1	Ⅲ	Ⅰ
長岡京市	-67	-7	79	352	-10.4	-445.6	Ⅲ	Ⅰ
堺市	-1,842	-5,298	37	2,111	-287.6	-5,705.4	Ⅲ	Ⅰ
高槻市	-406	-154	384	983	-37.9	-256.0	Ⅲ	Ⅰ
播磨町	-8	-304	11	51	-3,800.0	-463.6	Ⅲ	Ⅰ
川西町	-25	-178	19	24	-712.0	-126.3	Ⅲ	Ⅰ
海士町	-27	-14	37	44	-51.9	-118.9	Ⅲ	Ⅰ
里庄町	-5	-113	2	77	-2,260.0	-3,850.0	Ⅲ	Ⅰ
奈義町	-61	-61	7	115	-100.0	-1,642.9	Ⅲ	Ⅰ
北九州市	-190	-6,540	434	445	-3,442.1	-102.5	Ⅲ	Ⅰ
与那原町	-25	-180	66	144	-720.0	-218.2	Ⅲ	Ⅰ

注) 1：転入超過数がマイナスであるのは、転出超過であることを示す。
　　2：若者リターン率がマイナスであるのは、10歳代が転出超過に続いて、20歳代も転出超過であるため、当該年代における若者のリターン（流入）がないことを示す。
　　3：若者ロス率がマイナスであるのは、10歳代が転入超過であることに加えて、20歳代も転入超過であるため、当該年代における若者のロス（流出）がないことを示す。
出所) 総務省「国勢調査」より筆者作成

　例えば、宮城県黒川郡大衡村では、2011年にトヨタ自動車東日本（当時：セントラル自動車）が完成車工場の稼働を開始し、自動車関連メーカーの立地が急速に進んだ。東北においては、同じく完成車工場がある岩手県胆沢郡金ヶ崎町（かねがさきちょう）とともに、東北地方における自動車産業の一大拠点へと成長したことで、同村の人口移動に大きな影響を与えたと考えられる。

　また、島根県隠岐郡海士町（あまちょう）は、2000年の段階では隠岐の島諸島の離島のひとつとして若者の流出が続く自治体であった。10歳代、20歳代ともに転出超過であり、地域で唯一の高校である隠岐島前高校も生徒数の減少により廃校の危機を迎えたが、高校が廃校になれば、高校生だけでなく家族が島を離れ、人口減少に歯止めがかからなくなる恐れがあった。

　そのような状況にあって、島前高校に関係する3町村が始めたのが「島前高校魅力化プロジェクト」であった。日本各地から入学者を募る「島留学」制度等の導入もあり、島前高校の全校生徒数は2008年の89人から2017年には184人へと倍増し、地元中学校から島前高校への進学率が2007年の45%から2015年には77%へ高まることで10歳代の人口流出を抑制することに繋がった。

　Ⅰターン人材やICT技術を積極的に活用した高校改革に加えて、産業面についても2002年に移住者と地元漁業者が起業した「海士いわがき生産」や2004年に島の建設会社が新たに新規参入して設立した「隠岐潮風ファーム」が生産と雇用で大きく島の経済に貢献した。町外からの外貨獲得を進め、産業が発展することで20歳代の人口の流入につながり、同町の人の流れは大きく改善された可能性が高い。

　一方で、2000年の段階では10歳代、20歳代が転入超過であったのに、2015年の段階で10歳代、20歳代ともに転出超過に変化した自治体もある。

　例えば、東京都青梅市は、2000年に10歳代が299人、20歳代が96人の転入超過であったが、2015年には10歳代が34人、20歳代が648人の転出超過となった。

　同市では、ルネサスエレクトロニクスが2012年、日立製作所が2014年に工場を閉鎖し、同事業部に勤務する540人は日立内で配置転換された。さらに東芝青梅事業所は2005年に生産拠点としての操業を終了するなど機能を縮小し、その後2017年3月に閉鎖されるなどこの間工場の閉鎖が相次ぐことで、同市における人の流れに大きな影響を与えた可能性がある。

　図4-14は、青梅市における電気機械器具製造業の推移を示したものである。2000年において、市を代表する産業であった同産業は、2015年にかけて大きく下落し、直近でみても停滞を続けていることを示している。

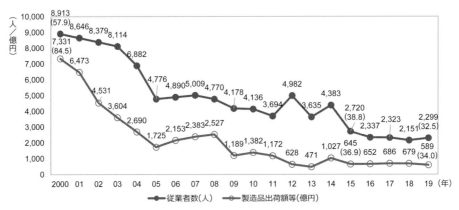

図4-14　青梅市における電気機械器具製造業の推移

注）1：日本標準産業分類の改定にあわせて産業分類の統合を行っている
　　2：() 内の数値は青梅市の製造業全体に占める割合
出所）経済産業省「工業統計」より筆者作成

3　男女別人口分析

2014年に「日本創生会議」が896の消滅可能性都市を選定した際の選定基準は、20〜39歳の女性の数が2010年から2040年にかけて5割以下に減ることであり、地域の持続可能性を考える上では、女性の流出に着目することが極めて重要なことを指摘した。

以下では、人口構造について男女別に様々な分析を行うことで、地域の持続性可能性を考える。

（1）男女別人口動態分析

東京圏を中心に近年、若年層における男女比の低下が進んでいることについて、男性と女性に分けて転入超過数を把握するとともに、年齢別に人口動態を分析することで、男女比の変化が男性、女性どちらのどのような年齢層によってもたらされているかについて明らかにする。

①男女別転出入人口分析

都市圏及び地方圏における男女別の転入超過数の推移について、**表4-6**をみると、東京圏では男女ともに大幅な転入超過が続き、女性が常に男性の転入超過数を上回っている。名古屋圏は、水準は東京圏に比べて低いが、男女ともに転入超過が続いている。男性が常に女性の転入超過数を上回って推移し、東京圏とは対称的な傾向にある。大阪圏は、東京圏と同様に女性が男性の転入超過数を上回っている。女性の転入超過数は増加傾向にあり、男性は転出超過で推移している。一方の地方圏は、女性の転入超過数が男性を常に下回り、女性は2010年では転出超過に転じている。男性の転入超過数は2020年に大きく増加するなど、地方圏では男性の転入超過傾向が強いことを示している。

以上のことから、東京圏と大阪圏では、女性が男性を上回って転入が進んでおり、名古屋圏では男性が女性を上回って転入が進むことで、都市圏への流入が進んでいることがわかる。一方で、地方圏では、女性の転入超過が少なく、人口減少に拍車をかけている可能性があることを示している。

表4-6　都市圏及び地方圏における転入超過数の推移

	2000年	2010年	2020年
男転入超過（東京圏）	243,061	223,122	211,948
女転入超過（東京圏）	282,588	291,800	306,088
男転入超過（名古屋圏）	60,528	66,914	44,901
女転入超過（名古屋圏）	36,083	51,413	33,512
男転入超過（大阪圏）	-41,169	-14,460	-2,534
女転入超過（大阪圏）	20,514	22,774	30,780
男転入超過（地方圏）	75,169	28,949	142,269
女転入超過（地方圏）	1,664	-23,574	2,418

注）1：東京圏：東京都、神奈川県、埼玉県、千葉県　　名古屋圏：愛知県、岐阜県、三重県
　　　大阪圏：大阪府、兵庫県、京都府、奈良県　　地方圏：その他の県
　　2：2000年は5歳以上人口を対象
出所）総務省「国勢調査」より筆者作成

　表4-7は、全国1741市区町村のうち、女性の転入超過数が上位100位以内と全国でも屈指の規模の女性の転入があり、男性の転入超過数が女性の転入超過数の6割未満にとどまるなど女性の転入超過割合が高い市区町村を抽出したものである。16の自治体のうち、12が東京圏の自治体であり、東京圏の自治体は女性の転入超過水準が高く、特に女性に人気の高い市区町村が多いことを示している。これらの市区町村は、人口構造からみた持続的発展可能性が高い自治体と考えられる。

表4-7　全国市区町村のうち女性転入超過数上位かつ転入超過男女比の低い自治体（2020年）

	転入超過数 （総数）	男性 転入超過数	女性 転入超過数	転入超過 男女比	女性 転入超過順位	男性転入 超過順位
北海道札幌市	36,328	12,467	23,861	0.52	7	14
埼玉県新座市	3,364	1,229	2,135	0.58	79	118
埼玉県富士見市	2,669	843	1,826	0.46	86	171
千葉県浦安市	4,268	1,085	3,183	0.34	63	136
東京都練馬区	31,721	11,597	20,124	0.58	10	17
東京都武蔵野市	3,144	1,170	1,974	0.59	84	126
東京都府中市	4,807	1,578	3,229	0.49	61	96
東京都調布市	10,107	3,200	6,907	0.46	38	60
東京都小金井市	4,503	1,465	3,038	0.48	65	101
東京都国立市	1,958	322	1,636	0.20	91	311
神奈川県鎌倉市	2,019	552	1,467	0.38	95	238
神奈川県茅ヶ崎市	3,070	834	2,236	0.37	78	175
神奈川県大和市	3,076	1,029	2,047	0.50	81	142
大阪府豊中市	3,439	178	3,261	0.05	60	401
大阪府茨木市	3,734	987	2,747	0.36	69	148
大阪府箕面市	1,968	-30	1,998	-0.02	83	780

注）不詳補完値
出所）総務省「国勢調査」より筆者作成

　一方で、**表4-8**は、全国1741市区町村のうち、男性の転入超過数が上位100位以内と全国でも屈指の規模の男性の転入があり、男性の転入超過数が女性の転入超過数の2倍以上に達する特に男性に人気の高い市区町村を抽出したものである。16の自治体のうち、東京圏の自治体はなく、大都市圏では名古屋圏の自治体は1つのみ（愛知県西尾市）で、地方圏の都市が多く含まれている。
　以上のことから、女性の転入が多い自治体は比較的東京圏に多くある一方で、男性の転入が多い自治体は地方圏に比較的多いことを示している。

②年齢別男女別転出入人口分析
　これまでは、男女ともに総数を対象とした分析を行ってきたが、男女の年齢別に転出入構造を分析することも地域の持続的発展を考える上で重要な視点である。
　図4-15は、東京圏における転入超過数について、移動人口の割合が高い30歳代までを中心として、2000年と2020年について男女別に比較したものである。転入超過数は、全国の傾向と同様に20〜24歳の年齢階級が最も多いことがわかる。2000年と2020年について男女別に比較すると、男女ともに25歳以上の年齢層で転入超過数の増加がみられる。一方で、転入超過

表 4-8　全国市区町村のうち男性転入超過数上位かつ転入超過男女比の高い自治体（2020 年）

	転入超過数 （総数）	男性 転入超過数	女性 転入超過数	転入超過 男女比	女性 転入超過順位	男性転入 超過順位
福島県南相馬市	3,054	2,307	747	3.09	157	74
福島県双葉郡富岡町	2,121	1,542	579	2.66	188	99
茨城県神栖市	1,743	1,566	177	8.85	314	97
栃木県宇都宮市	4,041	3,510	531	6.61	202	53
栃木県小山市	2,206	1,611	595	2.71	186	94
群馬県伊勢崎市	2,634	1,952	682	2.86	167	80
群馬県太田市	4,024	3,144	880	3.57	142	61
群馬県邑楽郡大泉町	2,379	1,695	684	2.48	166	89
富山県富山市	3,036	2,485	551	4.51	197	68
石川県金沢市	4,988	3,337	1,651	2.02	90	58
山梨県甲府市	2,525	1,928	597	3.23	185	81
愛知県西尾市	2,188	1,650	538	3.07	199	93
広島県福山市	2,851	2,623	228	11.50	292	65
福岡県京都郡苅田町	1,954	1,802	152	11.86	333	84
熊本県熊本市	2,861	2,120	741	2.86	158	76
沖縄県宮古島市	2,440	1,733	707	2.45	163	87

注）不詳補完値
出所）総務省「国勢調査」より筆者作成

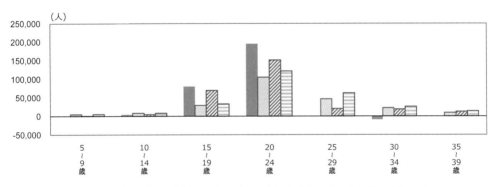

図 4-15　東京圏における年齢 5 歳階級別男女別転入超過数の推移（2000 年、2020 年）
注）1：東京圏：東京都、神奈川県、埼玉県、千葉県
　　2：2000 年は 5 歳以上人口
出所）総務省「国勢調査」より筆者作成

数の主力を占め、減少傾向にある 15〜24 歳の年齢層では、2000 年において男性が女性の転入超過数を上回っていたのに対して、2020 年では女性が男性の転入超過数を上回るなど逆転現象がみられる。

　以上の結果から、若年人口全体の減少に加えて、大学入学や高校卒業後の就職で東京圏へ転入する若年人口は減少傾向にあるが、女性は男性に比べて減少が少ない。また、男性女性ともに就職後に東京圏に転入する人口が増えていることを示している。

　表4-7で取り上げた女性の転入超過数が多い市区町村の中から、東京都練馬区について、年齢5歳階級別男女別に2000年と2020年の転入超過数を比較する。年齢層は、移動人口割合の高い30歳代までとする。

　東京都練馬区（**図4-16**）をみると、女性の20～24歳の年齢層は、転入超過数が男性ほど減少していないのに対して、男性は25歳以上の年齢層の転入超過数が増加していることを示している。20歳代の女性の転入超過数が男性を上回ることで、女性が多く転入する自治体になったといえる。

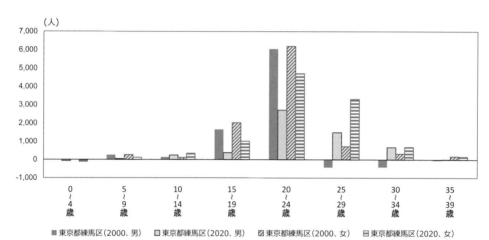

図4-16　東京都練馬区の年齢5歳階級別男女別転入超過数（2000年、2020年）

注）2000年は5歳以上人口
出所）総務省「国勢調査」より筆者作成

③年齢別男女別転入元、転出先市区町村分析

　総務省「国勢調査」の優れたメリットのひとつとして、前述したように、当該市区町村へ国外を含めてどの市区町村から転入してきたか、当該市区町村からどの市区町村へ転出したかについて、年齢別、男女別に公表されていることである。

　当該市区町村の転入元や転出先の市区町村に加えて、単なる転入、転出、転入超過だけでなく、他の市区町村との年齢別、男女別の繋がりについて分析することができる。

　例えば**図4-17**は、東京都練馬区において、最も転入超過数が高かった女性の20～24歳の転入超過人口について、全国の市区町村別に抽出したものである。国勢調査では、全国の1741市区町村別に人数が分かるが、特徴を明確にするために、上位は転入超過が50人以上、下位は転出超過が10人以上の市区町村を対象とした。

　転入超過数が最も高いのは、宮城県仙台市の197人であり、北海道札幌市や愛知県名古屋市、新潟県新潟市など地方の主要都市が多く並び、東京圏などの市区町村は神奈川県横浜市71人（13位）、千葉県千葉市59人（18位）、埼玉県入間市57人（19位）、埼玉県所沢市53人（22位）にとどまる。一方で、転出超過数は、東京都大田区の48人が最も多く、次いで東京都北区の33人、東京都江東区の33人、東京都世田谷区の32人と続く。転入超過数の上位には、地方圏の市区町村が多く並んでいたのに対して、転出超過数の上位には、東京23区など近隣の市区町

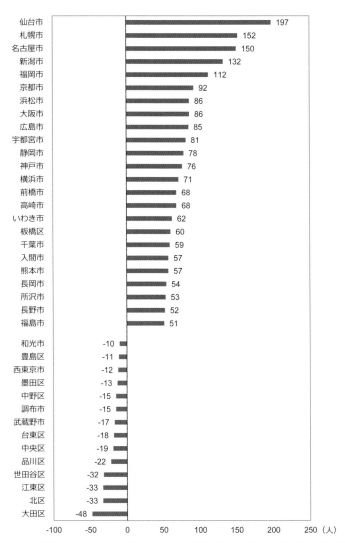

図 4-17　練馬区における女性 20～24 歳の転入超過市区町村上位下位（2020 年）
注）不詳補完値
出所）総務省「国勢調査」より筆者作成

村が多く、転出超過数自体の水準も低いことを示している。

　図 4-18 は、東京都練馬区において、女性の 20～24 歳の年齢層に次いで転入超過数が多かっ
た 25～29 歳の年齢層における転入超過人口について、**図 4-17** と同じ基準で抜粋して示した
ものである。

　転入超過数が最も高いのは、京都府京都市の 178 人であり、神奈川県横浜市、東京都八王子
市、埼玉県所沢市が続いている。20～24 歳の転入超過上位の市区町村と比較して、比較的近隣
の自治体からの転入超過が多いことを示している。一方の転出超過数は、東京都大田区が 117
人で最も多く、東京都渋谷区、東京都品川区、東京都豊島区が続いており、20～24 歳と同様に
近隣の自治体への転出超過が多いことを示している。

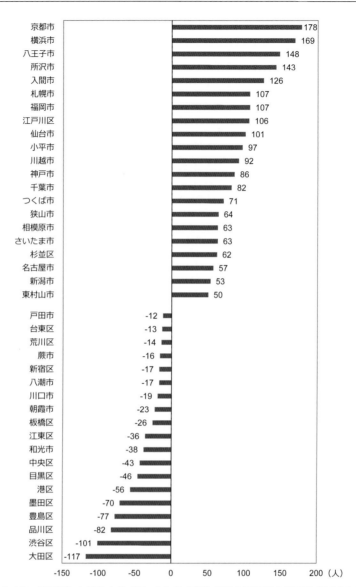

図4-18　練馬区における女性25〜29歳の転入超過市区町村上位下位（2020年）

注）不詳補完値
出所）総務省「国勢調査」より筆者作成

　以上のことから、東京都練馬区において20歳代の女性の転入超過数が多いのは、20〜24歳では地方の主要都市、25〜29歳では比較的近隣の自治体からの流入が多いためであり、年齢層によって流入してくる自治体が異なっていることが示された。また、転出についても、東京23区など近隣の自治体が多く、地方へ人口が還流していないことを示していた。

　地域の持続的発展を考える上では、人口の転出入において関係の深い自治体について、その要因や問題点等について考察を重ねていくことが重要であり、男女別、年齢5歳階級別など様々な分析が可能な国勢調査は極めて有用な地域統計であるといえる。

（2）男女別就業者等人口分析

①男女別就業状態分析

　総務省「国勢調査」では、基本集計や移動人口に加えて、就業者等に関する様々な地域データが公表されている。

　男女別に就業状態をみることが最も基本的な分析になる。労働力人口（就業者数＋完全失業者数）や就業者、労働力率（15 歳以上人口[91] に占める労働力人口の割合）、就業率（15 歳以上人口[92] に占める就業者の割合）等が基本的な分析指標となる。

　毎年実施されている総務省「労働力調査」からみた我が国全体の就業者数は、2001 年の 6,412 万人から 2012 年には 6,280 万人まで減少したが、近年は増加傾向にある。15～64 歳の生産年齢人口は、既に 1995 年からピークに転じており、人口減少が進む中での就業者の増加は、女性と高齢者（65 歳以上人口）の就業率が上昇したことに起因している。

　女性の就業率向上の要因としてあげられるのは、25～34 歳の労働力率が前後の世代に比べて低い M 字カーブと呼ばれてきた現象が近年解消に近づいていることである。

　本格的な人口減少社会を迎える中で、働き手の確保は、地域が持続的発展を続けるために最も重要な地域課題のひとつとなっており、男女別に就業状態に関する人口分析を行う必要性は近年さらに高まっている。

　以下の**表 4-9** は、都市圏及び地方圏における男女別の就業者数について 2015 年と 2010 年を比較している。

　就業者数全体の伸びは、女性が男性を上回っており、男性は名古屋圏が最も落ち込みが小さかったが、女性は東京圏が最も伸びが高かったことを示している。東京圏の女性について、年齢 5 歳階級別に伸びをみると、中高年の伸びが高いが、若年世代の就業者数の落ち込みが他の都市圏や地方圏に比べてやや小さかったことがわかる。

　2015 年総務省「国勢調査」によれば、労働力率の全国平均は男性で 70.9%、女性で 50.0% である。都市圏と地方圏で男女別にみると、男性は、東京圏が 72.8% で最も高く、名古屋圏 72.7%、大阪圏 69.2%、地方圏 69.9% であるのに対して、女性は、東京圏は 51.0%、名古屋圏 51.7%、大阪圏 47.8%、地方圏 49.8% で名古屋圏が最も高かった。三大都市圏と地方圏の比較では、三

表 4-9　都市圏及び地方圏における年齢 5 歳階級別就業者数の伸び率（2010 年、2015 年）

(%)

	総数	15～19歳	20～24歳	25～29歳	30～34歳	35～39歳	40～44歳	45～49歳	50～54歳	55～59歳	60～64歳	65～69歳	70～74歳
東京圏・男	-3.6	0.4	-8.7	-15.6	-16.4	-19.5	5.0	10.9	13.0	-9.7	-16.5	18.1	24.3
名古屋圏・男	-2.4	3.5	-8.9	-11.4	-13.8	-18.3	12.6	8.9	9.4	-9.4	-15.5	22.9	20.7
大阪圏・男	-3.8	-0.1	-10.2	-12.9	-16.5	-21.7	10.0	9.8	9.7	-12.5	-18.9	22.9	26.0
地方圏・男	-2.5	3.2	-9.4	-12.7	-14.2	-12.9	14.5	1.2	-4.9	-13.0	-5.1	42.6	16.3
東京圏・女	2.2	-0.8	-7.3	-11.3	-8.4	-11.0	15.3	18.1	17.4	-5.0	-13.4	26.7	35.9
名古屋圏・女	1.8	-2.4	-8.7	-8.0	-7.9	-12.6	18.2	10.3	12.2	-4.9	-11.6	32.8	30.8
大阪圏・女	1.7	-3.6	-10.0	-10.7	-9.3	-12.7	17.3	14.5	16.3	-4.8	-14.1	33.1	37.6
地方圏・女	0.5	-6.3	-12.2	-11.4	-8.7	-7.6	15.3	2.9	-1.1	-6.5	0.8	47.0	21.3

　出所）総務省「国勢調査」より筆者作成

---

[91] 労働力状態「不詳」を除く。
[92] 脚注 91（上記）に同じ。

大都市圏の労働力率が地方圏をやや上回るが、大阪圏の労働力率が地方圏をやや下回ることで、三大都市圏と地方圏の差はそれほど大きくないことがわかる。

　なお、就業率について都市圏と地方圏の男女別比較を行っても同様の結果が得られる。

　一方で、労働力率を市区町村別にみると、男性で最も高いのは、東京都青ヶ島村（あおがしまむら）の94.8％、女性で最も高いのも東京都青ヶ島村の84.5％であった。上位の市区町村をみると、男性は、2位が沖縄県島尻郡北大東村（きただいとうそん）の93.8％、3位が東京都小笠原村（おがさわらむら）の92.4％、女性は2位が東京都利島村（としまむら）の76.0％、3位は新潟県岩船郡粟島浦村（あわしまうらむら）の74.1％となっており、男女ともに離島が多いことがわかる。また、男性で最も低いのは、北海道樺戸郡月形町（つきがたちょう）の37.5％、女性は福島県双葉郡楢葉町（ならはまち）の27.6％であった。下位順に市区町村をみると、男性は、2位が奈良県吉野郡川上村（かわかみむら）の50.4％、3位が和歌山県東牟婁郡古座川町（こざがわちょう）の52.7％、女性は2位が群馬県甘楽郡南牧村（みなみまきむら）の31.2％、3位が奈良県吉野郡川上村（31.2％）となっており、大都市から離れた地方の町村部において労働力率が低い傾向がある。労働力が高い市区町村と低い市区町村には、地方の市区町村が多く含まれ、同じ地方であってもその構造には大きな差があることを端的に示している。

　なお、福島県双葉郡楢葉町は、男性の労働力率の高さは92.3％で全国4位であるが、女性の労働力率の低さでは27.6％で全国1位となっており、女性の働く場所の確保が地域の喫緊の課題と考えられる。

②男女別年齢別就業等分析

ⅰ）男女別年齢別就業者数分析

　上記で示されたように、就業者等の状態に関する分析では、市区町村間で大きな差がみられるなど、市区町村レベルのデータに基づくきめの細かい分析が必要なことを示していた。総務省「国勢調査」では、市区町村別男女別の就業状況について、さらに年齢5歳階級別に分析することが可能であり、より詳細に分析をすることができる。

　表4-7は、女性の転入超過が多い自治体のひとつとして東京都練馬区を取り上げた。地域の持続的発展を考える上でカギを握る若年層の女性の転出入要因等について分析する際には、単に市区町村間の転出入構造を分析するだけでは不十分な場合がある。

　ここでは、人口の転入超過状況と男女別年齢別就業状況について市区町村比較を行うことで、女性の転出入についてさらなる考察を行う。

　既に、女性の転入超過が多い自治体については取り上げたが、一方で、女性の転出超過が多い自治体がある。**表4-10**は、女性の転入超過下位20位（転出超過上位20位）の市区町村のうち、女性の転出超過が男性の転出超過を大きく上回り、転出超過男女比が0.6未満となった市区町村を抽出している。

　特に、福岡県北九州市は、男性は33人の転入超過となっているが、女性は3,560人の転出超過となっており、対称的な動きを示している。

　図4-19は、女性の転入超過が多い東京都練馬区と転出超過が多い福岡県北九州市における年齢5歳階級別の女性の就業率を比較している。

表4-10　全国市区町村のうち女性転出超過数上位かつ転出超過男女比が低い自治体（2020年）

	転入超過数 （総数）	男性 転入超過数	女性 転入超過数	転出超過 男女比	女性 転入超過順位
山口県下関市	-2,649	-866	-1,783	0.49	1723
北海道室蘭市	-2,687	-822	-1,865	0.44	1725
秋田県秋田市	-2,999	-950	-2,049	0.46	1727
福島県いわき市	-2,797	-607	-2,190	0.28	1729
北海道釧路市	-3,777	-1,413	-2,364	0.60	1732
長崎県佐世保市	-4,022	-1,194	-2,828	0.42	1736
広島県呉市	-5,135	-1,886	-3,249	0.58	1738
福岡県北九州市	-3,527	33	-3,560	-	1739

　　注）不詳補完値
　　出所）総務省「国勢調査」より筆者作成

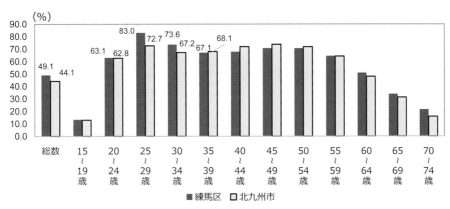

図4-19　東京都練馬区と福岡県北九州市の年齢５歳階級別女性の就業率比較（2015年）
　　出所）総務省「国勢調査」より筆者作成

　東京都練馬区と福岡県北九州市の女性全体の就業率は、練馬区が北九州市を５ポイント上回っている。20～24歳は、大学生が含まれるため、注意が必要だが、練馬区が北九州市をやや上回る程度である。一方で、25～29歳の女性の就業率は、練馬区83.0％、北九州市72.7％と10ポイント以上の開きがある。30～34歳の女性においても、練馬区73.6％、北九州市67.2％とその差は大きく20代後半から30代前半の移動率が高い世代で就業率が大きく異なることを示している。

　東京都練馬区と福岡県北九州市の男性全体の就業率は、練馬区（69.6％）が北九州市（62.9％）を6.7ポイント上回るが、移動率が高い20～24歳は北九州市（61.7％）の就業率が練馬区（58.3％）を上回り、25～29歳、30～34歳では練馬区が北九州市の就業率を上回るが、その差は男性全体の就業率の差や女性の同世代の就業率の差と比較すると小さい。

　以上のことから、特に移動率の高い20歳代から30歳代前半においては、就業率が人口の転出入に影響を与えている可能性があり、詳細な調査が求められる。

　前述したように、地域の持続的発展を考える上で、当該地域における女性の転出入の要因把握に対する重要性は高まっていることから、女性の就業状況の分析は極めて重要性が高いといえる。

ⅱ）男女別年齢5歳階級別休業率分析

　上記では、就業率と転出入の関係から男女別の人口分析を行ったが、多様な働き方ができる社会の実現が求められる中で、育児と仕事の両立が男女を問わず行える地域社会を形成することは地域の持続的発展の実現を目指す上で、今後の大きな課題である。

　表4-11は、全国の有配偶の男女について、年齢5歳階級別にみた休業者が就業者全体に占める割合である。有配偶の男性は年齢別に大きな差異はないが、女性の休業率は25〜29歳で10%を超えて最も高く、男性と比べて大きな差があることを示している。

　なお、休業者は、出産した女性が産前産後休暇や育児休暇等を取得している場合だけでなく、病気や育児休暇以外の休暇で仕事を休んでいる場合、介護休暇などで休んでいる場合を含むほか、出産や子育てを機に退職する女性等は含まれていないため、注意が必要である。

　千葉県流山市は、「母になるなら流山市。」、「父になるなら流山市。」をキャッチコピーとして、「共働き子育て世代」をターゲットに大々的な誘致と支援策を展開してきた。

　図4-20は、流山市と全国の休業率を年齢5歳階級別に比較したものだが、有配偶の女性は20〜24歳は流山市が全国を下回るが、25〜29歳、30〜34歳、35〜39歳のいずれの年齢階級においても、流山市の休業率が全国を上回っていることを示している。一方で、有配偶の男性の休業率をみると、20〜24歳、25〜29歳では全国をやや上回る程度にとどまっている。先進的な取り組みを積極的に進めている流山市であっても、男女を問わない仕事と育児の両立が可能な

表4-11　有配偶男女別年齢別就業者に占める休業者の割合（2015年、全国）

(%)

	15〜19歳	20〜24歳	25〜29歳	30〜34歳	35〜39歳	40〜44歳	45〜49歳
男性	1.70	0.72	0.56	0.48	0.44	0.46	0.56
女性	5.62	9.74	10.85	9.92	5.01	1.45	0.63

出所）総務省「国勢調査」より筆者作成

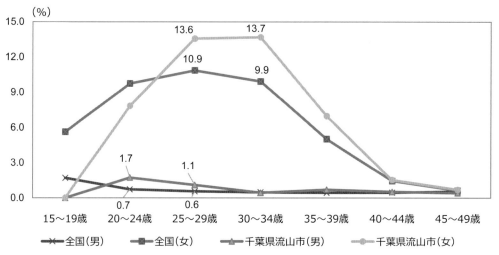

図4-20　千葉県流山市における有配偶男女別休業率（2015年）

出所）総務省「国勢調査」より筆者作成

地域社会の実現には、未だ至っていない可能性があることを示している。

③男女別産業別、職業別就業者分析

　地域における持続的発展を考える上で男女の就業の重要性を指摘してきたが、就業の内容について考えることも同様に重要である。

　総務省「国勢調査」では、主に、産業分類別または職業分類別に 15 歳以上の就業者に関する地域データが公表されている。

ⅰ）男女別産業別就業者分析

　総務省「国勢調査」では、市区町村レベルにおいて、産業大分類別に男女別の 15 歳以上就業者数を得ることができる。2015 年の全国における男女合計の就業者数について、産業大分類別の割合をみると、E 製造業が 16.2% で最も高く、次いで I 卸売業、小売業の 15.3%、P 医療、福祉の 11.9% が続いている。

　図 4-21 は、2015 年及び 2000 年の産業大分類別の男女別就業者数の男女比をみたものである。

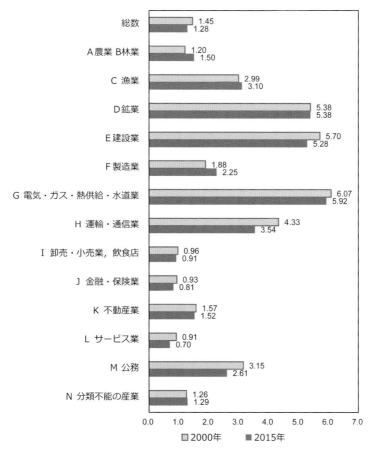

図 4-21　産業大分類別就業者数の男女比（2000 年、2015 年、全国）
出所）総務省「国勢調査」より筆者作成

ある産業について、男性の就業者数が女性の就業者数を上回る場合は1を上回り、反対の場合には1を下回る。2015年の総数は1.28であり、男性が女性の就業率を上回っている。2000年と比べると、総数は1.45から1.28へと下落しており、女性の就業率が上昇したことを示している。

産業大分類別に男女比をみると、最も就業者割合が高い製造業は、男性の就業者が多い産業であるが、卸売・小売業、飲食店は女性の就業が多い産業であり、サービス業についても、極めて女性の就業が多い産業であることを示している。全体的には、第三次産業を中心に女性の就業割合が高い産業が多いことを示している。

図4-21は、全国的にみた産業大分類別の就業者であるが、該当地域について地域の持続可能性の視点から就業機会について分析を行う際には、各産業における男女比を確認することで、男女別にみた就業機会の多寡や全国と比較したバランスについて分析を行うことができる。

例えば、図4-22は、山梨県南都留郡忍野村（おしのむら）について、産業大分類別の15歳以上就業者数が全産業に占める割合と産業大分類別の就業者数の男女比をみたものである。

忍野村の産業大分類別就業者割合は、最も高いのがE製造業の39.7%で、次いでD建設業が11.9%で続いている。いずれの産業についても、全国の産業大分類別就業者割合を大きく上回っており、常住地でみた忍野村の主力産業といえる。一方で、これらの産業について就業者数の男女比をみると、E製造業、D建設業は、全国比を大きく上回っており、女性の就業者割合は少ないことを示している。村内は、主力産業が男性中心の就業形態となり、I卸売業、小売業やP医療、福祉といった女性の就業者割合が高い産業の立地が少ないため、女性の就業機会が十分でない可能性がある。

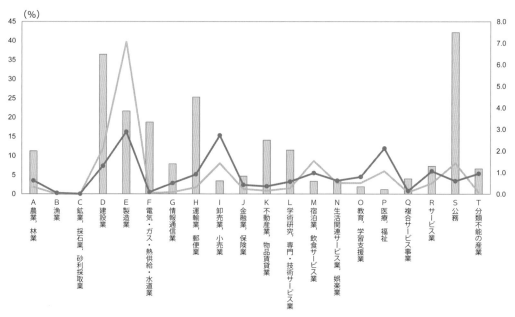

図4-22　山梨県忍野村における産業大分類別就業者割合と就業者男女比（2015年）

注）常住地による就業者
出所）総務省「国勢調査」より筆者作成

なお、平成27年国勢調査では、年齢5歳階級別に産業大分類別男女別市区町村別就業者数を取得することが可能なため、就業者の年齢構造と年齢5歳階級別の転出入人口の比較を行うことで、就業と人口の流出入の関係について、さらに詳細な分析を行うことができる。

ⅱ）男女別職業別就業者分析

総務省「国勢調査」では、市区町村レベルで産業別と同様に、職業大分類別男女別の15歳以上就業者数を取得することができる。

2015年の全国における男女合計の就業者について、職業大分類別の割合をみると、C事務従事者が19.0%で最も高く、次いでB専門的・技術的職業従事者の15.9%、H生産工程従事者の13.5%が続いている。

図4-23は、2015年の職業大分類別の男女別就業者数の男女比をみたものである。総数は、産業大分類別の男女比と同じ1.28であり、1を上回れば男性の就業者数が女性の就業者数を上回り、1を下回れば女性の就業者数が男性の就業者数を上回る。職業大分類別にみると、多くの職業で1を超えており、C事務従事者とEサービス職業従事者のみが女性の就業者数が男性を上回ることを示している。特に、J建設・採掘従事者やI輸送・機械運転従事者、F保安職業従事者では、男性の割合が極めて高く、女性の活用が進んでいないことを示している。

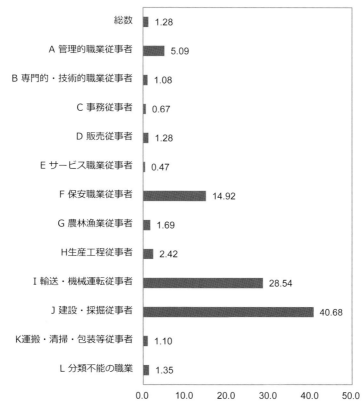

図4-23 職業大分類別就業者数の男女比（2015年、全国）

出所）総務省「国勢調査」より筆者作成

　職業大分類別の就業者数について、市区町村別に分析を行う際は、産業大分類別男女別就業者数と同様に年齢5歳階級別に分けて詳細に分析することができる。特に、職業分類別就業者は、年齢階級によって男女の構成割合が大きく異なる職業分類があることが特徴であり、分析の際には当該地域における年齢構造に対する留意が求められる。

　表4-12は、全国における職業大分類別就業者の男女比を年齢5歳階級別にみたもので、1を上回れば、男性の就業者が多いことを示している。例えば、A管理的職業従事者は、15～19歳は1.65だが、年齢が上がるにつれて男女比が上昇傾向になる。年齢の高い男性が管理職に就く割合に対して、女性の割合が低いことが全国的な背景にあると考えられる。G農林漁業従事者は、15～19歳では3.53だが、年齢の高い層ほど男女比は下降傾向にある。全国的にみると、若い農林漁業従事者は、男性に偏っていることを示している可能性があり、若年女性の一層の就業促進が課題と考えられる。一方で、Eサービス職業従事者は、男女比が一貫して1を大きく下回り、女性が年齢に関係なく固定的に担っている職業であることを示している。

　図4-24は、若年女性の就業促進の例として、大分県豊後高田市におけるG農林漁業従事者の15～39歳までの若手農林漁業従事者について、年齢5歳階級別の推移をみたものである。同

表4-12　年齢5歳階級別職業大分類別就業者数の男女比（2015年、全国）

	15～19歳	20～24歳	25～29歳	30～34歳	35～39歳	40～44歳	45～49歳	50～54歳	55～59歳	60～64歳	65～69歳	70～74歳
A 管理的職業従事者	1.65	2.31	3.42	4.71	5.53	5.71	5.48	5.37	5.97	5.92	4.76	4.40
B 専門的・技術的職業従事者	1.21	0.57	0.86	1.03	1.09	1.09	1.08	1.08	1.08	1.47	1.96	2.30
C 事務従事者	0.48	0.42	0.49	0.53	0.56	0.59	0.66	0.79	0.96	1.07	0.76	0.61
D 販売従事者	0.60	0.81	1.12	1.43	1.57	1.56	1.43	1.31	1.26	1.20	1.29	1.37
E サービス職業従事者	0.64	0.64	0.61	0.63	0.56	0.43	0.34	0.29	0.30	0.38	0.49	0.59
F 保安職業従事者	5.84	7.11	9.43	12.62	14.40	12.97	15.88	20.43	24.15	29.30	40.71	40.88
G 農林漁業従事者	3.53	2.89	3.01	2.88	2.47	2.05	1.81	1.61	1.40	1.49	1.68	1.45
H 生産工程従事者	2.76	2.80	3.29	3.27	3.03	2.62	2.24	2.03	1.82	1.74	1.91	2.38
I 輸送・機械運転従事者	7.31	11.75	15.30	22.35	24.90	19.75	23.14	30.13	38.83	48.23	57.12	79.31
J 建設・採掘従事者	54.13	38.26	38.29	47.18	49.59	46.04	42.57	41.45	40.41	38.71	34.04	28.15
K 運搬・清掃・包装等従事者	2.68	2.54	2.32	1.97	1.52	1.12	0.92	0.83	0.79	0.83	0.89	1.01
L 分類不能の職業	0.96	1.17	1.33	1.42	1.46	1.48	1.52	1.52	1.47	1.28	1.23	1.07

出所）総務省「国勢調査」より筆者作成

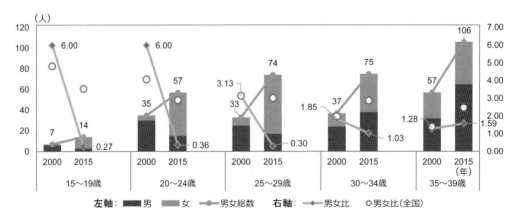

図4-24　大分県豊後高田市における若手G農林漁業従事者の男女別就業者等（2000年、2015年）
出所）総務省「国勢調査」より筆者作成

市では、2000 年からの 15 年間で G 農林漁業従事者就業者数が 2,431 人から 1,584 人に大きく減少する中で、15～39 歳の若手農林漁業従事者は 2000 年の 169 人から 2015 年には 326 人に増加した。

　男女別の就業者をみると、35～39 歳以外の年齢層では、いずれの年齢層においても男女比の低下が大きく進み、女性の増加が若手農林漁業従事者全体の増加に大きく貢献していることを示している。また、全国の男女比の推移と比較すると、いずれの年齢層においても同市の男女比は大きく改善され、若手女性の就業が促進されていることを示している。

　同市は、2011 年に「人口 3 万人構想」を掲げ移住定住支援に積極的に取り組んでいる。月刊誌「田舎暮らしの本」（宝島社）が発表した 2022 年版「住みたい田舎」ベストランキングでは、「人口 1 万人以上 3 万人未満のまち」225 自治体のうち、若者世代・単身者、子育て世代、シニア世代全てで 1 位に選ばれている。全国で唯一「10 年連続ベスト 3」を達成するなど移住者に不動の高い人気を得ており、2020 年度の移住者は、2011 年以降で最多となる 325 人となった。「社会増」についても 2020 年度は 61 人となり、8 年連続のプラスで推移している。

　同市では、新規就農者に対する積極的な支援も同時に行っており、独立・自営就農を目指す人向けに体験・見極め研修に加えて、1～2 年間の長期研修を行う「アグリチャレンジスクール」や市単独事業として、新規就農者家賃助成事業（最長 2 年間）、新規就農者促進事業（研修期間 1 年目の生活支援助成）、新規就農者自立支援事業（資材の購入費用助成）など豊富な支援メニューが提供される。

　なお、同市では 2018 年度から県外に居住する 50 歳未満の独身女性が単身で移住した場合に 10 万円を補助する「女子ターン奨励金」を始めており、女性の移住促進に一層力を入れている。

　以上のことから、女性のさらなる就業促進が求められる中で、該当地域における地域の持続可能性を考える際には、職業別就業者の男女構成から考えて偏った構成となっていないか、過度な偏りが新たな地域問題に繋がっていないか、十分に分析する必要がある。

④従業上の地位別男女別人口分析

　全国における 15 歳以上の就業者の従業上の地位別割合を男女別にみると、男性は「正規の職員・従業員」の割合が 6 割以上あるのに対して、女性は 4 割未満にとどまっている。一方で、男性は、「パート・アルバイト・その他」が 10% 強程度なのに対して、女性は 4 割以上を占め、最も高くなっている。従業上の地位でみると、男女間では大きな差があることがわかる。

表 4-13　従業上の地位別男女別 15 歳以上就業者の割合（2015 年、全国）

(%)

	雇用者	正規の職員・従業員	労働者派遣事業所の派遣社員	パート・アルバイト・その他	役員	自営業者	家族従業者
男性	79.4	64.9	2.1	12.4	6.9	12.4	1.3
女性	86.0	39.1	3.5	43.4	2.8	5.0	6.2

注）1：常住地
　　2：自営業者＝「雇人のある業主」＋「雇人のない業主」＋「家庭内職者」
　　3：割合は「不詳」を除いて算出している。
出所）総務省「国勢調査」より筆者作成

　表4-14 は、従業上の地位別男女別15歳以上従業者数の割合を市区町村別に求め、女性割合については、「正規の職員・従業員」が5割以上かつ「役員」の割合が全国の女性平均である2.8％を上回る市区町村を抽出した。

　東京23区内から4区が入るなど、東京都心の自治体では女性の活用が積極的に進められていることを示しているが、地方の市町村においても、女性が活躍する自治体をみることができる。

　高知県安芸郡馬路村（うまじむら）は、高知県の東部に位置し、高知市まで車で2時間弱の位置にある中山間地域である。同村は、人口約900人の高知県で2番目に人口の少ない自治体だが、馬路村農業協同組合は、地元特産の柚子を使った清涼飲料水「ごっくん馬路村」や馬路村産柚子を使ったポン酢しょうゆ「ゆずの村」などのヒット商品を生み出し、異例の年商30億円規模に達する。柚子を始めとする地域資源を活用した村おこしで全国的に知られる自治体である。馬路村農業協同組合は、従業員が90名ほどで半数近くが女性で占められるなど積極的な女性活用を進めている。

　前述したように、地域の持続的発展を考える上で、今後、女性の就業率向上とともに、女性の力を地域の活性化にどのように繋げていくかといった視点は一層重要になる。上記で取り上げた女性の従業上の地位をみることは、地域が女性の力を十分に活かしているか、を考える上でひとつの基礎指標となる。

　なお、従業上の地位別男女別15歳以上の就業者数については、2015年の国勢調査では、産業大分類別や職業大分類別に分けて取得することができる。これらのデータを活用することで、当該地域の産業間における女性活用の違い等の分析を行うことも可能である。

表4-14　従業上の地位別男女別就業者の女性割合が高い市区町村（2015年）

(%)

		雇用者	正規の職員・従業員	労働者派遣事業所の派遣社員	パート・アルバイト・その他	役員	自営業者	家族従業者
山形県長井市	男性	72.7	61.9	1.7	9.1	7.4	17.2	2.8
	女性	81.5	51.7	2.2	27.6	3.0	6.0	9.5
東京都千代田区	男性	67.3	60.0	0.9	6.4	20.2	11.7	0.8
	女性	74.1	50.1	3.2	20.7	12.4	8.3	5.1
東京都中央区	男性	72.7	64.8	1.2	6.7	16.9	9.7	0.6
	女性	81.9	54.9	5.2	21.8	7.5	7.1	3.5
東京都文京区	男性	74.1	60.4	1.4	12.3	14.0	11.2	0.7
	女性	82.5	50.9	4.6	26.9	6.5	7.2	3.9
東京都品川区	男性	79.1	65.6	2.2	11.3	10.6	9.8	0.5
	女性	87.3	50.7	6.1	30.6	4.1	5.6	3.0
高知県安芸郡馬路村	男性	77.3	68.0	0.4	8.9	4.9	16.9	0.9
	女性	84.6	53.7	0.5	30.3	3.2	2.7	9.6
福岡県田川郡大任町	男性	77.4	62.1	1.6	13.7	5.5	15.8	1.3
	女性	88.5	50.0	1.8	36.8	3.5	4.5	3.4

注）表4-13に同じ
出所）総務省「国勢調査」より筆者作成

コラム **8** **産業別、職業別男女比分析（愛知県豊田市等）**

　産業別、職業別それぞれについて、男女別の就業者数に対する分析を行ってきたが、市区町村レベルの公表データでは、問題点もある。ひとつの問題点は、前述したように職業大分類別のデータは、分類によっては含まれる範囲が広すぎるため、詳細な分析が困難な場合があることである。

　例えば、B専門的・技術的職業従事者は近年増加傾向にあるが、内訳に含まれるのは、研究者や技術者だけでなく、医師・看護師や弁護士、作家、デザイナーまで多岐にわたる。当該地域を分析した際に、専門的・技術的職業従事者の男女比が高くても、研究者・技術者に男性が多いのか、医師・看護師に男性が多いのか、職業大分類だけでは判断することができない。

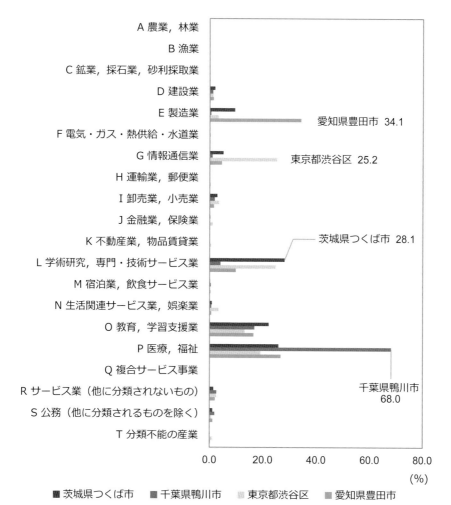

図4-25　専門的・技術的職業従事者における産業大分類別の就業者割合（2015年）
注）常住地
出所）総務省「国勢調査」より筆者作成

　2015年の総務省「国勢調査」では、市区町村レベルにおいて産業大分類別職業大分類別男女別に15歳以上の就業者を取得することができる。該当地域について、産業大分類別職業大分類別に男女別就業者を求めることで、中心となる産業などを特定することが可能となる。職業分類別就業者の実態により一層迫ることが可能となり、地域課題の抽出についてさらに具体的に分析することが可能になる。**図4-25**は、B専門的・技術的職業従事者について、産業大分類別の就業者の割合を例として4市区について比較したものである。

　愛知県豊田市は、大手自動車メーカーの本社があるため、製造業における専門的・技術的職業従事者の割合が他の産業大分類に比べて最も高く、専門的・技術的職業従事者が製造業に多く集中していることを示す。東京都渋谷区では、ネット関連企業の集積が進んでいるため、情報通信業の割合が最も高く、茨城県つくば市では、国の研究開発機関が集積しているため、学術研究、専門・技術サービス業の割合が最も高い。一方で、千葉県鴨川市には、大手の民間病院が関連施設を含めて集積しているため、医療、福祉の割合が他の産業を大きく引き離して最も高くなっていることを示している。

　同じB専門的・技術的職業従事者が多い自治体でも、産業構成には大きな違いあることがわかる。

　図4-26は、4市区の専門的・技術的職業従事者の中で最も構成割合が高い産業分類別に男女比を求め、全国平均の同様の男女比と比較したものである。愛知県豊田市、茨城県つくば市、千葉県鴨川市では、全国よりも男女比が高く、男性の就業者割合が全国平均よりも高いことを示している。一方で、東京都渋谷区は、全国よりも男女比が低く、女性の就業者割合が全国平均よりも高く、女性の就業が進んでいることを示している。産業別・職業別に地域の就業者を見た時に、それらの中心となる就業者に女性の進出が進んでいるか、について進んでいる自治体と進んでいない途上の自治体に分けることが可能になる。

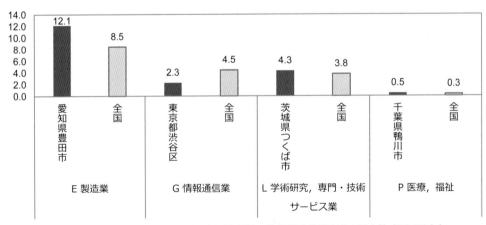

図4-26　4市区における産業大分類別専門的・技術的職業従事者の男女比（2015年）

注）常住地
出所）総務省「国勢調査」より筆者作成

4 昼夜間人口分析

市区町村の人口に関する分析を行う際の基本は、常住人口（夜間人口）である。社会増減など転出入人口に関する分析についても、移住人口（定住人口）が基本となり、地域の持続的発展を考える上でも、地域の最も基礎となる部分を構成する。一方で地域の経済面を考えると、交通の発達や今後、一層発展する可能性のある働き方の多様化等を踏まえ、夜間人口の対称となる概念である昼間人口（従業地・通学地による人口）についても着目する必要があると考える。

（1）昼夜間人口比率

昼間人口に関する分析手法として最も基本的なものは、夜間人口100人あたりの昼間人口の割合を示す昼夜間人口比率であり、夜間人口と昼間人口が全く同じ場合には100とする。一般的には、大企業が立地し、働く場が多数ある大都市の比率が高く、上位には大都市の市区町村が多数並ぶ。一方で、町村部にも100を大きく上回る自治体があり、地方にも100を上回る自治体は数多く存在する。市区町村における昼夜間人口比率は、地域の経済や社会における当該市区町村の求心力を象徴する指標の1つである。また、100を常に下回りつつも夜間人口の伸びがみられる場合には、当該市区町村はベッドタウンとしての機能を担っている可能性があると考えられる。

表4-15は、全国の市区町村別にみた昼夜間人口比率（2015年）の上位10市区町村と下位10

表4-15　昼夜間人口比率上位市区町村、下位市区町村（2015年）

昼夜間人口比率 順位	市区町村名	夜間人口 【人】	昼間人口 【人】	昼夜間人口比率
1	東京都千代田区	58,406	853,068	1460.6
2	東京都中央区	141,183	608,603	431.1
3	東京都港区	243,283	940,785	386.7
4	愛知県海部郡飛島村	4,397	14,004	318.5
5	東京都渋谷区	224,533	539,109	240.1
6	東京都新宿区	333,560	775,549	232.5
7	栃木県芳賀郡芳賀町	15,189	29,451	193.9
8	京都府久世郡久御山町	15,805	28,086	177.7
9	北海道古宇郡泊村	1,771	3,079	173.9
10	宮城県黒川郡大衡村	5,703	9,911	173.8
1725	埼玉県富士見市	108,102	79,986	74.0
1726	東京都狛江市	80,249	59,204	73.8
1727	神奈川県中郡二宮町	28,378	20,812	73.3
1728	石川県河北郡内灘町	26,987	19,764	73.2
1729	山形県東村山郡中山町	11,363	8,293	73.0
1730	富山県中新川郡舟橋村	2,982	2,162	72.5
1731	山梨県南都留郡西桂町	4,342	3,113	71.7
1732	千葉県印旛郡栄町	21,228	15,092	71.1
1733	大阪府豊能郡豊能町	19,934	13,923	69.8
1734	宮城県宮城郡七ヶ浜町	18,652	12,795	68.6

注）楢葉町、富岡町、大熊町、双葉町、浪江町、葛尾村、飯館村は除く
出所）総務省「国勢調査」より筆者作成

市区町村をみたものである。東京都千代田区は、昼間人口が夜間人口の14.6倍に達するなど、最も昼夜間人口比率が高く、東京23区が上位を多く占める。全国7位の栃木県芳賀郡芳賀町（はがまち）は、大手自動車メーカーの研究開発拠点が立地するなど自動車関連産業の集積が進んでいる。町内には、芳賀工業団地（約248.4ha）、芳賀高根沢工業団地（約226.4ha、うち芳賀町は117.3ha）があり、2020年には工業団地の従業員数は町全体の人口を上回る29,160人（芳賀町資料）に達している。

　一方で、全国で最も下位の市区町村をみると、首都圏や地方都市のベッドタウンが多い。宮城県宮城郡七ヶ浜町（しちがはままち）は仙台市のベッドタウンであり、大阪府豊能郡豊能町（とよのちょう）は阪神地域や大阪市のベッドタウンになっている。

　表4-16は、2000年と2015年における昼夜間人口比率の差を比較したもので、全国の上位と下位の市区町村を示したものである。ポイント差の大きい上位の市区町村は、2000年から2015年にかけて、昼夜間人口比率が大きく伸びたことを示している。

　2位の宮城県黒川郡大衡村（おおひらむら）は、前述したように2011年におけるトヨタ自動車東日本（当時：セントラル自動車）の完成車工場の稼働を契機に自動車関連メーカーの立地が急速に進み、村外からの通勤者が急速に増えたことで昼夜間人口比率の急増に繋がったと考えられる。また、5位の愛知県海部郡飛島村（とびしまむら）は、伊勢湾の北部に位置し、名古屋市に隣接している。村の南部は臨海工業地帯となっており、物流関連企業や木材や鉄鋼の関連

表4-16　昼夜間人口比率の推移（2000～2015年）

昼夜間人口比率増減ポイント差順位	市区町村名	2015年夜間人口【人】	2015年昼間人口【人】	2015年昼夜間人口比率	2000～2015年昼夜間人口比率ポイント差
1	栃木県芳賀郡芳賀町	15,189	29,451	193.9	44.5
2	宮城県黒川郡大衡村	5,703	9,911	173.8	42.6
3	北海道古宇郡泊村	1,771	3,079	173.9	33.9
4	滋賀県蒲生郡竜王町	12,434	17,264	138.8	30.3
5	愛知県海部郡飛島村	4,397	14,004	318.5	28.6
6	千葉県山武郡芝山町	7,431	11,118	149.6	26.3
7	福島県双葉郡広野町	4,319	5,403	125.1	23.8
8	熊本県上益城郡嘉島町	9,054	10,951	121.0	23.2
9	福岡県宮若市	28,112	35,445	126.1	22.6
10	東京都御蔵島村	335	431	128.7	21.5
1724	東京都豊島区	291,167	417,146	143.3	-21.4
1725	愛知県西春日井郡豊山町	15,177	19,643	129.4	-24.3
1726	三重県三重郡朝日町	10,560	9,355	88.6	-32.9
1727	東京都文京区	219,724	346,132	157.5	-37.3
1728	東京都渋谷区	224,533	539,109	240.1	-39.9
1729	東京都新宿区	333,560	775,549	232.5	-46.6
1730	東京都台東区	198,073	303,931	153.4	-50.1
1731	東京都港区	243,283	940,785	386.7	-139.0
1732	東京都中央区	141,183	608,603	431.1	-466.5
1733	東京都千代田区	58,406	853,068	1460.6	-913.8

注）1：楢葉町、富岡町、大熊町、双葉町、浪江町、葛尾村、飯館村、三宅村は除く
　　2：2000年の昼間人口、夜間人口は年齢不詳人口を除く
出所）総務省「国勢調査」より筆者作成

事業所、火力発電所などが立地し、名古屋港における物流・貿易の重要な拠点を形成している。村の面積は約 22.42km^2 と小規模なため、立地企業の従業員の多くが村外から通勤し、昼夜間人口比率を高めていると考えられる。

　一方で、東京 23 区は、昼夜間人口比率の水準は依然として高水準であるが、2015 年の昼夜間人口比率は、2000 年に比べて軒並み低下していることがわかる。これは、東京 23 区の 2000年から 2015 年までの昼間人口が 8.2% の増加であったのに対して、夜間人口が 14.6% 増加したためである。この時期は、三上・野澤（2016）が指摘したように、国による都市計画規制や建築規制の緩和が積極的に進められ、東京都においても容積率等の規制緩和によって超高層マンションの建設が進むことで都心居住と市街地再開発の推進が図られ、都心の人口は増加した。オフィスに近接した住宅が整備されたことで東京 23 区全体においても昼夜間人口比率が低下した可能性がある。

　以上のことから、昼間人口の変化は当該市区町村における働く場としての評価をみる上でのひとつの指標になる。また、昼夜間人口比率の変化は、地域における様々な社会経済構造の変化を反映している可能性があり、水準の高低と併せて総合的に分析を行う必要がある。

（2）15 歳以上就業者における産業別・職業別（従業地）人口と昼夜間人口比率

　総務省「国勢調査」において、基本となる昼夜間人口比率は、全人口を対象としたものだが、昼間人口は、観光客や買い物客を含まず、従業地又は通学地による人口を基本とする。昼間人口についてより厳密に分析を行うためには、15 歳以上の就業者に限定して昼夜間人口を調べる方が、当該地域にはどのような働き手がやってくるのか、またどのような働き手が地域外に働きに行っているかについて、市区町村別に個別に明らかにすることができる。

　同調査では、市区町村レベルにおいて、15 歳以上の就業者について、産業大分類別又は職業大分類別に昼夜間人口比率を求めることができる。

　表 4-17 は、職業大分類別に 15 歳以上の就業者について、昼夜間人口比率を求め、全国 1741市区町村のうち、上位 10 市区町村を求めたものである。

表 4-17　職業大分類別 15 歳以上就業者の昼夜間人口比率上位市区町村（2015 年）

順位	市区町村名	A 管理的職業従事者	市区町村名	B 専門的・技術的職業従事者	市区町村名	E サービス職業従事者
1	東京都千代田区	1374.2	東京都千代田区	2686.9	東京都千代田区	1992.2
2	東京都中央区	638.8	栃木県芳賀郡芳賀町	1003.7	東京都港区	651.9
3	愛知県海部郡飛島村	483.3	東京都港区	987.7	東京都中央区	571.7
4	福島県双葉郡楢葉町	452.9	東京都中央区	669.2	東京都渋谷区	395.8
5	東京都港区	411.2	東京都渋谷区	417.1	福島県双葉郡楢葉町	348.3
6	東京都新宿区	289.3	東京都新宿区	391.6	東京都新宿区	346.6
7	京都府久世郡久御山町	287.0	福島県双葉郡楢葉町	258.2	沖縄県国頭郡恩納村	215.9
8	東京都渋谷区	251.8	宮城県黒川郡大衡村	237.0	東京都文京区	207.2
9	東京都台東区	236.5	神奈川県足柄上郡中井町	234.6	千葉県浦安市	205.1
10	宮城県黒川郡大衡村	201.8	愛知県海部郡飛島村	227.4	群馬県利根郡川場村	201.9

注）富岡町、大熊町、双葉町、浪江町、葛尾村、飯館村は除く
出所）総務省「国勢調査」より筆者作成

　A 管理的職業従事者をみると、大企業や企業の本社が多く集中する東京 23 区が多くを占めるが、元々夜間人口が少ない愛知県海部郡飛島村や福島県双葉郡楢葉町（ならはまち）も上位を占めている。7 位の京都府久世郡久御山町（くみやまちょう）は、京都府の南部に位置する。1966年に開通した国道 1 号がまちの中央部を南北に縦貫するなど広域幹線道路が整備された立地条件を活かして約 1,600 の事業所が立地し、久御山工業団地などの工業地帯が形成されている。中小企業が多く、広域交通網も発達しているため、管理的職業従事者の昼夜間人口比率が高くなっていると考えられる。

　B 専門的・技術的職業従事者をみると、A と同様に東京 23 区は多いが、2 位の芳賀町には、前述したように大手自動車メーカーの研究所が立地している。9 位の神奈川県足柄上郡中井町（なかいまち）は、神奈川県の南西部に位置する。町の北部に東名高速道路秦野中井 I.C. が開設され、周辺には内陸工業団地である「グリーンテクなかい」が整備されている。神奈川県企業誘致促進協議会によれば、流通関連企業を中心とする A ブロック（約 20.4ha）には 24 社、研究開発関連企業を中心とする B ブロック（約 54ha）には 21 社が立地しており、専門的・技術的職業従事者の昼夜間人口比率を高めていると考えられる。

　E サービス職業従事者をみると、A、B と同様に東京 23 区は多いが、7 位の沖縄県国頭郡恩納村（おんなそん）は、沖縄本島中央部に位置する屈指のリゾート地であり、多くのリゾートホテルが立地している。9 位の千葉県浦安市は、千葉県北西部に位置し、旧江戸川を挟み、東京都（江戸川区）と隣接している。1983 年に東京ディズニーランド、2001 年には東京ディズニーシーが開園し、周辺には高層ホテルが立地している。日本有数の娯楽産業の集積地として発展を遂げたことが、高い昼夜間人口比率に繋がっていると考えられる。10 位の群馬県利根郡川場村（かわばむら）には、国内屈指の来場者数と売り上げを誇る道の駅「川場田園プラザ」がある。「川場田園プラザ」には、地場産の採れたて野菜と旬の果物を販売するファーマーズマーケットだけでなく、地元食材を使用したレストランやカフェ、日帰り温泉などもあり、「1 日まるごと楽しめる」様々なサービスが充実している。同プラザには、多くの雇用者が働いているため、サービス職業従事者の昼夜間人口比率が高いと考えられる。

　以上の結果については、時系列比較を行うことで、当該市区町村における動向を把握することができ、地域外から通勤するほど人を引き付けるだけの求心力や地域としての持続性があるかどうかを把握分析することができる。また、**表 4-17** については、昼夜間人口比率が高い市区町村をみたが、同様の手法で、昼夜間人口比率の低い市区町村についても分析を行うことができる。

　表 4-18 は、職業大分類別の 15 歳以上就業者における A 管理的職業従事者の昼夜間人口比率の下位 10 市区町村をみたものである。全国 1735 市区町村の中で、最も低いのは、兵庫県芦屋市である。管理的職業従事者の昼夜間人口比率において、下位に並ぶ市区町村は、比較的所得水準が高く住宅地が建ち並ぶ地域が含まれるが、出勤先は地域外が多く、ベッドタウンとして位置づけられている都市が多い。

　なお、昼夜間人口比率が低いことには、二つの可能性がある。一つは、他地域に対する人材の供給地、いわばベッドタウンになっていることであり、もう一つは、地域内に適当な職がなく、消極的に地域外へ働きに行っている可能性である。

表4-18　職業大分類別15歳以上就業者の昼夜間人口比率下位市区町村（2015年）

順位	市区町村名	A 管理的職業従事者	順位	市区町村名	A 管理的職業従事者
1	兵庫県芦屋市	30.7	6	神奈川県逗子市	39.7
2	大阪府豊能郡豊能町	31.5	7	神奈川県三浦郡葉山町	41.6
3	奈良県生駒郡平群町	31.7	8	千葉県我孫子市	42.8
4	奈良県生駒市	33.4	9	奈良県香芝市	43.6
5	兵庫県宝塚市	36.8	10	兵庫県川辺郡猪名川町	44.5

注）富岡町、大熊町、双葉町、浪江町、葛尾村、飯館村は除く
出所）総務省「国勢調査」より筆者作成

　前者であれば、地域の持続可能性に直ちに大きな問題は生じないが、働き方が大きく変わり、兼業・副業人材の増加や人生100年時代を迎える中で、これらの人材を地域が抱える無形資産として顕在化し、その積極的活用を図ることも今後のベッドタウンのあり方としては求められると考える。後者であれば、仕事上のミスマッチの内容把握と、産業別、職業別、男女別、年齢階層別人材の転出入構造を分析することが持続可能性を考える上では必要になる。総務省「国勢調査」では、職業大分類別15歳以上就業者や産業大分類別15歳以上就業者について、年齢5歳階級別に常住地、従業地の人口を市区町村ベースで分析することが可能である。年齢を区分することで、より詳細な分析を行うことが必要である。

(3) 通学人口の「昼夜間人口比率」

　通学地による通学者数は、いわば通学者の昼間人口であり、常住地による通学者数は、通学者の夜間人口と捉えることができるため、前者を後者で割ることによって、通学人口の「昼夜間人口比率」を求めることができる。本書では、通学人口の「昼夜間人口比率」について、「通学人口比率」と呼ぶことにする。

　通学地人口の昼夜間人口比率は、これまでの昼夜間人口比率と同様に、100を上回れば常住する通学者よりも通学する通学者が多く、他地域から通学のために該当市区町村に通う通学者が多いことを示している。他地域から学生を集めることができる学校の立地や周辺地域にない高校や大学等が立地している場合には100を上回る。

　表4-19は、市区町村別の15歳以上の通学人口比率について上位10市区町村を抽出し、該当する市区町村（通学地）について、常住する市区町村を10位まであげたものである。

　全国1741市区町村のうち、15歳以上の通学人口比率が最も高いのは、東京都千代田区である。千代田区を常住地とする通学人口が少なく、東京23区を始め、神奈川県横浜市、神奈川県川崎市、埼玉県さいたま市、千葉県千葉市など広域から通学する通学人口が多いことが通学人口比率を高めていると考えられる。10位以内には高等教育機関が多数立地する東京23区が多い。

　一方で、15歳以上の通学人口比率が低いのは、地方部の町村が多く、地域内に高等教育施設の立地がなく、多くの通学人口が地域外に通学している場合が多い。例えば、青森県中津軽郡西目屋村（にしめやむら）の通学人口比率は5.6％で下位からみた全国6位である。同村には、中学校がなく、村内の中学生は、同村が教育事務委託を行っている弘前市立東目屋中学校に通

表 4-19　市区町村別「通学人口比率」上位 10 市区町村と通学地による常住市区町村
及び通学人口（2015 年）

（通学人口：人）

順位	市区町村名	15歳以上通学人口比率	1位市区町村名・通学人口	2位市区町村名・通学人口	3位市区町村名・通学人口	4位市区町村名・通学人口	5位市区町村名・通学人口	6位市区町村名・通学人口	7位市区町村名・通学人口	8位市区町村名・通学人口	9位市区町村名・通学人口	10位市区町村名・通学人口
1	東京都千代田区	2682.6	横浜市 4,168	世田谷区 2,469	江戸川区 2,402	川崎市 2,043	さいたま市 1,834	杉並区 1,628	江東区 1,598	千葉市 1,570	練馬区 1,501	板橋区 1,431
2	群馬県多野郡神流町	590.9	藤岡市 72	高崎市 19	玉村町 12	上野村 11	本庄市 1	深谷市 1				
3	東京都新宿区	562.4	横浜市 4,372	練馬区 2,650	中野区 2,325	世田谷区 2,297	さいたま市 2,231	杉並区 2,155	川崎市 2,084	西東京市 1,554	江戸川区 1,522	板橋区 1,222
4	東京都渋谷区	540.6	横浜市 4,068	川崎市 2,270	世田谷区 2,126	杉並区 1,143	大田区 1,104	さいたま市 1,086	練馬区 929	目黒区 734	江戸川区 718	板橋区 629
5	東京都港区	435.2	横浜市 3,497	大田区 1,844	川崎市 1,678	世田谷区 1,424	品川区 1,007	目黒区 765	江東区 698	江戸川区 655	さいたま市 651	杉並区 631
6	東京都文京区	404.9	板橋区 2,678	横浜市 2,384	さいたま市 1,883	練馬区 1,653	江戸川区 1,535	足立区 1,412	豊島区 1,290	北区 1,244	世田谷区 1,238	川崎市 1,163
7	東京都豊島区	361.5	板橋区 2,329	練馬区 2,303	横浜市 2,163	さいたま市 1,662	北区 909	足立区 876	川崎市 873	川口市 851	世田谷区 802	杉並区 655
8	埼玉県比企郡鳩山町	300.8	東松山市 235	坂戸市 146	さいたま市 121	川越市 91	熊谷市 48	鶴ヶ島市 41	吉見町 32	深谷市 31	小川町 30	毛呂山町 27
9	埼玉県入間郡越生町	230.1	坂戸市 143	川越市 137	毛呂山町 123	東松山市 111	鶴ヶ島市 91	飯能市 84	日高市 76	入間市 55	小川町 51	ときがわ町 32
10	愛知県長久手市	228.2	名古屋市 2,629	尾張旭市 454	瀬戸市 359	豊田市 334	春日井市 269	日進市 229	一宮市 220	岡崎市 181	岐阜市 153	刈谷市 101

注）1：富岡町、大熊町、双葉町、浪江町、葛尾村、飯館村は除く
　　2：15 歳以上の通学者を対象とする。
　　3：11 位以下の通学地による常住市区町村がある場合は省略
出所）総務省「国勢調査」より筆者作成

学しており、これらのことも通学人口比率の低下に影響していると考えられる。

　以上から、例え 0～14 歳の年少人口が多く常住していても、教育環境が整わず他市区町村に 15 歳以上の通学人口が流出している場合には、やがて地域内から流出し、地域の持続可能性の観点から大きな問題となる可能性がある。年齢別の転出入状況等について併せて確認する必要がある。一方で、他市区町村から通学人口が流入し、通学人口比率が 100 を上回っている場合には、そういった人材の流入の機会をどのように地域振興につなげていくか、つまり通学人口の流入といった機会（チャンス）を当該地域が適切に活かしているのか、といった視点から分析を行うことが地域の持続的発展を考える上では重要な視点になる。

　後者の例として、図 4-27 は東京都八王子市における年齢 5 歳階級別転入超過数を示している。同市は市内に 21 の大学・短期大学・高専があり、約 10 万人の学生が学ぶ全国有数の学園都市である[93]。15～19 歳の転入超過人口は約 2,000 人に達するが、20～24 歳の転出超過人口は、2019 年に 1,550 人、コロナ禍の 2021 年には 870 人、25～29 歳の転出超過人口（2019 年 671 人、2021 年 433 人）を加えれば、15～19 歳で転入した貴重な若年人口の相当な割合が 20 歳代の転出超過で市外に転出し、失われていることを示している。

　なお、総務省「国勢調査」では、通学者数について年齢 5 歳階級別男女別に市区町村ベースで統計データを取得することができる。5 歳階級別ではあるが、年齢別にデータを得ることが

---

[93] 八王子市 HP（https://www.city.hachioji.tokyo.jp/kurashi/shimin/002/a791636/p000078.html）

できるため、15〜19 歳と 20〜24 歳を分けることで高校生、大学生に近い形で通学人口比率を求めることができる。なお、本データの場合には、当該地域から通学している先の個別の市区町村名や当該地域へ通学に来ている個別の市区町村名は具体的に分からないことに注意が必要である。

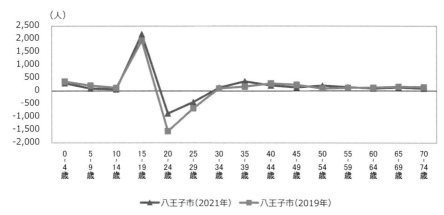

図 4-27　東京都八王子市における年齢 5 歳階級別転入超過数（日本人）

出所）総務省「住民基本台帳人口移動報告」より筆者作成

5 外国人人口分析

> 総務省「国勢調査」によれば、2020年の日本の人口は1億2,614万6千人となり、前回調査に比べて、94.9万人の減少（0.7%減）となった。前回調査で初の減少に転じた日本の人口は、前回に続く減少となった。
>
> 総人口を日本人と外国人に分けると、日本人人口は、前回の2015年調査に比べて178.3万人[94]の減少（1.4%減）となる一方で、外国人人口は、前回調査に比べて83.5万人増加（43.6%増）の274万7千人となり、対称的な動きをみせている。
>
> 外国人の人口増加を受けて、総人口に占める割合は、2015年の1.5%から2020年に2.2%へ上昇している。人口減少が進む中で、今後、外国人が地域において果たす役割は増していく可能性があり、外国人人口分析の重要性は高まると考えられる。

（1）地域別人口増減、割合

外国人人口を市区町村別にみると、地域別の外国人の存在感には市区町村間で大きな差があることがわかる。

表4-20は、外国人が総人口に占める割合について、上位10市区町村をみたものである。全国1位の長野県南佐久郡川上村（かわかみむら）及び3位の同県南牧村（みなみまきむら）は、いずれも日本有数の高原レタスの産地であり、農作業を外国人技能実習生の労働力に頼る部分が多いため外国人人口の割合が高い。全国2位の群馬県邑楽郡大泉町（おおいずみまち）は、自動車メーカーの主力工場が立地しているため工場で働く外国人が多く、4位の北海道勇払郡占冠村（しむかっぷむら）は、訪日客に人気のリゾートホテルで働く外国人が多いため、外国人人口の割合が高い。5位以下には、東京23区も多く、飲食業などのサービス業が多く集積してい

表4-20　外国人が総人口に占める割合の高い市区町村（2020年）

順位	市区町村	外国人最多国籍	外国人人口	外国人割合 (%)
1	長野県南佐久郡川上村	フィリピン	825	19.0
2	群馬県邑楽郡大泉町	ブラジル	7,491	17.8
3	長野県南佐久郡南牧村	フィリピン	452	14.0
4	北海道勇払郡占冠村	中国	145	11.1
5	東京都豊島区	中国	25,914	8.6
6	埼玉県蕨市	中国	6,332	8.5
7	岐阜県美濃加茂市	ブラジル	4,779	8.4
8	東京都新宿区	中国	29,201	8.4
9	茨城県常総市	ブラジル	4,786	7.9
10	東京都荒川区	中国	16,921	7.8

注）外国人人口は不詳補完値による。
出所）総務省「国勢調査」より筆者作成

---

[94] 2015年、2020年の日本人人口及び外国人人口は不詳補完値による。

るため外国人人口の割合が高く、人口規模も大きい。

　以上のように、外国人が多く住む市区町村は、産業集積と深く結びついている場合が多く、産業活動が盛んな地域において、外国人が増えている傾向がある。

(2) 国籍別人口分析

　近年、増加傾向にある外国人人口について、総務省「国勢調査」により国籍別にみると 2020 年は「中国」が 66.7 万人で最も多く、次いで「韓国、朝鮮」が 37.5 万人、「ベトナム」が 32.1 万人で続いている。近年の傾向としては、かつて国籍別人口で最も多かった韓国、朝鮮の割合が大きく減る一方で、中国が増加傾向にあり、2010 年以降は国籍別では最も割合が高い。ベトナムは、国籍別には 3 位だが近年の伸びは中国を上回っている。2015 年に占める割合は 5.0% であったが、2020 年には 13.4% へと 8.4 ポイントの上昇となっている。

　表 4-21 は、中国、韓国、朝鮮、ベトナムなど元々日本国内において人口規模の大きい国の外国人人口ではなく、「タイ」、「インドネシア」、「インド」、「ネパール」、「ペルー」など比較的日本国内の人口規模が小さい国の外国人が当該市区町村の外国人人口全体に占める割合が最も高い特徴的な市区町村について一部抽出したものである。

　北海道浦河郡浦河町（うらかわちょう）は、インド国籍の外国人が同町の外国人人口の 66.0% を占めて最も多い。同町は、道内屈指の馬産地で約 200 の牧場で競走馬の生産・育成が行われている。インドは競馬が盛んなため、インド人は牧場に雇われ、競走馬の調教や世話を行う騎乗員として働き、牧場で働く労働者の減少を補っている。なお、同町では、2022 年 6 月に、2020 年に町民有志で設立された浦河日印友好協会が主催して、写真展「牧場を支えるインド人たち」を開催した。地元の北海道浦河高等学校の写真部の生徒たちが撮影した牧場で働くインド人スタッフの姿などが多数紹介されるなど、多文化共生に対する積極的な取り組みが行われている。

　茨城県東茨城郡大洗町（おおあらいまち）は、インドネシア国籍の外国人が 47.7% を占めて最も多い。同町は、漁業や水産加工業を基幹産業とした地域であり、水産加工業における技能実習生としては圧倒的な割合を占めるインドネシア人が多数働いていることを示している。同様の例は、宮城県気仙沼市などでもみられる。

　神奈川県愛甲郡愛川町（あいかわまち）は、ペルー国籍の外国人が 28.5% を占めて最も多い。ただし、同町は他の自治体とは異なり、特定の国籍に偏らず様々な国籍の外国人が暮らす多様性が特徴である。町内には、同町と厚木市にまたがり、神奈川県内最大の規模を誇る「神奈川県内陸工業団地（約 234 万 m²）」が 1966 年に完成し、外国人労働者の受け皿となっている。外

表 4-21　外国人が在住する特徴的な市区町村の一例（2020 年）

	外国人最多国籍	最多国籍の外国人人口	外国人人口に占める割合 (%)	外国人人口
北海道浦河郡浦河町	インド	169	66.0	256
茨城県東茨城郡大洗町	インドネシア	336	47.7	704
千葉県旭市	タイ	382	28.9	1,320
神奈川県愛甲郡愛川町	ペルー	680	24.0	2,831
沖縄県那覇市	ネパール	1,303	28.5	4,575

　出所）総務省「国勢調査」より筆者作成

国人の住民が増える中で、同町では古くから生活、教育、文化など多岐にわたった様々な施策に取り組み、多文化共生社会[95] の実現に努めてきた。

　沖縄県那覇市は、ネパール国籍の外国人が 28.5% を占めて最も多い。県庁所在都市レベルの自治体でネパール人の割合が最も高いのは異例といえる。多くは留学生として日本語学校で学んでいることも他の自治体とは異なる特徴といえる。

（3）人口動態分析

①国内の人口動態

　総務省統計局（2022）から少子高齢化が進む日本人と比較した外国人の年齢分布をみると、20歳代の割合が高く、自然増を通じて人口動態にプラスの影響を与える可能性がある。

　2012 年の住民基本台帳法の改正によって、外国人は「住民基本台帳人口移動報告」の対象となった。**図 4-28** から、2014 年以降の外国人の人口移動率は、移動者総数が約 18〜21%、都道府県間移動者についても約 9〜11% に達するなど日本人移動率を大きく上回っている。また、日本人移動率が長期的に低下傾向にあるのに対して、外国人移動率は直近 10 年以内ではあるが、年々高まっていることも日本人移動率との違いといえる。移動率が高い外国人人口は、人口の増加とともに、今後は社会増減を通じて地域の人口増減により大きな影響を与えると考えられる。

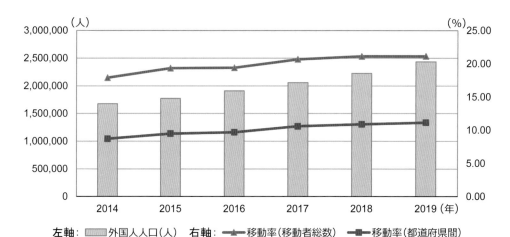

図 4-28　外国人人口と移動率の推移

　注）1：移動者数には、市町村内の移動者数は含まれていない。
　　　2：各年 10 月 1 日現在の人口、ただし西暦の年の末尾が 0 と 5 の年は、国勢調査結果の人口。
　　　3：外国人人口には総人口に対する外国人人口の割合で按分した年齢不詳・国籍不詳を含む。
　　　4：移動者数は移動者（外国人含む）から日本人移動者を引いた数値
　出所）総務省「住民基本台帳人口移動報告」、総務省「人口推計」より筆者作成

---

[95] 総務省（2006）では、多文化共生について「国籍や民族などの異なる人々が、互いの文化的ちがいを認め合い、対等な関係を築こうとしながら、地域社会の構成員として共に生きていくこと」と定義した。

②海外の転出入動向

　外国人人口が増え、自然増や社会増を通じた地域の持続的発展に果たす役割が大きく高まる中で、外国人人口に関しては、国内だけでなく海外との転出入動向を含めて、把握する必要性が高まっている。

　図4-29は、外国人住民の国外との転入超過人口（転入人口−転出人口）について全国の推移を示したものである。2012年7月9日から外国人住民が住民基本台帳法の適用対象となったため、2013年（2012年4月1日〜2013年3月31日）から年間データの取得が可能になった。

　外国人住民における国外との転入超過人口は、増加傾向にある。5年で倍程度に増えるなど、我が国の人口構造に与える影響も大きくなりつつある。2020年の海外との転入超過人口は、転入超過自体は維持したものの、コロナ禍の影響によって前年に比べて大きく減少した。

　我が国における外国人住民の転出入構造が大きく変化した2019年と2020年について、市区町村別の比較を行う。

　表4-22は、外国人住民の国外との転入超過人口を多い順に2019年（2019年1月1日〜2019年12月31日）とコロナ下の2020年（2020年1月1日〜2020年12月31日）を比較したもので

図4-29　外国人住民の国外との転入超過人口の推移

　注）転入超過人口＝転入人口−転出人口
　出所）総務省「住民基本台帳に基づく人口、人口動態及び世帯数調査」より筆者作成

表4-22　外国人住民の国外との転入超過人口市区町村比較

順位	市区町村名	2019年転入超過人口（国外）	2019年転入超過人口（国外）の全体人口割合	順位	市区町村名	2020年転入超過人口（国外）	2020年転入超過人口（国外）の全体人口割合
1	大阪府大阪市	17,664	0.6	1	大阪府大阪市	6,101	0.2
2	愛知県名古屋市	11,858	0.5	2	愛知県名古屋市	3,732	0.2
3	神奈川県川崎市	11,241	0.7	3	東京都新宿区	2,751	0.8
4	神奈川県横浜市	10,709	0.3	4	広島県広島市	2,575	0.2
5	東京都豊島区	5,713	2.0	5	茨城県取手市	2,522	2.4

　注）人口は2020年1月1日現在の人口及び2021年1月1日現在の人口
　出所）総務省「住民基本台帳に基づく人口、人口動態及び世帯数調査」より筆者作成

ある。2019年は大都市を抱える自治体が上位を多く占めていたが、2020年は広島市や取手市といった地方都市や郊外の都市についても上位にランクインしている点に違いがある。

表4-23は、外国人住民の国外との転出超過人口を多い順に2019年とコロナ下の2020年を比較したものである。2019年は地方都市や町村が多かったが、2020年は中野区、川崎市、大田区といった大都市の市区町村から海外への転出（流出）が多く、外国人人口の流れに構造変化が起きていることを示している。

例えば、川崎市は2019年において全国3位となる年間11,241人の転入超過となり、多くの外国人が海外から転入していたが、2020年には一気に年間1,484人の転出超過に転じ、多くの外国人が海外へ転出することになった。

今後のさらなる人口減少が確実視される中、地域の持続的発展を考える上で、外国人の地域における位置づけは、より重要になると考えられる。一方で、外国人住民が地域内に増えていくことで、地域社会において新たな課題が生ずる可能性がある。

多文化共生社会の実現を通じて、地域の多様性を活力向上に着実に繋げていくことが、今後の地域の持続的発展を考える上ではより重要になる。

表4-23　外国人住民の国外との転出超過人口市区町村比較

順位	市区町村名	2019年転入超過人口（国外）	2019年転入超過人口（国外）の全体人口割合	順位	市区町村名	2020年転入超過人口（国外）	2020年転入超過人口（国外）の全体人口割合
1	長野県南佐久郡川上村	-658	-16.6	1	東京都中野区	-1,530	-0.5
2	北海道虻田郡倶知安町	-544	-3.2	2	神奈川県川崎市	-1,484	-0.1
3	大分県別府市	-512	-0.4	3	東京都大田区	-814	-0.1
4	長野県北安曇郡白馬村	-465	-4.9	4	北海道虻田郡倶知安町	-688	-4.5
5	新潟県南魚沼市	-325	-0.6	5	愛知県豊田市	-564	-0.1

注）人口は2020年1月1日現在の人口及び2021年1月1日現在の人口
出所）総務省「住民基本台帳に基づく人口、人口動態及び世帯数調査」より筆者作成

6 高齢者人口分析

　総人口を年齢3区分別にみると、我が国の65歳以上人口は、令和2年国勢調査において3,602万7千人（不詳補完値）となり、一貫して増加傾向にある。また、15歳未満人口が総人口に占める割合は世界で最も低く、65歳以上人口が総人口に占める割合は、世界で最も高い。我が国の少子高齢化は世界で最も高水準にある。

　繰り返し述べているように、我が国における少子高齢化の進展は、人口減少を招き、労働力の確保・維持が大きな社会課題になるとともに、地域経済の活力に大きな影響を与える可能性が高い。

　一方で、高齢者の就業の場を広げる政策の推進等により、近年の高齢者の就業率は上昇している。人口規模の大きい高齢者が地域の労働市場に占める割合や影響も高まっており、地域の持続的発展を考える上で、高齢者人口や就業者に関する高齢者人口分析の重要性は高まっている。

（1）高齢者の就業状況

　近年、公的年金制度の継続可能性を高めるために年金の支給年齢が段階的に引き上げられている。高年齢労働者の労働意欲を喚起し、働く意欲と能力のある高齢者が年齢を問わず働くことのできる社会の実現が政策的にも求められている。

　2006年には、高年齢者等の雇用の安定等に関する法律（高年齢者雇用安定法）の改正により、65歳までの継続雇用の実施が義務化され、2013年の改正ではさらに希望者全員の65歳までの雇用が義務化された。さらに、2021年4月の改正高年齢雇用者安定法の施行によって、70歳までの就労確保を努力義務とする規定が盛り込まれるなど、高齢者の就業の場を広げるための政策が段階的に講じられてきた。

　このような中で、近年では65歳以上の人口について、一律に高齢者とする従来の捉え方は、経済・社会面で大きな変化が生じており適切とは言い切れない状態に至っている。2018年に閣議決定された高齢社会対策大綱[96]においても「現状に照らせばもはや、現実的なものでなくなりつつある」とされている。

　以上のように、65歳以上人口を一律に高齢者と捉えることができなくなった大きな理由のひとつは、高齢者の就業状況の変化にある。

　総務省「労働力調査」によれば、2020年の65歳以上人口（高齢者）の就業率は25.1％となり、9年連続で前年に比べて上昇している。男女別にみても、男性が2010年の27.8％から34.2％へ上昇し、女性が2010年の13.1％から18.0％へ上昇し、性別に関係なく、働く高齢者の割合が高まっていることがわかる。また、同調査によれば、65歳以上人口（高齢者）の就業者数は、2004年以降17年連続で増加し、2020年には比較可能な1968年以降で過去最多の906万人と

---

[96] 高齢社会対策大綱（https://www8.cao.go.jp/kourei/measure/taikou/index.html）

なった。人口規模の大きい団塊の世代の高齢化が進む中で労働市場全体に占める割合は高まっており、15歳以上の就業者全体に占める割合は過去最高の13.6%となり、我が国の労働市場に果たす高齢者の役割は年々高まっている。さらに、主要国における高齢者の就業率について2010年と2020年における国際比較を行うと、日本の高齢者の就業率は、欧米の主要国を上回り、世界的にみて高い水準にある。

　以上のように、我が国の高齢者は世界的にみても就業率が高く、国内の労働市場において大きな役割を果たしている。このことは、人口減少に直面し、働き手の減少による地域の持続的発展が懸念される中で高齢者の就業状況に関する地域分析や地域の労働市場で果たしている役割について従来以上に分析を行う必要があることを示している。

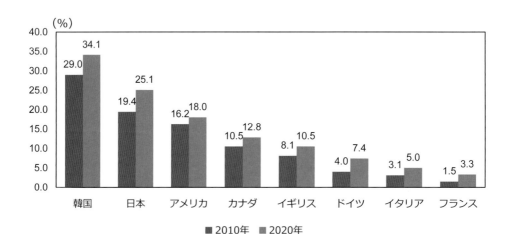

図4-30　主要国における高齢者の就業率の比較

出所）総務省「労働力調査（基本集計）」、OECD.Stat より筆者作成

（2）市区町村別にみた高齢者の就業率比較

　表4-24 は、2020年における65〜74歳の就業率について、市区町村別に上位5市区町村、下位5市区町村を抽出し、全国平均の就業率を加えたものである。

　上位、下位ともに町村が多いが、上位は離島、下位は沖縄本島にある自治体が多いことがわかる。仕事の有無は、地域性に強く影響されることがわかる。

表4-24　市区町村別65〜74歳の就業率比較（2020年）

順位	市区町村名	65-74歳就業率（%）	順位	市区町村名	65-74歳就業率（%）
1	新潟県岩船郡粟島浦村	94.9	1736	沖縄県うるま市	27.8
2	沖縄県島尻郡北大東村	84.6	1737	沖縄県中頭郡嘉手納町	27.5
3	秋田県南秋田郡大潟村	84.3	1738	奈良県生駒郡三郷町	26.9
4	東京都利島村	83.3	1739	奈良県北葛城郡河合町	26.3
5	東京都青ヶ島村	83.3	1740	沖縄県中頭郡北中城村	25.8
				全国平均	39.2

注）福島県双葉町は除く
出所）総務省「国勢調査」より筆者作成

(3) 高齢者世帯の動向

　我が国の高齢者は、就業率に加えて国際的にみても就業意欲が高く[97]、健康寿命も大きく伸びる[98] など、本格的な高齢化社会を迎える中で元気で活力が高い高齢者が多いことを示しているが、新たな課題もある。

　例えば、総務省「国勢調査」にて公表されている市区町村レベルのデータを活用して、全国の 65 歳以上人口で一人暮らしをしている一般世帯が世帯全体に占める割合をみると、2000 年は 6.5% であったが、2010 年に 9.2%、2015 年には 11.1% と徐々に上昇傾向にあることがわかる。3 世代同居などかつての大家族世帯から核家族化が進み、世帯当たり人口は減少傾向にあるなど世帯構造が変化する中で、我が国は本格的な高齢社会を迎えるとともに、一人暮らしをする高齢者が地域に増えていることを示している。一般的に、高齢者における一人暮らし世帯の割合が高ければ、将来的に又は構造的に社会経済上の問題を抱える可能性があることから、多様な観点から高齢者を評価する必要がある。

　以上のことから、当該地域における高齢者に関する分析を行う際には、就業率だけでなく、一人暮らしの世帯割合の推移等の多面的な視点を交えた分析を行い、方向性や現状、将来における地域社会のあり方・課題等について考察することが必要である。

(4) 高齢者の就業と世帯構造の分析

　65 歳以上人口の一人暮らし世帯割合を X 軸にとり、65〜74 歳の就業者数が65〜74 歳人口に占める割合を Y 軸にとる。X 軸と Y 軸の交点には、65 歳以上人口の一人暮らし世帯割合の全国平均である 11.1% と 65〜74 歳の就業者が人口に占める割合の全国平均である 34.3% をとる。2015 年における 4 象限マトリックスを作成し、市区町村別に分析を行う。

　右上の第一象限は、高齢者の一人暮らし世帯割合が高く、高齢者の就業率も高い自治体が含まれる。代表的な自治体として、「葉っぱビジネス」で全国的に有名な徳島県勝浦郡上勝町（かみかつちょう）や 600 年の歴史を誇る「苧麻（からむし）」栽培で有名な福島県大沼郡昭和村（しょうわむら）があげられる。左上の第二象限は、高齢者の一人暮らし世帯割合が低く、就業率が高い自治体が含まれる。第二象限に含まれる自治体の特徴は、農業、物流業、製造業等の大規模な産業が立地している場合も多く、代表的な自治体として、秋田県南秋田郡大潟村（おおがたむら）、宮城県黒川郡大衡村（おおひらむら）、愛知県海部郡飛島村（とびしまむら）があげられる。左下の第三象限は、高齢者の一人暮らし世帯割合が低く、就業率が低い自治体が含まれる。第三象限には、沖縄県内の自治体が比較的多く含まれていることも特徴となっている。代表的な自治体として沖縄県中頭郡読谷村（よみたんそん）、沖縄県島尻郡南風原町（はえばるちょう）があげられる。右下の第四象限は、高齢者の一人暮らし世帯割合が高く、就業率が低

---

[97] 内閣府「令和 3 年版高齢社会白書」によれば、収入を伴う仕事を行う各国の 60 歳以上の人のうち、「収入の伴う仕事をしたい（続けたい）」と回答した割合は、2020 年において 40.2% とアメリカ（2020 年、29.9%）、ドイツ（2020 年、28.1%）、スウェーデン（2020 年、26.6%）を上回り最も高い。

[98] 内閣府「令和 3 年版高齢社会白書」によれば、2016 年における健康寿命（日常生活に制限のない期間）は、男性が 72.14 年、女性が 74.79 年で 2010 年と比べて男性は 1.72 年、女性は 1.17 年伸びている。同期間における平均寿命は、男性が 1.43 年、女性が 0.84 年の伸びのため、健康寿命の伸びが平均寿命の伸びを上回っている。

い自治体が含まれる。第四象限には、北海道や福岡県の自治体が多く含まれていることも特徴であり、石炭鉱業の不況による疲弊の著しい地域とされた旧産炭地域の自治体も多い。代表的な自治体として、北海道歌志内市、福岡県田川市があげられる。

2000年についても、図4-31と同様に高齢者の一人暮らし割合と65〜74歳人口における就業率の関係をみることができる。2000年の全国平均をX軸（6.5%）とY軸（30.2%）の交点として4象限マトリックスに分けることができる。合併処理を行った上で、2000年と2015年の市区町村をⅠ〜Ⅳにタイプ分けを行い、その推移について分析を行う。

例えば、2000年においてⅠに位置付けられていた自治体が2015年でⅣに位置付けられた場合は、元々高齢者の一人暮らし割合が高い地域であったが、近年では高齢者が就業する仕事がなくなっていることを示しており、地域の活力や地域の持続的発展の点から社会経済的な課題を生じている可能性が高い地域に転じている。一方で、2000年においてはⅢに位置付けられていた市区町村が2015年においてⅡに位置付けられた場合は、高齢者の仕事が新たに生まれたことを示しており、高齢者を取り巻く経済環境が好転し、地域の活力維持に繋がる可能性があることを示している。

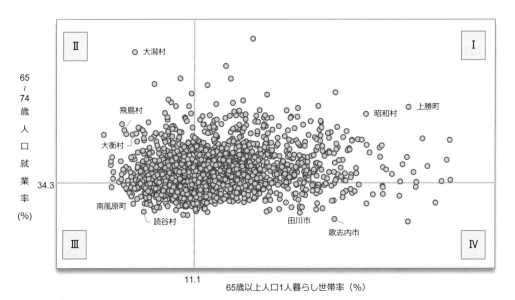

図4-31　高齢者の一人暮らし割合と65〜74歳人口における就業率（2015年）

出所）総務省「国勢調査」より筆者作成

- 122 -

地域の持続的発展を考える上で重要な指標のひとつは将来人口である。

地域の将来人口を知ることは、地域の将来の姿を知ることになる。将来の人口水準が現在に比べてどの程度の水準になるかは地域にとって重要なことであるが、地域の持続的発展を考える上では、人口予測をもたらす現在の年齢別の人口構造と将来の人口構造について分析を行い、課題の抽出に努める必要がある。

表 4-25 は、2015 年を基準とした 30 年間について市区町村別に将来人口予測を行ったものである。

2015 年を 100 として、市区町村別に 30 年間の全国比較を行うと、上位に入るのは東京 23 区やベッドタウンである。また、下位に入る市区町村は、北海道や奈良県等の自治体が多くを占める。いわば、都市と地方の格差が将来人口予測にも現れ、全体的には都市は比較的人口が維持され、地方では人口が減少する予測がなされている。

一方で、都市にある全ての市区町村の人口が今後も伸び続けると予測されているわけではないことを考慮する必要がある。

表 4-25　市区町村別将来人口予測

全国順位	市区町村名	2015 年 (実績)	2025 年 (予測)	2035 年 (予測)	2045 年 (予測)
1	東京都中央区	100	118.7	129.9	134.9
2	東京都港区	100	119.4	130.2	134.4
3	東京都千代田区	100	120.0	130.0	132.8
4	沖縄県中頭郡中城村	100	114.8	125.0	129.4
5	三重県三重郡朝日町	100	111.9	118.2	123.5
6	愛知県長久手市	100	113.7	120.8	122.7
7	福岡県糟屋郡粕屋町	100	111.5	118.0	120.4
8	熊本県菊池郡菊陽町	100	112.1	118.8	120.3
9	東京都江東区	100	109.8	115.0	116.7
10	東京都台東区	100	108.6	114.3	116.4
1673	奈良県吉野郡黒滝村	100	69.1	45.9	27.4
1674	奈良県吉野郡野迫川村	100	64.6	42.3	27.4
1675	群馬県多野郡神流町	100	68.6	45.1	27.2
1676	北海道松前郡松前町	100	68.7	44.5	27.2
1677	北海道夕張市	100	65.3	41.3	25.5
1678	奈良県吉野郡東吉野村	100	66.8	42.7	25.2
1679	奈良県吉野郡上北山村	100	66.6	41.6	23.8
1680	群馬県甘楽郡南牧村	100	64.1	39.9	23.0
1681	北海道歌志内市	100	64.1	39.3	22.7
1682	奈良県吉野郡川上村	100	62.6	37.6	20.6

注）1：2015 年人口 = 100
　　2：2045 年の全国順位は福島県内の市町村を除く 1682 市区町村での順位
出所）社会保障・人口問題研究所「日本の地域別将来推計人口（平成 30 年推計）」より筆者作成

　表4-26 は、東京都内における市区町村の人口予測を示したものである。全般的に東京23区は全国順位でみても上位に位置しているが、2045年で比較すると足立区では人口減少が予測されている。また、都下の自治体をみると、西多摩郡や島嶼部の人口は多くの自治体で大きな減少が

表4-26　東京都内の市区町村における人口予測

	2015年（実績）	2025年（予測）	2035年（予測）	2045年（予測）	2045年全国順位
東京都千代田区	100	120.0	130.0	132.8	3
東京都中央区	100	118.7	129.9	134.9	1
東京都港区	100	119.4	130.2	134.4	2
東京都新宿区	100	102.9	103.2	101.3	82
東京都文京区	100	108.8	112.9	113.3	20
東京都台東区	100	108.6	114.3	116.4	10
東京都墨田区	100	103.7	105.4	105.4	50
東京都江東区	100	109.8	115.0	116.7	9
東京都品川区	100	108.2	112.8	114.2	15
東京都目黒区	100	105.3	108.0	108.2	31
東京都大田区	100	104.1	105.4	104.6	55
東京都世田谷区	100	101.9	102.6	101.2	83
東京都渋谷区	100	105.1	108.2	108.3	30
東京都中野区	100	100.1	100.2	99.2	103
東京都杉並区	100	103.3	105.3	104.6	54
東京都豊島区	100	100.6	101.5	100.9	85
東京都北区	100	101.0	100.4	98.6	109
東京都荒川区	100	104.9	107.5	107.9	32
東京都板橋区	100	106.1	108.7	108.6	29
東京都練馬区	100	106.5	109.8	110.1	27
東京都足立区	100	96.0	91.5	87.4	285
東京都葛飾区	100	97.8	94.5	91.0	219
東京都江戸川区	100	98.0	94.6	91.0	216
東京都八王子市	100	96.8	90.8	83.9	358
東京都立川市	100	100.6	99.3	96.4	139
東京都武蔵野市	100	99.5	98.3	95.4	146
東京都三鷹市	100	103.7	104.8	103.7	61
東京都青梅市	100	94.5	86.9	78.1	488
東京都府中市	100	101.7	100.8	98.1	118
東京都昭島市	100	96.6	91.4	85.5	323
東京都調布市	100	103.7	103.9	102.0	74
東京都町田市	100	99.1	94.7	89.7	237
東京都小金井市	100	102.7	103.0	100.7	87
東京都小平市	100	100.6	99.3	96.4	140
東京都日野市	100	103.0	101.9	98.7	108
東京都東村山市	100	97.1	96.1	94.5	160
東京都国分寺市	100	101.5	100.6	97.8	125
東京都国立市	100	101.1	100.9	98.5	110
東京都福生市	100	87.2	73.7	60.3	986
東京都狛江市	100	101.7	101.6	100.0	95
東京都東大和市	100	101.3	99.5	96.7	136
東京都清瀬市	100	99.4	96.7	93.8	170
東京都東久留米市	100	97.6	93.8	90.0	230
東京都武蔵村山市	100	98.4	93.8	89.3	243
東京都多摩市	100	96.7	90.2	83.4	370
東京都稲城市	100	103.3	102.9	100.7	88
東京都羽村市	100	92.6	83.3	73.6	582
東京都あきる野市	100	96.2	90.0	84.0	357
東京都西東京市	100	101.5	101.0	98.8	106
東京都西多摩郡瑞穂町	100	95.5	88.4	80.2	437
東京都西多摩郡日の出町	100	96.3	92.0	88.1	274
東京都西多摩郡檜原村	100	74.9	54.3	37.6	1,617
東京都西多摩郡奥多摩町	100	72.6	50.2	33.2	1,653
東京都大島町	100	85.3	73.5	64.6	857
東京都利島村	100	84.3	71.5	64.4	860
東京都新島村	100	87.2	78.3	70.1	680
東京都神津島村	100	86.6	75.0	64.5	858
東京都三宅村	100	82.2	69.3	60.4	985
東京都御蔵島村	100	107.2	104.5	104.5	56
東京都八丈町	100	82.6	65.4	50.5	1,333
東京都青ヶ島村	100	80.9	68.0	58.4	1,050
東京都小笠原村	100	93.3	86.7	80.4	431

　　注）1：2015年人口＝100
　　　　2：2045年の全国順位は福島県内の市町村を除く1682市区町村での順位
　　出所）社会保障・人口問題研究所「日本の地域別将来推計人口（平成30年推計）」より筆者作成

予測されているが、町田市や多摩市などでも 2045 年には 1 割以上の人口減少が予測されている。

　図 4-32 は 2015 年、**図 4-33** は 2045 年における年齢 5 歳階級別人口割合について、東京都中央区、町田市、多摩市を比較したものである。

　東京都中央区は、将来人口の伸びが全国 1 位と予測され、引き続き人口の増加が予測されている。東京都町田市は、2015 年の人口を 100 とすると 2045 年は 89.7 と予測され、東京都多摩市は、2045 年に 83.4 と予測されている。

　これら市区の最大の違いは人口構造にある。2015 年及び 2045 年のいずれにおいても、東京都町田市、東京都多摩市は 65 歳以上人口の割合が東京都中央区を上回っている。高齢化割合が常に高水準で推移すれば、地域の人口は急速に減少することになる。人口の急速な減少は、地域における活力の喪失に繋がり、持続的発展の実現を困難にする可能性がある。そのため、地域が持続的に発展するためには、現在の人口を闇雲に増やすことだけに注力すべきではない。

　特に、ある一定時期に集中して開発された大規模なニュータウンを抱える地域では、住民の急増と急減が生ずる可能性がある。現在の人口構成や将来の人口予測を踏まえ、将来を見据えた時に人口バランスが適切に維持され、持続可能な人口構造になっているか、についても考慮に入れて持続的発展に向けた立案を行う必要がある。

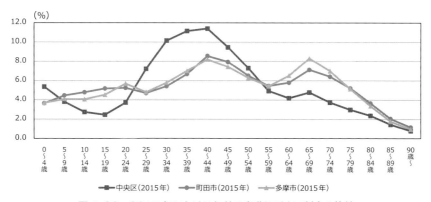

図 4-32　2015 年における年齢 5 歳階級別人口割合の比較

出所）社会保障・人口問題研究所「日本の地域別将来推計人口（平成 30 年推計）」より筆者作成

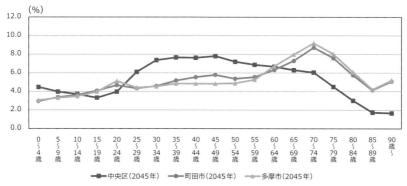

図 4-33　2045 年における年齢 5 歳階級別人口割合の比較

出所）社会保障・人口問題研究所「日本の地域別将来推計人口（平成 30 年推計）」より筆者作成

応 用 編

第 V 章

産業構造分析

　地域の持続的発展を考える上で最も基本となるのは人である。人と並んで、いわば車の両輪として地域を支えているのが産業であるが、人口減少下にある我が国の地域では、近年その重要性を増している。

　第 V 章では、第 IV 章と同様に、第 II 章及び第 III 章で紹介した地域統計や分類手法を基にするが、特に総務省「経済センサス－基礎調査」、総務省「経済センサス－活動調査」等の公表データを中心に使って、産業構造に関する分析手法を考える。

1 地域の持続的発展に向けた産業の重要性

　地域の産業は、地域住民である人から労働力を供給され、供給された労働力を使うことで製品やサービスを生産する。生産された製品やサービスは、（地域内外の）企業や消費者等に販売されることで対価を得る。得られた対価の一部は、人に賃金として分配されることで、地域住民は生活を営むことができる。以上のように、人と産業は地域社会において密接に関係しており、地域経済において産業の果たす役割は極めて大きい。

　第Ⅰ章で紹介したように、多くの地域で人口減少が急速に進む中で、地域経済は、人口減少による負のスパイラルに陥る懸念が高まっている。負のスパイラルの回避には、人口増の実現など域内の需要を増やす正のスパイラルを実現することが解決策のひとつとなるが、我が国全体が少子高齢社会に移行する中で、現実的な問題として多くの自治体が実現できることではない。

　人口減少社会の下での地域の産業に期待される役割は、その資本力を活用して、生産される製品やサービスによる新たな付加価値を生み出すことや当該地域の外へ販売することで「外貨」を稼ぐことである。新たな価値の創出は、人口減少による域内需要の減少を補填することに繋がるため、地域における産業の重要性は一層高まっているといえる。

2 特化係数に関する分析

（1）特化係数分析とは

地域の持続的発展を考える上で重要な産業のひとつは、他地域と比較した際に特徴のある産業であり、そういった産業は、他地域に対して競争優位を持つ産業である場合が多い。人口減少社会を迎える中で、他地域に対して競争優位性を持つ産業は、地域外の所得に相当する「外貨」の獲得を通じて当該地域の持続可能性を高めることに繋がるからである。地域において特徴のある産業を求める代表的な手法が特化係数分析である。

当該地域の特定の産業の相対的な集積度をみる指標が特化係数である。対象となる市区町村における産業の構成比を全国や都道府県における構成比で割ることで求めることができる。

例えば、全国と対象市区町村の構成比が同じであれば、特化係数は1になり、市区町村の構成比が全国の構成比を上回れば1より大きくなり、比較対象の産業について特化しているといえる。市区町村レベルの産業構造に関する特化係数分析を行う際に、最も多く用いられるのは、事業所や従業者に関する特化係数分析である。

例えば、A市における製造業の従業者数が（全国と比較して）特化しているかどうか、特化係数分析を行うと以下のようになる。

【A市製造業特化係数】

例：A市製造業従業者数：15,000人　A市全産業従業者数 50,000人

　　全国の製造業従業者数：12,000,000人　全国の全産業従業者数：60,000,000人

A市の製造業（従業者数）の特化係数

$$= \left(\frac{\text{A市の製造業従業者数} \div \text{A市の全産業従業者数}}{\text{全国の製造業従業者数} \div \text{全国の全産業従業者数}} \right)$$

$$= \left(\frac{15,000 \div 50,000}{12,000,000 \div 60,000,000} \right) = \left(\frac{0.3}{0.2} \right) = 1.5$$

上記の例では、A市の製造業の特化係数は1.5となり、A市の製造業は特化しているといえる。

なお、経済産業省「工業統計調査」の製造品出荷額等や付加価値額、総務省「経済センサス－活動調査」の付加価値額を使った特化係数の分析は、事業所や従業者に比べて重要度に違いはないが、事業所や従業者と異なり、公表データは秘匿処理されている可能性があり、事前に確認する必要がある。当然ではあるが、産業大分類より産業中分類の方が秘匿処理されている可能性が高く、状況に応じて分類レベルの変更等も適宜行う必要がある。

(2) 産業分類別特化係数分析

　総務省「平成28年経済センサス‐活動調査」を使って、市区町村別に産業分類別の特化係数の分析を行う。なお、2012年、2016年の経済センサス‐活動調査では、民営事業所を調査対象としているため、国及び地方公共団体の事業所は対象に含まれていないことに注意が必要である。

①産業大分類別特化係数分析

　産業大分類別の特化係数分析は、地域の産業構造を文字通り大きな視点から捉えることに適しているといえる。特化係数の1を基準として、産業大分類別に特化係数をみると、日本全国の傾向としては、農林漁業などの第一次産業が中心となる地方の町村と卸売・小売業などの第三次産業が中心となる商業都市、製造業などの第二次産業が中心となる工業都市に分けることができる。これらの大まかなグループによって、地域が置かれた性格や位置づけが明らかになり、総務省「事業所統計」を併せて活用することで、長期的な性格や位置づけの変化についても分析を行うことができる。

　一方で、全国の市区町村との比較によって、産業大分類別にみて上位に位置付けられる地域、中でもある程度の人口規模を持った市区が上位に位置付けられる場合は、当該地域において、かなり強い特徴を持った産業が集積していると考えられる。人口規模が大きな市区では、一般的に多様な産業が集積するため、特化係数の計算式の構造上、係数はあまり高くならないからである。

　表5-1は、市区町村における産業大分類別の事業従事者数でみた特化係数を求めた後に、特徴的な傾向を示す業種のみを抜粋し、全国上位5位の市区町村を示したものである。

　E製造業では、静岡県湖西市は大手自動車メーカーの主力工場や大手電機メーカーの主力工場が立地しているため、製造業の特化係数の引き上げに影響している可能性がある。

　F電気・ガス・熱供給・水道業の上位町村には、原子力発電所や火力発電所等の大型発電施設が立地している。F電気・ガス・熱供給・水道業は、日本全国の市区町村に広く立地していないため、これらの大型施設が立地する市区町村は、特化係数が特に高くなる傾向がある。

　G情報通信業は、全国の上位5位を全て東京23区内の自治体が独占しており、これらの産業が東京に多く集中している可能性を示唆した結果となっている。

　I卸売業，小売業は、全国の上位5位をみても特化係数は2に届かず、全国に広くこれらの産業が立地していることを示しているが、東京都台東区は、蔵前など古くからの卸売機能が集積したまちとして知られており、それらの特徴が示されている。

　J金融業，保険業は、千代田区にはメガバンクを始めとした金融機関や大手保険会社が立地し、東京証券取引所が立地する中央区には、大手証券会社が本社を構えるなど我が国の金融の中心地であることを示している。

　L学術研究，専門・技術サービス業では、静岡県裾野市や埼玉県和光市に大手自動車メーカーの主力研究所が立地し、茨城県那珂郡東海村（とうかいむら）には、原子力産業に関連した研究機関が多く集積している。

　N生活関連サービス業、娯楽業は、市では唯一千葉県浦安市が3位になっている。娯楽業に

表5-1　産業大分類別事業従事者数の特化係数における上位5市区町村（2016年、全国）

順位	市区町村名	E 製造業	順位	市区町村名	F 電気・ガス・熱供給・水道業	順位	市区町村名	G 情報通信業
1	長野県埴科郡坂城町	4.31	1	福島県双葉郡富岡町	109.48	1	東京都港区	6.74
2	山梨県南都留郡忍野村	4.24	2	北海道古宇郡泊村	87.92	2	東京都品川区	6.21
3	奈良県磯城郡川西町	4.07	3	福島県双葉郡楢葉町	70.28	3	東京都渋谷区	5.79
4	静岡県湖西市	3.99	4	福井県三方郡美浜町	60.86	4	東京都江東区	5.13
5	福島県耶麻郡磐梯町	3.98	5	佐賀県東松浦郡玄海町	56.14	5	東京都新宿区	4.59

順位	市区町村名	I 卸売業, 小売業	順位	市区町村名	J 金融業, 保険業	順位	市区町村名	L 学術研究, 専門・技術サービス業
1	熊本県上益城郡嘉島町	1.98	1	東京都千代田区	5.33	1	栃木県芳賀郡芳賀町	17.64
2	鳥取県西伯郡日吉津村	1.96	2	福島県河沼郡湯川村	4.15	2	茨城県那珂郡東海村	8.04
3	北海道利尻郡利尻町	1.81	3	静岡県駿東郡長泉町	3.06	3	栃木県塩谷郡高根沢町	6.70
4	長野県東筑摩郡山形村	1.68	4	東京都中央区	3.01	4	静岡県裾野市	6.05
5	東京都台東区	1.64	5	奈良県北葛城郡王寺町	2.01	5	埼玉県和光市	5.92

順位	市区町村名	N 生活関連サービス業, 娯楽業	順位	市区町村名	O 教育, 学習支援業
1	京都府綴喜郡井手町	9.18	1	大阪府南河内郡河南町	8.59
2	長野県下伊那郡平谷村	9.01	2	愛知県知多郡美浜町	5.16
3	千葉県浦安市	7.47	3	埼玉県南埼玉郡宮代町	5.01
4	栃木県芳賀郡茂木町	6.64	4	沖縄県島尻郡渡嘉敷村	4.87
5	茨城県稲敷郡美浦村	6.39	5	東京都小金井市	4.77

注）外国の会社及び法人でない団体を除く
出所）総務省「経済センサス−活動調査」より筆者作成

分類される日本有数のテーマパークが同市に立地していることが影響している。

　O 教育，学習支援業は、東京都小金井市が5位になっている。同市は、都心から約25km西方に位置する。市内に大学、研究施設が設置された住宅都市、文教都市としての性格が強く、現在私立3大学が市内に立地する。

②産業中分類別特化係数分析

　産業中分類別特化係数分析は、地域の産業構造をより詳細に捉えることに適しており、分類が細かくなる以上、特化係数自体の数値も大きくなる。中分類別の特化係数分析は、地域統計における公表データの制約の面から製造業等の一部の産業を除き、事業所数と従業者数の分析が中心になる。以下の分析では、比較を行う意味から静岡県内の市区町村における従業者数の特化係数分析を行う。

　静岡県内の市区町村について、全産業を対象として、特に特化係数が高い業種と特化係数は以下の通りである。

　「03漁業（水産養殖業を除く）」は、静岡県を代表する産業のひとつである。焼津漁港は全国主要漁港の水揚げ金額1位[99]となっており、特化係数の高さは、全国有数の漁業の集積地であることを示している。お茶は、同様に静岡県を代表する産業のひとつであり、製茶工場の集積が特に集中する地域で「10飲料・たばこ・飼料製造業」の特化係数を高めている可能性がある。

---

[99] 令和3年焼津漁業協同組合水揚高統計（https://www.yaizu-gyokyo.or.jp/catch-year/）

　静岡県は第二次産業においては、自動車産業が主力産業のひとつである。自動車産業は部品点数が多いだけでなく、様々な産業と関係のあるすそ野の広い産業のため、自動車に関連する産業（合成ゴム、リチウムイオン電池等）が集積することで特化係数を高めている可能性がある。「33 電気業」は、前述のように原子力発電所などが立地する地域は集中しているため、特化係数が自ずと高くなる傾向がある。御前崎市は、市内に立地する原子力発電所が特化係数を高めている可能性がある。

　第三次産業では、静岡県裾野市に大手自動車メーカーの研究所を始め、様々な業種の研究所が多く立地しているため、「71 学術・開発研究機関」の特化係数を高めている可能性がある。

　表 5-2 は、上記を含めて静岡県内の市町村において特徴的な産業中分類の業種とその特化係数について抽出したものである。

　なお、総務省「経済センサス−活動調査」では、市区町村レベルであっても産業小分類別に事業所や（男女別）従業者の取得が可能である。産業中分類別に特化係数分析を行った際に具体的な把握が困難な場合には、さらに小分類別に分解して分析を行うことで、より詳細に地域の産業の特徴を把握することができる。

表 5-2　静岡県内の市町村における産業中分類別事業従事者数の特化係数（2016 年）

業種名（産業中分類）	市町村名	特化係数
03 漁業（水産養殖業を除く）	焼津市	25.51
10 飲料・たばこ・飼料製造業	牧之原市	39.15
	菊川市	28.12
	榛原郡川根本町	55.88
19 ゴム製品製造業	周智郡森町	53.11
27 業務用機械器具製造業	榛原郡川根本町	25.50
29 電気機械器具製造業	湖西市	26.57
33 電気業	御前崎市	26.05
45 水運業	賀茂郡西伊豆町	55.02
71 学術・開発研究機関	裾野市	37.84

　注）外国の会社及び法人でない団体を除く
　出所）総務省「経済センサス−活動調査」より筆者作成

（3）事業所数の特化係数分析について

　従業者数ではなく、事業所数をベースに特化係数分析を行うことも可能である。

　但し、事業所数による特化係数分析は、地域によっては従業者数による分析とは異なる結果が得られる場合がある。

　表 5-3 は、「21 窯業・土石製品製造業」における事業所数の特化係数と従業者数の特化係数を比較したものである。特化係数は、1 を上回る市区町村がほとんどで全国平均との比較では当該産業に特化していることを示しているが、事業所特化係数と従業者特化係数の数値には、大きな差がある市区町村が存在することがわかる。

　順位は、結果を整理するために便宜上つけたもので優劣を表すものではないが、長崎県東彼杵郡波佐見町（はさみちょう）の波佐見焼、福岡県朝倉郡東峰村（とうほうむら）の小石原焼な

表5-3　「21 窯業・土石製品製造業」における市区町村別特化係数（2016 年）

順位	市区町村名	事業所数特化係数 − 従業者数特化係数の差	事業所数特化係数	従業者数特化係数
1	長崎県東彼杵郡波佐見町	39.68	81.82	42.14
2	福岡県朝倉郡東峰村	33.57	68.48	34.91
3	栃木県芳賀郡益子町	32.13	50.85	18.73
4	茨城県桜川市	19.90	38.10	18.20
5	愛媛県伊予郡砥部町	15.74	23.96	8.22
1737	千葉県香取郡神崎町	-22.96	3.49	26.46
1738	長野県上高井郡高山村	-24.48	5.05	29.53
1739	北海道空知郡上砂川町	-25.00	2.29	27.29
1740	愛知県知多郡武豊町	-28.54	3.21	31.75
1741	山形県西置賜郡小国町	-43.24	4.46	47.69

注）順位は境界未定地域を除く
出所）総務省「経済センサス−活動調査」より筆者作成

　ど上位の市区町村は比較的小規模な製陶所が多く集積している地域であるが、下位の山形県西置賜郡小国町（おぐにまち）や愛知県知多郡武豊町（たけとよちょう）には、ガラス関連製品を製造する主力工場が立地しており、多数の従業者が働く規模の比較的大きい工場が立地している。以上のことから、中小規模の事業所が数多く立地する場合には、事業所数の特化係数が高くなり、特定の事業所が多くの従業者を雇用している場合には、従業者数の特化係数が高くなる傾向がある[100]。

　特化係数の分析を行う場合には、従業者と事業所双方の比較分析を行い、中小規模と大規模の事業所のどちらの立地に特化しているか、をみることができる。

　なお、特化係数の特徴として、全国的に極めて希少な産業の場合、例えば「20 なめし革・同製品・毛皮製造業」などは、例え僅かな事業所の立地でも特化係数が大きく跳ね上がるため、比較を行う際には、当該地域における集積の規模などにも注意が必要である。

---

[100] 同様の傾向が明確にみられるその他の業種として「11 繊維工業」があり、事業所と従業者の特化係数の差が大きい市区町村は、織物産地などを抱える自治体が多く、差がマイナスの市区町村では、多くの雇用者を抱えるオーダーメードの紳士服製造工場などが立地する場合がある。

3 修正ウィーバー法

(1) 修正ウィーバー法とは

　地域の産業について分析を行う際に必要となる視点のひとつは、当該地域を代表する産業や特徴といえる産業を特定し、それらの産業を中心に分析することである。

　地域の産業の中から、地域を特徴づける産業を示す手法のひとつが「修正ウィーバー法」である。修正ウィーバー法によって導出された産業は、当該地域にとって欠かせない代表的な産業であることを示しているが、他地域と比較した際の地域の特徴的な産業であることを必ずしも意味しているわけではない。

　修正ウィーバー法は、ある構成要素が現実に全体に占める率を大きい順に並べ、構成要素が全体に占める割合が全て均等と仮定した場合の理論的な率の差異について 2 乗の総和を求め、その数値が最小となる場合に地域を特徴づける要素とみなす。以下が算定式である。

　　修正ウィーバー値 ＝ Σ（実際値 − 理論値）^{2}

(2) 静岡県内市区町村の製造業（従業者数）における修正ウィーバー値

　ここでは、静岡県の県内市区町村における製造業について、産業中分類別の従業者数を 2016 年の経済センサス−活動調査から求め、各市区町村を特徴づける産業を特定する。

　表 5-4 は、静岡県磐田市の製造業中分類業種別の従業者数から修正ウィーバー値を求めたものである。同市は、31 輸送用機械器具製造業の従業者 19,040 人が市内全体の製造業の従業者 37,503 人に占める割合が大きく、その他の業種の立地割合が少ないため、修正ウィーバー値をみると、3 番目の割合を持つ 28 電子部品・デバイス・電子回路製造業までの修正ウィーバー値が最小となり、同市において製造業を代表する業種は、18 プラスチック製品製造業を加えた 3 業種になることを示している。

　表 5-5 及び**表 5-6** は、静岡県内の各市区町村別に製造業の中分類別従業者数の修正ウィーバー値を求め、地域を代表する業種の数を示している。代表数は、市区町村ごとに差が大きく、熱海市、伊東市、賀茂郡東伊豆町（ひがしいずちょう）、賀茂郡河津町（かわづちょう）では代表する産業は、全て食料品製造業 1 業種のみであるが、県庁所在地である静岡市と御殿場市で

表 5-4　静岡県磐田市の製造業の中分類別業種における修正ウィーバー値（2016 年）

	製造業	31 輸送用機械器具製造業	18 プラスチック製品製造業（別掲を除く）	28 電子部品・デバイス・電子回路製造業	26 生産用機械器具製造業	32 その他の製造業
従業者数	37,503	19,040	2,636	2,149	1,831	1,797
シェア（%）		50.8	7.0	5.7	4.9	4.8
理論シェア（%）		100.0	50.0	33.3	25.0	20.0
Σ（実際値−理論値）^{2}		2423.7	1847.1	1757.9	1763.1	1778.5

　出所）総務省「経済センサス−活動調査」より筆者作成

は代表する産業は 12 業種ある。

　修正ウィーバー法では、どの地域にも比較的多くある業種が選ばれやすいため、食料品製造業などはどの地域でも地域を代表する業種として抽出される。また、様々な業種が幅広く立地する大都市の方が抽出される業種の数は多くなる傾向があり、修正ウィーバー法だけでは、他地域と比較した場合の当該地域の特徴的な産業を見極めることは難しい。

表 5-5　修正ウィーバー法による静岡県の市における製造業代表業種（2016 年）

	1	2	3	4	5	6	7	8	9	10	11	12
静岡県静岡市	09 食料品製造業	29 電気機械器具製造業	26 生産用機械器具製造業	24 金属製品製造業	25 はん用機械器具製造業	15 印刷・同関連業	32 その他の製造業	10 飲料・たばこ・飼料製造業	16 化学工業	23 非鉄金属製造業	18 プラスチック製品製造業	13 家具・装備品製造業
静岡県浜松市	31 輸送用機械器具製造業	26 生産用機械器具製造業	09 食料品製造業	24 金属製品製造業	18 プラスチック製品製造業	29 電気機械器具製造業						
静岡県沼津市	29 電気機械器具製造業	09 食料品製造業	26 生産用機械器具製造業	16 化学工業	24 金属製品製造業	30 情報通信機械器具製造業	31 輸送用機械器具製造業	15 印刷・同関連業	23 非鉄金属製造業			
静岡県熱海市	09 食料品製造業											
静岡県三島市	09 食料品製造業	27 業務用機械器具製造業	19 ゴム製品製造業	26 生産用機械器具製造業	24 金属製品製造業	25 はん用機械器具製造業	18 プラスチック製品製造業	29 電気機械器具製造業				
静岡県富士宮市	16 化学工業	09 食料品製造業	27 業務用機械器具製造業	31 輸送用機械器具製造業	14 バルプ・紙・紙加工品製造業	26 生産用機械器具製造業	29 電気機械器具製造業					
静岡県伊東市	09 食料品製造業											
静岡県島田市	09 食料品製造業	10 飲料・たばこ・飼料製造業	27 業務用機械器具製造業	14 バルプ・紙・紙加工品製造業	26 生産用機械器具製造業	18 プラスチック製品製造業	29 電気機械器具製造業	24 金属製品製造業	31 輸送用機械器具製造業			
静岡県富士市	14 バルプ・紙・紙加工品製造業	31 輸送用機械器具製造業	09 食料品製造業	26 生産用機械器具製造業	16 化学工業	18 プラスチック製品製造業	25 はん用機械器具製造業					
静岡県磐田市	31 輸送用機械器具製造業	18 プラスチック製品製造業	28 電子部品・デバイス・電子回路製造業									
静岡県焼津市	09 食料品製造業	26 生産用機械器具製造業	18 プラスチック製品製造業	10 飲料・たばこ・飼料製造業	24 金属製品製造業	31 輸送用機械器具製造業						
静岡県掛川市	16 化学工業	29 電気機械器具製造業	31 輸送用機械器具製造業	24 金属製品製造業	10 飲料・たばこ・飼料製造業	30 情報通信機械器具製造業	19 ゴム製品製造業	18 プラスチック製品製造業	09 食料品製造業			
静岡県藤枝市	18 プラスチック製品製造業	31 輸送用機械器具製造業	09 食料品製造業	16 化学工業	26 生産用機械器具製造業	29 電気機械器具製造業	10 飲料・たばこ・飼料製造業	13 家具・装備品製造業	24 金属製品製造業	25 はん用機械器具製造業		
静岡県御殿場市	31 輸送用機械器具製造業	29 電気機械器具製造業	09 食料品製造業	26 生産用機械器具製造業	24 金属製品製造業	32 その他の製造業	15 印刷・同関連業	13 家具・装備品製造業	16 化学工業	23 非鉄金属製造業	18 プラスチック製品製造業	25 はん用機械器具製造業
静岡県袋井市	31 輸送用機械器具製造業	09 食料品製造業	16 化学工業	18 プラスチック製品製造業	24 金属製品製造業	28 電子部品・デバイス・電子回路製造業	29 電気機械器具製造業	26 生産用機械器具製造業	10 飲料・たばこ・飼料製造業			
静岡県下田市	09 食料品製造業	15 印刷・同関連業										
静岡県裾野市	31 輸送用機械器具製造業	23 非鉄金属製造業	09 食料品製造業	29 電気機械器具製造業	19 ゴム製品製造業	26 生産用機械器具製造業						
静岡県湖西市	31 輸送用機械器具製造業	29 電気機械器具製造業										
静岡県伊豆市	23 非鉄金属製造業	09 食料品製造業	31 輸送用機械器具製造業	24 金属製品製造業	25 はん用機械器具製造業	21 窯業・土石製品製造業	10 飲料・たばこ・飼料製造業	12 木材・木製品製造業（家具を除く）				
静岡県御前崎市	31 輸送用機械器具製造業	16 化学工業	16 化学工業	22 鉄鋼業	28 電子部品・デバイス・電子回路製造業	18 プラスチック製品製造業	09 食料品製造業	26 生産用機械器具製造業	25 はん用機械器具製造業	10 飲料・たばこ・飼料製造業		
静岡県菊川市	31 輸送用機械器具製造業	10 飲料・たばこ・飼料製造業	26 生産用機械器具製造業	29 電気機械器具製造業	18 プラスチック製品製造業							
静岡県伊豆の国市	30 情報通信機械器具製造業	31 輸送用機械器具製造業	16 化学工業	29 電気機械器具製造業	26 生産用機械器具製造業	24 金属製品製造業	09 食料品製造業	27 業務用機械器具製造業				
静岡県牧之原市	29 電気機械器具製造業	31 輸送用機械器具製造業	10 飲料・たばこ・飼料製造業	18 プラスチック製品製造業								

出所）総務省「経済センサス－活動調査」より筆者作成

表5-6　修正ウィーバー法による静岡県の町における製造業代表業種（2016年）

	1	2	3	4	5	6	7	8
静岡県賀茂郡東伊豆町	09食料品製造業							
静岡県賀茂郡河津町	09食料品製造業							
静岡県賀茂郡南伊豆町	24金属製品製造業	09食料品製造業	32その他の製造業					
静岡県賀茂郡松崎町	09食料品製造業	32その他の製造業	11繊維工業	31輸送用機械器具製造業				
静岡県賀茂郡西伊豆町	09食料品製造業	31輸送用機械器具製造業						
静岡県田方郡函南町	09食料品製造業	23非鉄金属製造業	15印刷・同関連業	29電気機械器具製造業	11繊維工業	26生産用機械器具製造業	31輸送用機械器具製造業	24金属製品製造業
静岡県駿東郡清水町	31輸送用機械器具製造業	26生産用機械器具製造業	18プラスチック製品製造業	29電気機械器具製造業				
静岡県駿東郡長泉町	16化学工業	09食料品製造業	11繊維工業	26生産用機械器具製造業	31輸送用機械器具製造業	14パルプ・紙・紙加工品製造業	14パルプ・紙・紙加工品製造業	
静岡県駿東郡小山町	27業務用機械器具製造業	24金属製品製造業	13家具・装備品製造業	09食料品製造業	18プラスチック製品製造業	31輸送用機械器具製造業	10飲料・たばこ・飼料製造業	
静岡県榛原郡吉田町	09食料品製造業	18プラスチック製品製造業	26生産用機械器具製造業	16化学工業				
静岡県榛原郡川根本町	10飲料・たばこ・飼料製造業	27業務用機械器具製造業						
静岡県周智郡森町	31輸送用機械器具製造業	19ゴム製品製造業	09食料品製造業	10飲料・たばこ・飼料製造業				

出所）総務省「経済センサス−活動調査」より筆者作成

　また、従業者を基準とした場合は、雇用者が少なく、従業者一人当たりの製造品出荷額等や付加価値額が大きい資本集約的な産業が代表的な業種として選ばれる可能性が低い。これらの業種は、大企業によって経営されている場合も相当程度あるため、事業所を基準として修正ウィーバー法を適用した場合にも、数が少ないために抽出されない場合がある。

　なお、製造業の中分類別業種を対象として修正ウィーバー法を用いる場合は、「工業統計」の製造品出荷額等によって、修正ウィーバー値を求めることもできるが、公表データでは秘匿処理が行われている場合があり、特に中小規模の都市では分析の際に制約がかかる場合がある。

4 地域産業の多様性分析

（1）地域産業の多様性分析とは

　　地域の持続的発展を考える上で産業構造に対する重要な視点のひとつに、多様性がある。特定の産業に依存した産業構造は、経済環境の変化に対して十分な柔軟性を持たず、環境適応が遅れる等の指摘がある。

　　特化係数が各産業の特化度を比較することで地域の産業構造を分析したものであるのに対して、多様な産業が地域に立地している産業の多様性を判断する指標として、ハーシュマン・ハーフィンダール指標（HHI）が使われることが多い。

　HHI は、以下の式によって定義される。

　j 市の HHI について、L_{ij} は j 市における産業 i の従業者数（事業従事者数）、$\Sigma_i L_{ij}$ は、j 市における産業全体の従業者数（事業従事者数）を表している。

　各産業の HHI は、1 に近いほど多様性がなく、0 に近いほど多様性が高まっていると解釈される。

$$HHI_j = \Sigma_i S_{ij}^{\,2} \quad S_{ij} = \frac{L_{ij}}{\Sigma_i L_{ij}}$$

（2）東京都の市区町村における多様性分析

　図 5-1 は、東京都における市区町村別の HHI について 1 の逆数をとっており、数値が大き

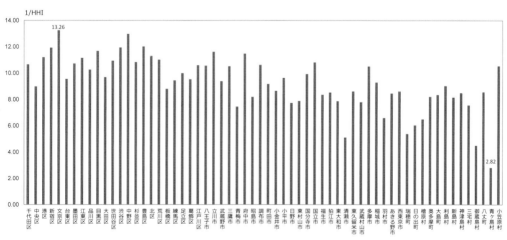

図 5-1　東京都における市区町村別 HHI（2016 年、全産業）

注）1：A 農林、林業・B 漁業間格付不能除く
　　2：外国の会社及び法人でない団体を除く
出所）総務省「経済センサス-活動調査」より筆者作成

- 137 -

いほど産業の多様性が高い。市区町村別に比較すると、都内の市区町村で最も大きいのは東京都文京区の13.26であり、最も小さいのは東京都青ヶ島村の2.82となっている。全体的な傾向としては、町村部や離島、産業構造に特徴のある市などで多様性が低く、東京23区などの人口集積地では多様な産業が集積することで比較的多様性が高い傾向があることを示している。

中村（2021）は、「鉄鋼業や造船業といった特定の業種に特化した企業城下町は、一般に景気変動に敏感である」とし、「まちの産業構造は、外的な経済変化に対して柔軟性や頑健性があるかという評価基準となる」との指摘を行っている。また、横山・高橋・小川・久冨（2003）は、「特定業種への特化型の集積形態は、経済環境の変化への適応の遅れが生じる可能性の高い形態となっている」として、特定業種に特化した地域における問題点を指摘した。さらに、内閣府（2003）においても、「90年代の日本においては特化型・独占型よりも、多様性が高く競争の活発な産業集積において雇用の成長率が高くなる傾向があったと言うことができる」としており、地域産業の多様性に対する重要性について多くの指摘がなされている。

産業構造に関して特化係数の分析を行う際には、多様性についても分析を行うことで、地域の産業構造に対して様々な角度から分析を行うことが必要である。

特化した産業に関する安定性について、例えば製造業であれば、経済産業省「工業統計」などから毎年の製造品出荷額等の変化率について標準偏差を求めることで安定性の把握を行うことができる。しかし、市区町村データに秘匿処理が行われ取得ができない場合や、その他の業種について分析を行う場合には、内閣府「県民経済計算」など都道府県のデータで代替せざるを得ない場合がある。

以上のことから、特化係数が高く、特徴のある産業が立地したとしても、産業の多様性が相当程度低く、特化した産業の安定性に問題がある場合には、地域の持続的発展可能性の点からも問題点を抱えていると指摘せざるを得ない。

5 基盤産業分析（B/N 分析）

（1）基盤産業分析とは

　人口減少下における地域の持続的発展を考える上で、より重要度が高まる産業は、「外貨」を稼ぐことのできる産業である。地域内の需要が減少を続けている場合には、域内需要に依存した産業が多くを占める地域は持続的発展が困難になる可能性があるからである。

　基盤産業（ベーシック・ノンベーシック）分析は、地域の経済活動を地域の経済的基盤を支える活動と、そのような活動を支える活動に区分し、両者がどのような産業で顕著であり、どの程度の活動量なのかを分析するものである。

　具体的には、地域の経済活動を基盤産業（ベーシック産業：basic industry）と非基盤産業（ノンベーシック産業：non-basic industry）に区分して分析を行う。

　基盤産業は、地域内の需要とともに地域外の需要を対象としている。地域内で生産された財・サービスを地域外や国外へ移輸出することで「外貨」を獲得し、地域経済の成長を牽引する役割を持つ。基盤産業は、移出産業ともよばれ、製造業が代表的な産業になるが、農林漁業や鉱業、宿泊業、IT 業なども含まれる。

　非基盤産業は、地域内の需要を対象とした産業であり、建設業や小売業、対個人サービス業、不動産業、金融業、地方公務などが含まれる。

　当該市区町村において、産業別に基盤産業と非基盤産業を区分する際には、データの入手可能性から考えて、特化係数によるアプローチが最も一般的と考える。

　本書では、事業従事者数をベースとして、特化係数が 1 より大きい業種を基盤産業とし、特化係数が 1 より小さい業種を非基盤産業と考える。

（2）特化係数による基盤産業分析
①基盤産業の抽出

　図 5-2 は、神奈川県横浜市における産業大分類別事業従事者数の特化係数である。基盤産業は、G2 情報通信業、H 運輸業、郵便業、K 不動産業、物品賃貸業、L 学術研究、専門・技術サービス業、M 宿泊業、飲食サービス業、O1 教育、学習支援業、O2 教育、学習支援業、P 医療、福祉、R2 サービス業が該当し、その他の業種は、非基盤産業となる。

　なお、基盤産業の中で最も特化係数が高いのは、G2 情報通信業の 2.01 であり、全国平均の約 2 倍に及ぶ事業従事者数の割合を持っていることを示している。

②基盤活動事業従事者数の抽出

　図 5-2 を例として、基盤活動事業従事者数を求めるが、抽出には以下の考え方を前提条件とする。

　まずは、基盤活動を行うのは、基盤産業のみで非基盤産業では一切行わないということであ

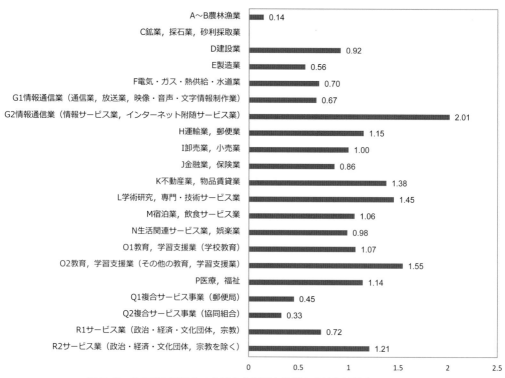

図 5-2　神奈川県横浜市の産業大分類別事業従事者特化係数（2016 年）

注）外国の会社及び法人でない団体を除く
出所）総務省「経済センサス−活動調査」より筆者作成

る。次に、基盤産業は、産業活動全てを基盤活動のために行っておらず、非基盤活動のために行っている部分があるということである。

　つまり、基盤産業は、域外需要の獲得のために財やサービスを提供するだけでなく、域内需要のためにも財やサービスを提供していると考え、域外需要のために行っている産業活動については、特化係数の 1 を超える部分と想定する。

　例えば、横浜市の G2 情報通信業の事業従事者数が 60,699 人で特化係数が 2.01 の場合は、以下の計算を行って基盤活動事業従事者数 30,540 人を求める。

　G2 情報通信業の基盤活動事業従事者数（人）＝ 60,699 ×（（2.01 − 1）÷（2.01））＝ 30,540

③基盤活動率及び BN 比の抽出

　②で求めた基盤活動事業従事者数を産業大分類別に求め、全ての業種について合計したものが当該地域の基盤活動事業従事者総数になる。

　全産業の事業従事者数と基盤活動事業従事者総数の差は非基盤活動事業従事者数となり、基盤活動事業従事者総数が全産業の事業従事者数に占める割合が基盤活動率となる。また、基盤活動事業従事者総数と非基盤活動事業従事者数の比は BN 比と呼ばれ、基盤活動率とともに、基盤産業の地域的な位置づけを分析する際の指標となる。

　図5-3 は、神奈川県内の市区町村間で比較をしたものだが、基盤活動事業従事者総数は、横浜市など人口規模の大きい大都市が大きく上回り、経済活動全体に与える大きさは圧倒的に大きい。一方で、基盤活動率は町村部で比較的高いことを示しており、相対的には町村部では基盤活動が行われている割合が高い。

　市で基盤活動率が最も高いのは、神奈川県綾瀬市の 28.0% であり、町村部で最も高いのは、神奈川県足柄下郡箱根町（はこねまち）の 53.3% である。

　図5-4 は、神奈川県足柄下郡箱根町における産業大分類別の基盤活動事業従事者数を示したものである。同町において移出産業の中心は、Ｍ宿泊業、飲食サービス業が圧倒的な割合を占めており、国際的な観光地としての同町の産業の位置づけを極めて明確なものにしている。

　一方で、HHI で特徴づけられる産業の多様性の観点から同町の産業構造を考えると、Ｍ宿泊業、飲食サービス業を中心とした「観光産業」に極めて特化した同町の産業構造は、コロナ禍において深刻な経済的打撃を受けていることからも明確なように、安定性の面から問題を抱えていると考えられる。

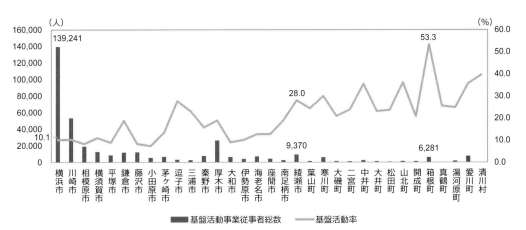

図5-3　神奈川県内市町村における基盤活動事業従事者総数と基盤活動率（2016 年）

注）外国の会社及び法人でない団体を除く
出所）総務省「経済センサス－活動調査」より筆者作成

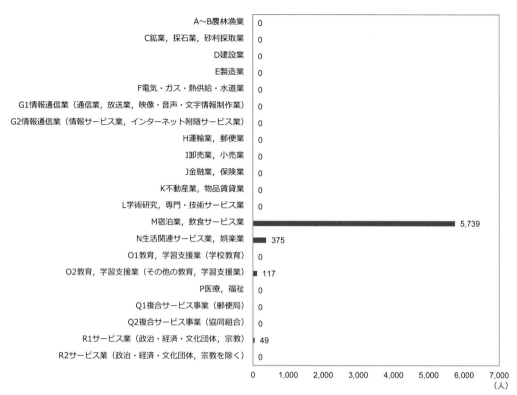

図 5-4　神奈川県足柄下郡箱根町における産業大分類別基盤活動事業従事者数（2016 年）

注）外国の会社及び法人でない団体を除く
出所）総務省「経済センサス－活動調査」より筆者作成

コラム 9　基盤産業の創出による地域経済への効果（神奈川県内市町村）

①雇用乗数及び人口乗数の導出

　地域における基盤産業と非基盤産業は、無関係に産業活動を行っているわけではない。例えば、地域に新工場が立地し、新たに雇用が発生して、新規住民が地域外から移住する場合には、雇用者が住むための土地の取得や住居の建設が行われ、建設業や不動産業などに新たな需要が発生する。また、雇用者が生活を始めれば、日用品を購入するために新たな商業施設の立地が進む可能性がある。

　以上のことから、事業従事者総数を E、基盤産業の事業従事者数を E_B、非基盤産業の事業従事者数を E_N とすると、事業従事者総数、それぞれの事業従事者数は以下の式で示すことができる。

$$E = (E_B + E_N) \qquad (5-1)$$

（5-1）式をさらに展開すると、

$$E = \left(\frac{(E_B + E_N)}{E_B}\right) \times E_B = \left(\frac{1 + E_N}{E_B}\right) E_B \qquad (5-2)$$

ここで、$\left(\dfrac{1 + E_N}{E_B}\right)$ を a とすれば、

$$E = aE_B \qquad (5-3)$$

と表わすことができ、a は地域乗数とよばれるものだが、本書では便宜的に「雇用乗数」とする。

　（5-3）式の $E = aE_B$ は、基盤産業の事業従事者数が増加すると、a だけ事業従事者数（雇用者数）が増加する地域経済への効果を示している。

　次に、当該地域における世帯当たり人員を E に乗ずれば、基盤産業の事業従事者数が増加した時の人口の増加数を求めることができるため、この乗数を本書では「人口乗数」とする。

　図5-5 は、神奈川県内の市町村における「雇用乗数」と「人口乗数」を比較したものである。

　神奈川県内の市町村において、最も雇用乗数が高いのは小田原市である。基盤産業が1単位増加した時の雇用乗数は 13.50（倍）、人口乗数は 33.10（倍）であった。同市は、非基盤産業の割合が高い裾野の広い産業構造を持つため、産業全体への効果を示す雇用乗数が高く、大都市に比べて平均世帯人員が高いため人口乗数も高い。

　一方で、基盤活動率が県内で最も高かった足柄下郡箱根町は、非基盤産業の割合が低いため、産業全体への効果は低く、平均世帯人員も 1.94 人と県内で最低のため、人口乗数も低い結果となった。

　以上のことから、基盤産業は地域の持続的発展を考える上で極めて重要な産業であるが、それらの産業の誘致や発展による効果まで広げて考えると、むしろ産業が多様で裾野の広い産業構造を持つ地域の方が雇用に与える影響は高く、単身世帯の多い都心よりも郊外の

　自治体の方が人口に与える影響は高まる可能性がある。

　地域の持続的発展を実現する課題を抽出する際には、施策の実施による効果についても考慮に入れた分析を行い、より最適な施策の選択を行う必要がある。

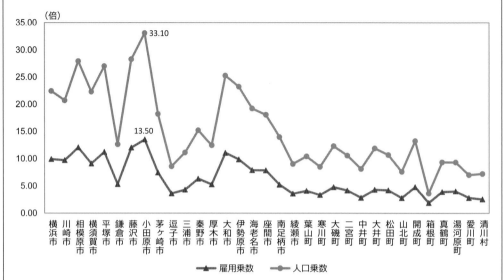

図5-5　神奈川県内市町村における「雇用乗数」と「人口乗数」

注）外国の会社及び法人でない団体を除く
出所）総務省「平成28年経済センサス-活動調査」、総務省「平成27年国勢調査」より筆者作成

6 　寄与度分析

（1）寄与度分析とは

> 　地域経済のけん引役として、基盤産業への期待は大きいが、地域経済全体の成長は基盤産業だけでなく、非基盤産業を含めた産業全体によって決まるため、全ての産業について、産業別に成長への貢献度を分析する必要がある。
>
> 　産業別による地域経済全体への実際の貢献度合いをみる分析手法のひとつとして寄与度分析がある。

　寄与度とは、合計値の増減に対して内訳となる各構成要素の増減がどの程度貢献したかを測るものである。

　例えば、B市における全産業の従業者数の増減率に対するX産業の寄与度・寄与率を求めると、以下のようになる。

> 【B市X産業の寄与度・寄与率】
> 例：B市全産業の前期従業者数：5,000人　B市全産業の今期従業者数：8,000人
> 　　B市X産業の前期従業者数：1,000人　B市X産業の今期従業者数：1,500人
>
> $$寄与度（\%）=\left(\frac{当該構成項目の増減}{前期の全体の統計値}\right)\times100$$
>
> $$寄与率（\%）=\left(\frac{当該構成項目の増減}{全体の統計値の増減}\right)\times100$$
>
> X産業の従業者数の寄与度
>
> $$=\left(\frac{1,500-1,000}{5,000}\right)\times100=10.0$$
>
> その他の産業の従業者数の寄与度
>
> $$=\left(\frac{6,500-4,000}{5,000}\right)\times100=50.0$$
>
> X産業の従業者数の寄与率
>
> $$=\left(\frac{1,500-1,000}{3,000}\right)\times100=16.7$$
>
> その他の産業の従業者数の寄与率
>
> $$=\left(\frac{6,500-4,000}{3,000}\right)\times100=83.3$$

　上記の例では、B市X産業の従業者数の寄与度は、全産業の就業者数の増減率60％に対して、10％の寄与をしたことを示している。寄与度は、全ての構成要素の寄与度（10.0％＋50.0％）

を合計すると全体の増減率の合計（60%）に一致する。なお、増減率の最も高い構成要素は寄与度が最も高いとは限らないことに注意を要する。

　通常は、全産業の構成する産業はさらに多くの産業から構成されるため、各産業別に寄与度を求めることで、どの産業が産業全体の動きに最も貢献したかを求めることができる。

　B市X産業の従業者数の寄与率は16.7%であるが、寄与率の場合は、全体の統計値が減少している場合でも、当該構成目が減少している場合は、値はプラスになるが、寄与度の場合には、（全体の統計値が減少している場合には）マイナスの値になることに注意が必要である。なお、寄与率は、各構成要素を合計（16.7%＋83.3%）すると100%になる。

　寄与度の分析を行う場合には、各種経済指標が使われているが、本書では、市区町村レベルにおける入手のしやすさを考慮して事業従事者数（従業者数）に関する寄与度分析を行う。

（2）産業大分類別事業従事者による寄与度分析

　図5-6は、神奈川県の市における産業大分類別の事業従事者数について、2012年と2016年

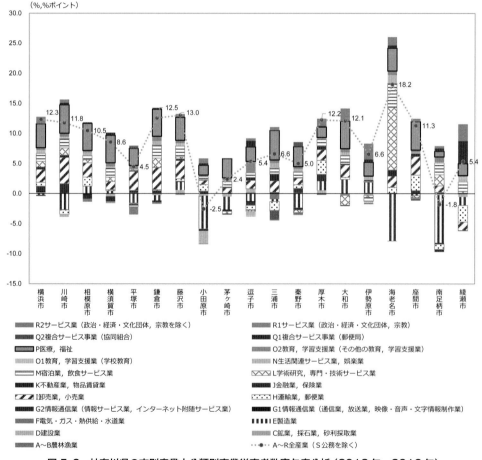

図5-6　神奈川県の市別産業大分類別事業従事者数寄与度分析（2012年、2016年）
注）外国の会社及び法人でない団体を除く
出所）総務省「経済センサス－活動調査」より筆者作成

の寄与度分析を行ったものである。多くの市において、事業従事者数は増加しており、その伸びに貢献しているのは、P医療，福祉，I卸売業，小売業、M宿泊業，飲食サービス業などであることがわかる。一方で、E製造業については、貢献している市もあるが、多くの市では雇用を押し下げる働きをしていることがわかる。

　図5-7 は、神奈川県の町村について図5-6 と同様に寄与度分析を行ったものである。市と同様に、多くの町村では事業従事者数は増加傾向にある。

　町村の事業従事者数の伸びに貢献しているのは、P医療，福祉，I卸売業，小売業、M宿泊業，飲食サービス業に加えて、県の中では比較的郊外に位置する相模原市、小田原市、厚木市、海老名市、座間市などでみられたH運輸業、郵便業の伸びが雇用者の増加に寄与していることがわかる。ネット通販需要の高まりによって、物流拠点の立地が進んだことが背景にあると考えられる。一方で、E製造業については、市と異なり、一部の町村を除き雇用の下押し要因となる動きはそれほどみられなかった。

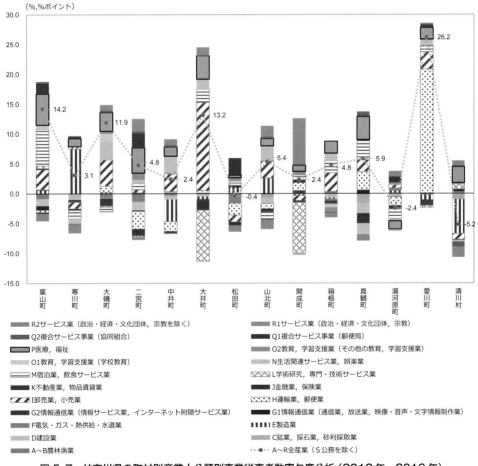

図5-7　神奈川県の町村別産業大分類別事業従事者数寄与度分析（2012 年、2016 年）
注）外国の会社及び法人でない団体を除く
出所）総務省「経済センサス–活動調査」より筆者作成

コラム10　基盤産業・非基盤産業における寄与度分析（神奈川県内市町村）

　次に、（2）の結果を用いて、産業大分類別寄与度を基盤産業と非基盤産業に分けて再集計する。今後、持続的発展に大きな役割を果たすことが期待される基盤産業が直近において、地域の雇用創出に対してプラスに貢献していれば、当該地域における基盤産業の競争力は現時点では十分にあるといえる。

　図5-8は、神奈川県の市町村における産業大分類別事業従事者数について、2012年と2016年の寄与度分析を行い、基盤産業、非基盤産業別に再集計したものである。基盤産業と非基盤産業の区分は、2016年の事業従事者数における特化係数を基準としている。

　神奈川県内の市町村における事業従事者数は、全体として増加している自治体が多く、一見すると産業構造に大きな問題はない。成長率を基盤産業の寄与度と非基盤産業の寄与度に分解して分析することで、当該地域の成長が、基盤産業によって支えられているのか、非基盤産業によって支えられているかが明確になる。

　例えば、横浜市や川崎市では、基盤産業の寄与度（貢献度）が非基盤産業の寄与度（貢献度）を上回ることで、比較的高い雇用成長率に繋がっていることを示している。一方で、南足柄市では基盤産業の寄与度がマイナスになることで、全体の成長率についてもマイナス成長となっている。持続的発展に向けて地域経済への貢献が期待される基盤産業が期待に十分応えることができていない状態となっており、産業構造に問題を抱えている。

　図5-9は、以上のような全産業の雇用成長率と基盤産業・非基盤産業の寄与度の関係をロジックツリーで整理したものである。

　〈1〉は、神奈川県内の多くの市町が含まれる。基盤産業に加えて、非基盤産業の寄与度

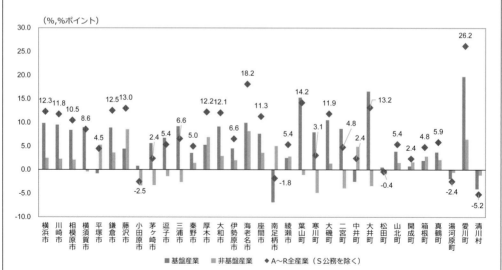

図5-8　神奈川県市町村における全産業成長率と基盤産業、非基盤産業における寄与度分析
（2012年、2016年）

注）外国の会社及び法人でない団体を除く
出所）総務省「経済センサス－活動調査」より筆者作成

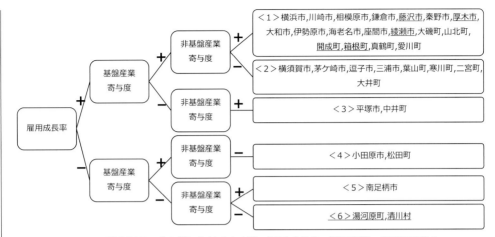

**図 5-9　神奈川県の市町村における全産業の雇用成長率、基盤産業・非基盤産業の
寄与度に関するロジックツリー（2012 年、2016 年）**

注）外国の会社及び法人でない団体を除く
出所）総務省「経済センサス-活動調査」より筆者作成

もプラスであるため、合計である雇用成長率は引き上げられる。〈1〉の自治体の多くは、基
盤産業の寄与度が非基盤産業の寄与度を上回り、基盤産業と非基盤産業はともに成長して
いるが、基盤産業がより高い成長を実現していることを示している。〈1〉の中で下線を引
いた自治体（藤沢市、厚木市、綾瀬市、開成町、箱根町）は、非基盤産業の寄与度が基盤産
業を上回る構造を持ち、ともに成長しているが、非基盤産業がより高い成長を実現してい
ることを示している。

　〈2〉は、全産業の雇用成長率はプラスであり、基盤産業の寄与度もプラスであるが、非
基盤産業の寄与度がマイナスであり、基盤産業が地域経済を牽引する地域である。〈2〉に
含まれる自治体は、〈1〉に次いで多いことがわかる。

　〈3〉は、全産業の雇用成長率はプラスであるが、基盤産業の寄与度のマイナスを非基盤
産業の寄与度のプラスが上回ることで、全体として成長が実現できている地域である。非
基盤産業は、人口減少の進展による地域内需要の減少を強く受ける可能性があるため、持
続的発展の視点からみると、地域の産業構造には不安定な側面があるといえる。

　〈4〉は、全産業の雇用成長率がマイナスであり、基盤産業の寄与度がプラスに寄与する
ものの、非基盤産業の寄与度のマイナスが上回っていることを示している。既に現時点に
おいて、基盤産業が力強さを欠くため、非基盤産業の落ち込みに伴う地域経済全体の停滞
を止めることができない状態にあるといえる。

　〈5〉は、全産業の雇用成長率のマイナスに加えて、基盤産業の寄与度についてもマイナ
スとなっており、非基盤産業のプラスでは補えない状態にある。大きな役割が期待される
基盤産業が地域経済を牽引できず、今後、非基盤産業が、人口減少に伴う域内需要の減少
等によって、さらに落ち込めば地域経済の停滞が強まる可能性がある。

　〈6〉は、全産業の雇用成長率だけでなく、基盤産業、非基盤産業の寄与度が全てマイナ
スとなっていることを示している。地域経済を牽引する産業だけでなく、支える産業も不

在であり、地域の産業構造として深刻な状態にあるといえる。

　産業分類別の寄与度分析は当該地域における産業別貢献度を考える上で重要であるが、今後の地域の持続的発展を考える上では、本書で紹介したように、基盤産業・非基盤産業に分け、ロジックツリー等で当該地域における産業構造を周辺地域等と比較分析し、基盤産業・非基盤産業が今後の地域に果たす役割や発展可能性の分析についても併せて行う必要がある。

　なお、ロジックツリーを用いることで、当該地域の産業構造が明らかになるが、特定市区町村についてさらに分析を行う際には、内訳を求めることでさらに詳細に産業別の貢献を明らかにすることができる。例えば、基盤産業の成長率に関して、産業大分類別や産業中分類別に寄与度を求めることで、基盤産業の成長に最も貢献している産業を明確にすることができる。

7 シフト・シェア分析

（1）シフト・シェア分析とは

> 　地域の経済成長には大きな格差があることが知られている。内閣府「平成 30（2018）年度県民経済計算」によれば、2018 年度の都道府県別実質経済成長率は、全県の 0.9% に対して、最も高い佐賀県が 6.3%、最も低い愛媛県は −1.9% であった。このような格差の背景には様々な要因があると考えられるが、地域の持続的発展を実現するためには、格差の背景にある要因をしっかり把握し、対応策を考えることが必要である。
>
> 　成長格差をもたらす要因に関する産業構造分析を行う手法のひとつがシフト・シェア分析である。シフト・シェア分析では、地域の成長を「全国成長要因」、「産業構造要因」、「地域特殊要因」の 3 つの要因に分解する。全国成長要因は、全国的な産業活動の変化を示し、産業構造要因は、当該地域の産業構造が地域の成長に与えた影響、地域特殊要因は、地域特有の事情による影響を示している。

　シフト・シェア分析を市区町村別の成長指標について考えた場合には、従業者（事業従事者）などで代替することになるが、他地域との成長格差の要因分析を行う特定地域のシフト・シェア分析では、特定の市区町村における成長率の格差は、(5−4) 式から (5−5) 式の展開によって産業構造要因と地域特殊要因の合計で説明できることがわかる。

　市区町村の成長率＝全国成長要因＋産業構造要因＋地域特殊要因　　(5−4)
　市区町村の成長率−全国成長要因＝産業構造要因＋地域特殊要因　　(5−5)

（2）市区町村におけるシフト・シェア分析

　2012 年の経済センサス−活動調査と 2016 年の経済センサス−活動調査における産業大分類別事業従事者数について全国 1741 の市区町村別に増減率を求め、シフト・シェア分析を行う。

　図 5-10 は、小林（2004）及び林・林（2022）の分析手法を参考にして、全国 1732 市区町村の産業大分類別事業従事者数について、産業構造要因と地域特殊要因を求め、前者を X 軸、後者を Y 軸において分析結果を 4 象限に分類し表したものである。

　ここで、第Ⅰ象限は、産業構造要因、地域特殊要因がともにプラスであり、第Ⅱ象限は、産業構造要因がマイナス、地域特殊要因がプラス、第Ⅲ象限は、産業構造要因、地域特殊要因がともにマイナス、第Ⅳ象限は、産業構造要因がプラス、地域特殊要因がマイナスの領域を示している。

　小林（2004）、林・林（2022）によれば、4 象限は**表 5-7** のように整理することができる。2012 年の経済センサス−活動調査において全域が調査の対象外であった福島県内の 7 町村を除いた 1734 市区町村でみると、停滞傾向が続く地域とされる第Ⅲ象限に含まれる市区町村が最も多い。一方で、成長産業が立地し、その他の地域要因についてもプラスに作用するなど産業活動が活

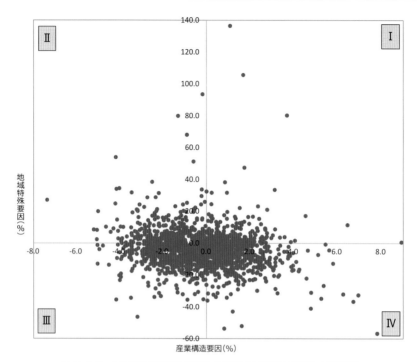

図 5-10　全国市区町村における全産業（事業従事者数）の類型化

注）1：外国の会社及び法人でない団体を除く
　　2：平成24年経済センサス−活動調査において全域が調査の対象外であった福島県
　　　　内の双葉郡楢葉町、双葉郡富岡町、双葉郡大熊町、双葉郡双葉町、双葉郡浪江
　　　　町、双葉郡葛尾村、相馬郡飯舘村は除外している。
　　3：境界未定地域、福島県双葉郡広野町、双葉郡川内村は地図上には含めていない。
出所）総務省「経済センサス−活動調査」より筆者作成

表 5-7　シフト・シェア分析による産業集積の類型化

象限	対象市区町村数	産業構造要因	地域特殊要因	地域特性
Ⅰ	213	＋	＋	成長産業の地域内への立地に加えて、その他の地域的要因の後押しで産業活動が盛んな地域。
Ⅱ	345	－	＋	産業構造の成熟化が進むが、その他の地域要因によって産業構造のマイナスを相殺している地域。
Ⅲ	649	－	－	産業構造の成熟化に加えて、その他の地域要因の追い風もなく、停滞傾向が続く地域。
Ⅳ	527	＋	－	産業構造面では成長産業を擁するが、その他の地域要因が産業活動を抑制している地域。

注）双葉郡楢葉町、双葉郡富岡町、双葉郡大熊町、双葉郡双葉町、双葉郡浪江町、双葉郡葛尾村、相馬郡飯舘村は除外。
出所）小林（2004）、林・林（2022）より筆者作成

発な地域とされる第Ⅰ象限に含まれる市区町村は最も少なく、地域の持続的発展を考える上で多くの自治体が大きな問題を抱えているといえる。
　例えば、神奈川県内の市町村について分類を行ったのが**表 5-8**である。
　なお、**図 5-9**において、雇用成長率がマイナスであった2市2町1村は、全て第Ⅲ象限と第

Ⅳ象限に含まれており、何かしらの問題を抱えていることがシフト・シェア分析の結果からも裏付けられる。

表5-8 神奈川県内の市町村別産業集積の分類

象限	市町村名
Ⅰ	横浜市、川崎市、相模原市、鎌倉市、藤沢市、厚木市、大和市、葉山町、大磯町、大井町
Ⅱ	海老名市、座間市、愛川町
Ⅲ	平塚市、小田原市、秦野市、南足柄市、綾瀬市、寒川町、中井町、山北町、真鶴町、清川村
Ⅳ	横須賀市、茅ケ崎市、逗子市、三浦市、伊勢原市、二宮町、松田町、開成町、箱根町、湯河原町

（3）地域特殊要因に関する分析

　表5-9は、地域特殊要因について全国の上位5市区町村、下位5市区町村について抽出したものである。地域特殊要因は、地域固有の要因であり、詳細な調査が必要な場合が多いが、福島県浜通りの自治体や岩手県上閉伊郡大槌町（おおつちちょう）については、時期を考慮に入れると、震災復興による影響が大きいと考えられる。リゾートホテルが多く立地する北海道勇払郡占冠村（しむかっぷむら）や関西国際空港を擁する大阪府泉南郡田尻町（たじりちょう）は、インバウンドなどの観光需要の増加が影響している可能性がある。一方で、2016年6月に実施された経済センサス−活動調査は、2016年4月に発生した熊本地震の影響を受けているため、熊本県阿蘇郡南阿蘇村（みなみあそむら）などの地域特殊要因のマイナスに表れていると考えられる。

表5-9 地域特殊要因の上位・下位5市区町村について（2012年、2016年）

(%)

市区町村名	実際成長率	全国成長要因	産業構造要因	地域特殊要因
福島県双葉郡川内村	194.6	8.9	-2.5	188.2
北海道勇払郡占冠村	146.4	8.9	1.1	136.5
岩手県上閉伊郡大槌町	116.1	8.9	1.7	105.5
福島県双葉郡広野町	102.2	8.9	-1.6	95.0
大阪府泉南郡田尻町	102.2	8.9	-0.2	93.5
京都府相楽郡南山城村	-32.8	8.9	1.2	-42.9
沖縄県宮古郡多良間村	-40.6	8.9	-3.2	-46.4
熊本県阿蘇郡南阿蘇村	-41.6	8.9	1.6	-52.1
北海道余市郡赤井川村	-43.9	8.9	0.8	-53.6
沖縄県島尻郡渡名喜村	-40.0	8.9	7.8	-56.7

　特化係数による産業構造要因に関する統計分析（差の検定）

　（2）で得られたシフト・シェア分析の結果について、産業構造要因の＋が特に大きかった地域と特に小さかった地域について、どのような産業構造の違いがプラスとマイナスの差を生んだかについて考える。

　産業大分類別の事業従事者数に関する特化係数分析を求め、特化係数の平均値の差が有意であるかについて、差の検定（Welch の t 検定[101]）を行う。

　表5-10 は、産業構造要因上位100市区町村と産業構造要因下位100市区町村について、産業大分類別の特化係数とそれぞれの平均値を求め、産業大分類別に Welch の t 検定を行ったものである。

　差の検定を行ったところ、有意水準が1%以下で有意である（平均値に差があるといえる）とされたのは、21の産業分類のうち半数の10分類であり、5%以下を含めると半数以上の12分類であった。

　上位と下位の市区町村を比較すると、下位の市区町村では、特に E 製造業の特化係数が高い市区町村が多く、成熟した製造業を多く抱える地域において地域産業の成長の停滞に繋がっていることを示している。また、下位の市区町村では H 運輸業，郵便業においても、1を超えており成熟化した産業となっていることを示している。一方で上位の市区町村では、特に Q1 複合サービス事業（郵便業）に加えて、P 医療，福祉の特化係数が高く有意となっており、これらの産業が成長することで、産業活動の活発化に繋がっていることを示

**表5-10　産業構造要因上位、下位市区町村における産業大分類別特化係数にかかる差の検定
（2012 年、2016 年）**

産業分類名（日本標準産業分類大分類）	産業構造要因上位市区町村の平均特化係数	産業構造要因下位市区町村の平均特化係数	産業構造要因上位と下位の平均値の差検定（Welch の t 検定）	
			P 値	有意水準（*：P<0.05**：P<0.01）
A～B 農林漁業	3.8	2.5	0.075582962593	
C 鉱業，採石業，砂利採取業	5.6	3.0	0.304520490918	
D 建設業	1.3	1.3	0.677162908501	
E 製造業	0.6	2.7	0.000000000000	**
F 電気・ガス・熱供給・水道業	0.6	3.6	0.022373516120	*
G1 情報通信業（通信業，放送業，映像・音声・文字情報制作業）	0.1	0.1	0.193110092659	
G2 情報通信業（情報サービス業，インターネット附随サービス業）	0.2	0.1	0.189094046737	
H 運輸業，郵便業	0.5	1.2	0.000000088179	**
I 卸売業，小売業	0.9	0.6	0.000000000000	**
J 金融業，保険業	0.4	0.3	0.052864972608	
K 不動産業，物品賃貸業	0.5	0.3	0.000274538242	**
L 学術研究，専門・技術サービス業	0.9	0.4	0.013827434052	*
M 宿泊業，飲食サービス業	1.2	0.6	0.000000131851	**
N 生活関連サービス業，娯楽業	1.1	0.7	0.000008961083	**
O1 教育，学習支援業（学校教育）	0.8	0.2	0.000093128748	**
O2 教育，学習支援業（その他の教育，学習支援業）	0.8	0.4	0.000001463927	**
P 医療，福祉	2.0	0.5	0.000000000000	**
Q1 複合サービス事業（郵便局）	2.2	0.8	0.000037098140	**
Q2 複合サービス事業（協同組合）	2.9	2.2	0.272382764589	
R1 サービス業（政治・経済・文化団体，宗教）	1.6	1.4	0.535130679415	
R2 サービス業（政治・経済・文化団体，宗教を除く）	0.5	0.6	0.354326389122	

[101] 同一市町村ではない「対応のないデータ」について、等分散の検定を行った上で、「等分散」でないといえる場合に Welch の t 検定を行うと説明されているが、本書では「多重性の問題」などを理由として、一般的になりつつある等分散の検定を行わずに Welch の検定を行う方法を採用している。

している。また、Ｍ宿泊業，飲食サービス業やＮ生活関連サービス業，娯楽業についても特化係数が１を上回って有意であり、成長を促進する産業となっていることを示している。

　なお、経済センサス－活動調査において、例えば、従業者を活用すれば、産業大分類だけでなく、産業中分類についてシフト・シェア分析を行うことが可能である。中分類によるシフト・シェア分析を行えば、例えば製造業についても、食料品製造業や輸送用機械器具製造業など詳細な産業分類に関して産業構造要因を分析することができ、シフト・シェア分析の最も大きな問題とされる地域特殊要因をより絞り込むことが可能になる。

8 付加価値生産性分析

（1）付加価値生産性分析について

　人口減少が続き、労働供給の減少や個人消費の減少を通じて経済成長の伸び悩みに繋がる懸念がある我が国において、労働生産性の向上は極めて重要なテーマの一つであるが、世界的にみると近年は低迷が続いている。

　市区町村レベルの統計において、成長会計[102]の視点から経済成長を考えることは、公的統計の制約から困難な点が多いが、企業の生産活動によって新たに生み出された付加価値を最大限活用し、産業大分類別の労働生産性と付加価値額を組み合わせることで分析を行うこととする。

（2）我が国の労働生産性

①労働生産性の伸び悩み

　日本生産性本部（2021）によれば、OECDデータに基づく2020年の日本の一人当たり労働生産性は、78,655ドルとOECD加盟38カ国中で28位となり、1970年以降で最も低い順位になっている。また、労働生産性の水準は、ポーランドやエストニアなどの東欧圏の国々と同程度であり、米国（141,370ドル）の56%、フランス（116,613ドル）の67%にとどまるなどその差は大きい。

　本格的な人口減少時代にある我が国において、労働生産性の向上は、賃金の原資となる付加価値の増加や少ない労力でより多くの経済的成果を生み出すことに繋がる。地域の持続的成長や経済的な豊かさの実現には、地域産業における労働生産性の向上が極めて重要である。

②労働生産性分析の注意点

　地域統計における労働生産性分析では、総務省「経済センサス－活動調査」を活用することで、市区町村別に「産業大分類別事業従事者一人当たりの付加価値額」を求めることができる。なお、事業所数が少ない等の場合には、公表データでは秘匿処理が行われ、求められないことに注意が必要である。

　前述したように、労働生産性は地域の持続的発展の実現に欠かせない重要な指標であるが、一方では分析を行う際には注意すべき点がある。

　主な生産要素には、労働の他に資本（建物・機械設備等）がある。例えば、ある産業において、人を減らした代わりに機械設備を増やせば、労働生産性は向上するが、機械設備の生産効率が低ければ資本生産性（＝付加価値額／機械設備）は低下する可能性がある。このような場合、当該産業の競争力は、労働生産性の向上にも関わらず高まっておらず、労働生産性の向上が地域の持続的発展に繋がっていない可能性がある。

---

[102] 一般的に経済成長（付加価値の増加）は、生産要素である資本や労働の増加と全要素生産性（脚注103参照）の増加に分解することができる。

また、以下の (5-6) 式は、一般的なコブ＝ダグラス型の生産関数を示している。付加価値を増やすには、資本や労働の投入の他に全要素生産性[103] があることが知られている。全要素生産性は、付加価値生産性を考える上では重要な指標であるが、市区町村レベルの地域統計では公表されていないため、付加価値生産性の分析を行うためには、代替的補完的な分析手法を適用することが適当である。

$$Y_t = A_t K_t^{\alpha} L_t^{1-\alpha} \quad (5-6)$$

Y：付加価値　　A：全要素生産性　　K：資本　　L：労働　　t：時間

α：資本分配率　　1-α：労働分配率

(3) 付加価値分析

これまで本書の市区町村に関する多くの分析では、従業者（事業従事者）や事業所をベースとするものが多かった。事業所や従業者といった指標は、地域において最も基本となる指標であるため、地域統計において公表されているものが多く、入手のしやすさといった面で優れたデータであることも多く使用される理由である。また、従業者とは雇用のことであり、その増減は地域経済の持続的発展にも大きく関わるため、従業者に関する指標の把握は極めて重要であるといえる。

一方で、前述したように、我が国の経済が成熟化する中で、持続的な発展を続けていくためには、事業所や従業者だけでなく、生産やサービスの結果として生み出される付加価値について、把握の重要性が高まっている。

図5-11 は、我が国における産業大分類別事業従事者数と付加価値額が全産業に占める割合を百分率で示したものである。産業大分類別にみると、E 製造業は付加価値額が事業従事者数のパーセンテージを大きく上回っているのに対して、H 宿泊業，飲食サービス業や P 医療，福祉は事業従事者数が付加価値額のパーセンテージを大きく上回っている。前者は資本集約的、後者は労働集約的な面を持ち、それぞれ対称的な産業構造を持つことを示している。

付加価値額が占める割合をみると、I 卸売業，小売業、E 製造業、F 医療，福祉の順に高く、合計で5割近くを占めており、これらの産業の動向が我が国の経済に与える影響は大きいといえる。

以上のことから、事業従事者数と付加価値額が同程度の割合を持つのは、I 卸売業，小売業だけであるため、付加価値に関する分析を併せて行うことで地域産業の産業別実態を把握する必要性も高いことが示された。経済センサス－活動調査は、総務省統計局では、市区町村レベルの公表が産業大分類別のみで行われているが、産業大分類別付加価値額について過去との時系列比較を行うことで、当該地域の主力産業の動向について把握することができる。

---

[103] Total Factor Productivity の略称で、経済成長を生み出す要因のひとつである。資本や労働の量的な投入では説明できない他の全ての成長要因を含み、直接計測することはできないが、技術革新や生産の効率化などが該当する。

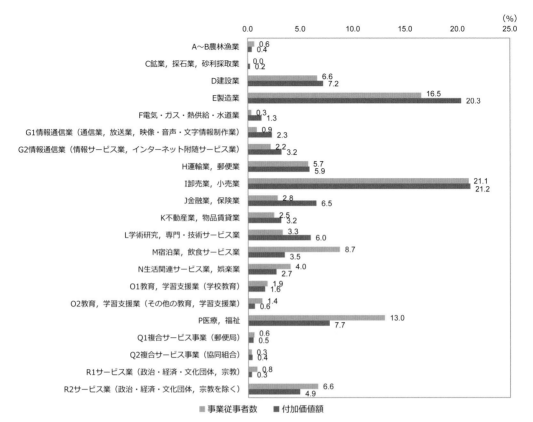

図 5-11　産業大分類別事業従事者数と付加価値額の割合（2016 年、全国）
注）外国の会社及び法人でない団体を除く
出所）総務省「経済センサス−活動調査」より筆者作成

コラム 12　労働生産性と付加価値額による分析（神奈川県鎌倉市）

　（3）でみたように、産業間の労働生産性の差は大きいことが示されている。他地域に比べて労働生産性の高い産業は、競争力が高い可能性があるため、市区町村の産業競争力を分析するためには、産業大分類別に労働生産性分析を行う必要がある。

　一方で、労働と資本の代替可能性を考慮に入れると、労働生産性のみを付加価値の評価指標にすることには多少の問題があるが、市区町村レベルで取得できるデータには制約がある。

　本書では、市区町村の付加価値生産性分析を行うために、労働生産性は全国と比較した労働生産性全国比を求め、付加価値額については特化係数とともに、それぞれの産業分類における付加価値額が全産業に占める割合について求めることとする。さらに、両データの推移をみることで産業競争力の方向性についても把握が可能になると考える。

　図 5-12 は、神奈川県鎌倉市における産業大分類別の労働生産性の全国比を X 軸にとり、付加価値額の特化係数を Y 軸、付加価値額が全産業に占める割合をバブルの大きさで

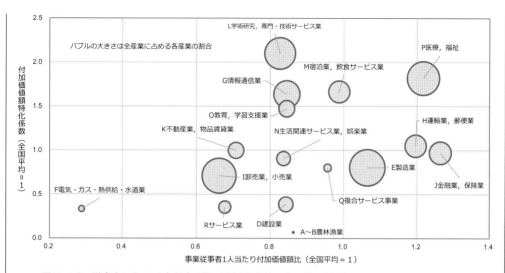

図5-12　鎌倉市における産業大分類別労働生産性の全国比と付加価値額特化係数（2016年）
注）外国の会社及び法人でない団体を除く
出所）総務省「経済センサス－活動調査」より筆者作成

表したプロット図である。労働生産性（事業従事者一人当たり付加価値額）は、全国平均に対する比をとっているので、1を上回る産業は全国平均に比べて労働生産性が高く、産業競争力を持つ可能性のある産業といえる。一方で、Y軸の付加価値額の特化係数は、全国平均を1としたもので、1を超える産業は全国に比べて付加価値額が産業全体に占める割合が高く、稼ぐ力が大きいと考えられる。また、産業大分類別に産業の付加価値額が全産業に占める割合をバブルの大きさで表現しており、バブルの大きい産業は、産業全体に占める割合が高く、同市の経済に与える影響が大きい産業と考えられる。

　労働生産性の全国比が1を上回るのは、E製造業、H運輸業，郵便業、J金融業，保険業、P医療，福祉の4つある。そのうち、E製造業とP医療，福祉はバブルが大きく、同市の産業全体に占める割合が大きい産業であることを示している。一方で、付加価値額の特化係数をみると、P医療，福祉は1を大きく上回り稼ぐ力が強いが、E製造業は1を下回り、稼ぐ力が高くはないことを示している。

　図5-13は、同市の全産業に占める付加価値額の割合が高い主力産業に限定して2012年と2016年の推移をみたものである。

　P医療，福祉は、2012年から労働生産性の全国比が大きく上昇して1を上回り、付加価値額特化係数についても上昇したことを示している。同市には、私立の総合病院が立地しており、2013年には救命緊急センターに指定された。地域の中核病院として地域医療、先端医療を提供し、発展を続けていることがP医療，福祉全体の底上げに繋がった可能性がある。また、G情報通信業については、2016年段階でも労働生産性の全国比は1を下回るが、同市における多くの主力産業において労働生産性の全国比が低下する中で、2012年に比べて伸びている産業である。付加価値額特化係数は、同様に2012年に比べて上昇し、産業全体に占める付加価値額のシェアも7.5%から9.1%に上昇するなど、勢いのある産業と

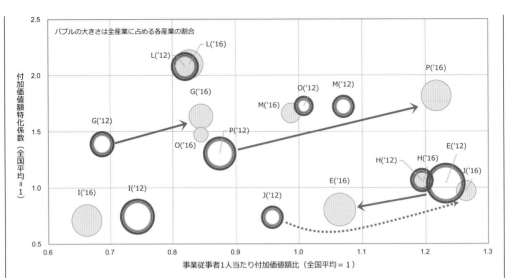

図5-13　鎌倉市における主要産業別労働生産性全国比と付加価値額特化係数の推移（2012年−2016年）

注）1：外国の会社及び法人でない団体を除く
　　2：アルファベットは、日本標準産業分類の大分類項目
　　3：（'12）は2012年、（'16）は2016年を表す
出所）総務省「経済センサス−活動調査」より筆者作成

　いえる。同市では、2013年春に、有限責任事業組合（LLP[104]）「カマコンバレー」が鎌倉を拠点とするベンチャー企業経営者7人によって立ち上げられるなど、近年ITベンチャー企業が集積し「鎌倉バレー」を形成しつつある。その後も、2018年7月には2013年まで本社を構えていたクラウドソーシングサービス大手のランサーズ（本社：東京都渋谷区）が鎌倉支社を開設し、「カマコンバレー」のメンバーも150人近くに達するなど、IT企業の集積は進んでいる。このようなG情報通信業の「勢い」が反映されていると考えられる。

　一方で、E製造業は、同市における主力産業のひとつであるが、2012年に比べて2016年は労働生産性の全国比が低下しており、付加価値額特化係数についても1を下回るなど、稼ぐ力を失いつつあることを示している。同市では、2015年に大手化粧品メーカーの主力工場が閉鎖されるなど製造業の退潮傾向があり、それらの動きが反映されていると考えられる。

　以上の分析結果から、**表5-11**のようにまとめられる。当該地域における産業構造について付加価値生産性分析を行うと、各産業は4つに位置付けることができる。

　当該地域の分析結果として、地域経済のけん引役となる産業が多い地域は、持続的発展に向けた大きな問題はないが、競争力を喪失した産業が多ければ地域経済の不安定化に繋がる恐れがある。一方で、現在は地域経済のけん引役でなかったとしても、将来が期待できる産業があるかないかは、地域の持続的発展を考える上では、重要なポイントになる。

---

[104]Limited Liability Partnership の略であり、2005年の有限責任事業組合契約に関する法律により導入された。特徴は、①構成員全員が有限責任で　②損益や権限の分配を自由に決めることができ　③法人課税でなく、構成員が課税の適用を受ける　という特徴を備える。

表 5-11　鎌倉市における主力産業の位置づけ

	付加価値額割合・大	付加価値額割合・小
労働生産性上昇	問題なし、地域経済のけん引役	将来性あり
	P 医療，福祉、L 学術研究，専門・技術サービス業など	G 情報通信業、J 金融業，保険業など
労働生産性低下	競争力喪失、経済不安定化	衰退産業
	E 製造業、I 卸売業，小売業など	O 教育，学習支援業など

　なお、従業者（事業従事者）の分析で行ったように、付加価値額を基礎として特化係数などを用いて基盤産業等を抽出することも可能である。基盤産業が全体の付加価値額に占める割合を明らかにすることで地域の持続的発展の可能性について分析を行うことができる。

9 研究開発分析（産業別職業別就業者数分析）

（1）研究開発分析について

> 成長会計からみると、近年の我が国の経済成長率の低下に最も寄与していたのは、TFP である。TFP は、市区町村レベルでは公的統計の制約からデータを得ることが困難であるが、TFP の上昇に大きく影響を与えるのは研究開発であるため、市区町村における研究開発について代替的な手法によって分析を行うことは地域の持続的発展を考える上では重要と考える。

8 で指摘したように、人口減少社会にある我が国において、付加価値の向上を図ることは地域の持続的発展の観点から極めて重要である。

（5-6）式の生産関数について、両辺に自然対数をとり、時間 t で微分すると、

$$\frac{\Delta Y}{Y} = \frac{\Delta A}{A} + \alpha\frac{\Delta K}{K} + (1-\alpha)\frac{\Delta L}{L} \qquad (5-7)$$

となり、付加価値額の伸び率は全要素生産性と資本、労働の投入量の伸び率の合計によって決定されることを示している。

内閣府「平成27年度年次経済財政報告」によれば、我が国の経済成長を上記の成長会計によって分析すると、1990年代以降の長期的な経済停滞においては、TFP 上昇率の低迷が経済成長率の低下に最も寄与していたと指摘している。

全要素生産性は、イノベーション、技術進歩、生産の効率化等によって上昇するが、今後の上昇に大きな貢献が期待されるのは、研究開発活動である。

前述したように、少子高齢化に伴う人口減少は、労働供給の減少や消費者需要の減少を通じて、経済成長率を低下させる要因として今後も働く可能性が高い。新たな需要の喚起につながる技術進歩とそれを支える研究開発の促進は我が国の持続的発展に大きく貢献するものと考えられる。

研究開発活動が積極的に行われている地域では、高い付加価値を持つ新たな製品・サービスを創出するイノベーションが地域において起こることが期待され、新たな需要の創出は地域の持続的発展に大きく貢献する。

（2）地域における研究開発分析

市区町村レベルの地域統計において、産業における研究開発動向を正確に把握することは困難であるが、第Ⅳ章で述べたように、総務省「国勢調査」では、従業地における就業状態等の集計を行っており、15歳以上の就業者数について、産業大分類別職業大分類別に求めることができる。

産業構造分析では、B/N 分析やシフト・シェア分析、付加価値生産性分析と研究開発分析を

組み合わせることで、基盤産業と研究開発動向の関係やシフト・シェア分析の産業構造要因、付加価値生産性と研究開発分析を組み合わせた分析を行うことなどが考えられる。

(3) 研究開発と労働生産性分析

　平成 27 年国勢調査において、従業地の産業大分類 E 製造業の 15 歳以上就業者数に占める職業大分類 B 専門的・技術的職業従事者数の割合を市区町村別に求める。次に、平成 28 年経済センサス－活動調査において産業大分類 E 製造業における事業従事者数一人あたりの付加価値額を市区町村別に求める。

　図 5-14 では、上記の結果を用いて、B 専門的・技術的職業従事者数の割合を 5 つのグループに分類し、分類されたグループ別に平均的な事業従事者一人あたりの付加価値額を求めている。製造業においては、専門的・技術的職業従事者数の割合が高い市区町村では、労働生産性が高い傾向[105] があり、付加価値の高い製品の生産が行われていることを示している。

　なお、国勢調査と経済センサス－活動調査では、調査時期が異なり、本書では対象施設に違い[106] があるため、正確な分析ではないことに注意が必要である。一方で、国勢調査では付加価値額などの経済指標を調査しておらず、経済センサス－活動調査では、従業者の職業について調査していない。以上の分析は、参考として行っているが、さらに詳細な調査を行うための仮説を立案する際の基礎資料に資する分析として有用と考える。

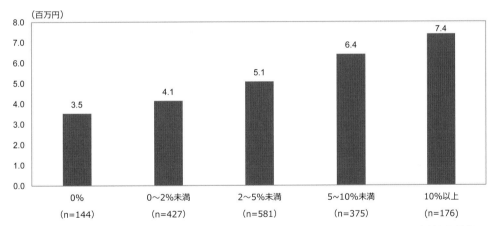

図 5-14　製造業における専門的・技術的職業従事者割合別事業従事者一人あたりの平均付加価値額（2015 年、2016 年、市区町村別）

注）1：秘匿及び製造業のない市区町村除く
　　2：市区町村の単純平均
　　3：専門的・技術的職業従事者数は従業地
出所）総務省「国勢調査」、「経済センサス－活動調査」より筆者作成

---

[105] 平均値の差の検定として、等分散を検定するバートレット検定を行い、有意水準 1% のもとで等分散でないとする帰無仮説は棄却され、一元配置分散分析の結果から、平均値に差がないとする帰無仮説は有意水準 1% で棄却されている。

[106] 事業従事者及び付加価値額の調査対象は、外国の会社及び法人でない団体は含まず。

（4）神奈川県内市町村における B/N 分析と研究開発分析

図5-15 は、神奈川県内の市町村別に X 軸に製造業の従業者数でみた特化係数、Y 軸に製造業の専門的・技術的職業従事者の就業者数に関する割合を、バブルの大きさで事業従事者一人あたり付加価値額を示している。

製造業の特化係数が1より大きく、専門的・技術的職業従事者における就業者数の割合が高位にある自治体では、事業従事者一人あたりの付加価値額が大きく、付加価値の高いものづくりが行われていることを示している。一方で、綾瀬市、足柄上郡山北町（やまきたまち）、愛甲郡清川村（きよかわむら）は、特化係数が1を上回り製造業が基盤産業となっているが、専門的・技術的職業従事者の占める割合がやや低いか、相当小さくなっている。また、事業従事者一人あたり付加価値額についても、製造業が基盤産業の他市区町村に比べて低くなっている。

基盤産業でありながら、産業競争力の重要指標のひとつである事業従事者一人あたりの付加価値額が小さく、専門的・技術的職業従事者割合が低位にあれば、国際競争が激化する中で、今後、地域を支える基盤産業としての位置づけが変化し、地域の持続的発展にも深刻な影響を与える可能性がある。

なお、製造業の専門的・技術的職業従事者における就業者数の割合は、製造業の中分類における業種構成によって異なることも考えられるため、市区町村間で評価を行う場合には、市区町村別、産業中分類別の事業所数や従業者数等が製造業に占める割合や推移を比較するなど、多角的な視点から分析を行った上で評価を行う必要がある。

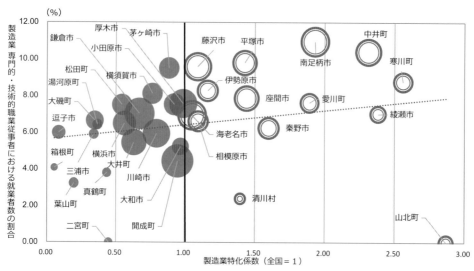

図5-15　神奈川県内市町村における製造業の特化係数、専門的・技術的職業従事者における就業者数の割合、事業従事者一人あたり付加価値額の関係（2015年、2016年）

注）1：秘匿及び製造業のない市町村除く
　　2：専門的・技術的職業従事者数は従業地
出所）総務省「国勢調査」、「経済センサス-活動調査」より筆者作成

10 開業率・廃業率分析（新陳代謝度４象限分析）

(1) 開業率・廃業率分析について

　地域の持続的発展を考える際の重要な要素のひとつに地域の活力がある。大規模企業が多く立地することや多くの人が暮らすことは、地域経済に与える影響は大きいが、それらの企業や人によって地域に活力が生まれるか否かは、地域の持続的発展を考える上では一層重要な意味を持つ。活力が生じない地域は、やがて生産活動や消費活動が停滞し、人口減少や企業撤退などを通じて将来的には地域経済の持続的発展が困難になるからである。一方で、地域の活力が高ければ、将来に向けた新たな投資が行われるとともに、新規消費が生まれ、地域経済に好循環をもたらす。

　地域の活力に関する分析手法は様々なものがある。市区町村の設備投資額については、公的統計からの取得が難しいため、市区町村における産業面の地域活力を考える際の分析手法のひとつに、事業所における事務所の開設や撤退について集計した開業率・廃業率に関する分析がある。

　我が国においては、財務省「法人企業統計調査」などから、2010年代以降は、経常利益を下回る設備投資額が長期にわたって続いており、地域経済の活力について考える重要性はより高まっているといえる。

(2) 開業率・廃業率の４象限分析

　本書では、開業率・廃業率に関する分析について、当該地域の位置づけを明らかにするため、事業所の開業率と廃業率を４象限に分類したモデルを適用する。

　図5-16は、市区町村別に求めた事業所の開業率（X軸）と廃業率（Y軸）を４象限に分類し、X軸とY軸が交わる交点は、全国平均の開業率と廃業率を示したモデルを表している。

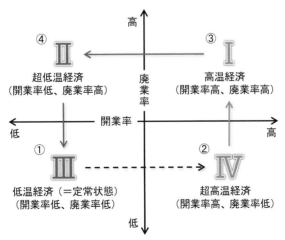

図5-16　事業所数の開業率と廃業率の４分類

全国平均の開業率と廃業率で全国1741市区町村の開業率、廃業率を分類すると例えば、Ⅲは開業率、廃業率ともに全国平均を下回り、経済活動が停滞し、地域経済の体温は「低温経済」の状態にあると考えられる。またⅣは、開業率が全国平均を上回り廃業率は全国平均を下回って経済活動が積極的に行われ、「超高温経済」の状態にあることを示している。

(3) 宮城県市区町村における新陳代謝度4象限分析

図5-17は、宮城県内の市町村における2014年から2016年の全産業の開業率・廃業率を全国平均と比較したプロット図である。宮城県牡鹿郡女川町（おながわちょう）と本吉郡南三陸町（みなみさんりくちょう）は、値が大きいため図には含めず、値のみ表示している。

右上に位置するⅠは、開業率及び廃業率がともに全国平均を上回る経済活動（新陳代謝）が活発な地域であり、仙台市を始め、石巻市や気仙沼市、牡鹿郡女川町、本吉郡南三陸町が含まれる。右下のⅣは、経済活動が拡大傾向にあり、多賀城市、東松島市、黒川郡大衡村などが含まれる。

図の左下から右上に伸びる点線は、開業率と廃業率の均衡線を示している。全国平均においても廃業率（7.6％）が開業率（5.0％）を上回る開廃逆転の状態あり、点線より右側の領域にある市区町村は、開業率が廃業率を上回り事業所数が増加している。宮城県内では1市4町1村が該当する。

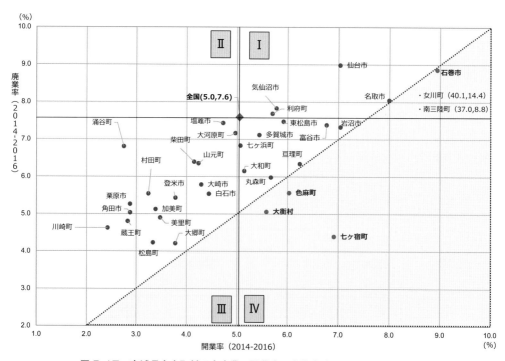

図5-17　宮城県内市町村の全産業の開業率・廃業率（2014年-2016年）

注）1：民営事業所のみ
　　2：開業率＝年平均開業事業所数÷期首の事業所数
　　　廃業率＝年平均廃業事業所数÷期首の事業所数
出所）総務省「経済センサス－活動調査」より筆者作成

　宮城県の市区町村における開業率・廃業率を全体としてみると、Ⅱに分類される自治体はひとつもない。一方で、ⅠやⅣの自治体が多く、Ⅲの自治体についても開業率と廃業率が一致する均衡線に近い自治体も多い。2014年から2016年の時期は、東日本大震災からの復興の動きもあり、牡鹿郡女川町や本吉郡南三陸町などに代表される沿岸部の自治体を中心に産業活動は活発化し、開業率を大きく高めた可能性がある。

　同県の市区町村では該当する自治体がなかったが、地域がⅡの状態にあれば、開業率が低く廃業率が高いため、産業活動が急速に落ち込んでいく。産業活動の急速な落ち込みは、地域経済の急速な縮小に繋がる可能性があるため、喫緊の対応が必要になる。また、Ⅲの状態であれば、産業活動は均衡状態に近いが、廃業率が開業率を上回っている限り、徐々に地域経済は縮小していく可能性があり、何らかの対応策が求められることは同様である。

　当該地域がⅠからⅣのどの状態にあるか、過去と比べてⅠからⅣの位置（経済状態）に変化があるかどうかなどを含めて開業率・廃業率の分析を行うことで、地域の持続的発展に向けた地域の活力を考えていく必要がある。

　なお、開業率・廃業率に寄与度分析や特化係数を組み合わせることで、さらなる分析も可能である。全産業の開業率・廃業率について、産業大分類別に寄与度を求めれば、開業率に大きく貢献している産業が明らかになる。さらに、特化係数を組み合わせることで、それらの産業について基盤産業と非基盤産業に分けて分析することが可能になり、詳細な分析結果を得ることができる。

11 公共事業所・従業者分析

（1）公共事業所・従業者分析について

　　これまで本書では、産業構造分析については、民営事業所を基本として分析を行ってきた。一方で、国・地方公共団体は、営利を目的とする民営事業所とは異なるが、民営事業所と同様に人を雇い、公共サービスを実施するために必要な支出を行うなど地域において経済活動を行っている。

　　市区町村における国・地方公共団体の事業所や従業者数については、例えば、2009年や2014年の総務省「経済センサス−基礎調査」によって把握できる。平成26年経済センサス−基礎調査では、全国において国・地方公共団体の事業所数が事業所数全体に占める割合は2.6%、従業者数が占める割合は7.0%となっている。

　　地域によっては、これらの公的な事業活動が地域経済に占める割合が高い地域があり、大都市よりも地方の町村部においてその傾向がある。地域の産業構造の特徴を把握する一環として、国・地方公共団体の位置づけを明確にし、地域経済が公的な事業活動によって支えられている割合が高い地域は、地域の持続的発展を考える上で考慮に入れる必要がある。

（2）国・地方公共団体の位置づけ

　表5-12は、全国の国・地方公共団体について、産業中分類別の事業所数及び従業者数と国・地方公共団体全体に占める割合を上位10位までみたものである。

　事業所数と従業者数では共通した業種が多く、学校や地方・国家公務、医療・福祉関係で半数を大きく超え、これらの業種が国・地方公共団体の主要な業種であることを示している。

表5-12　産業中分類別国・地方公共団体の事業所数、従業者数（2014年、全国）

中分類・業種名	事業所数	割合（%）	中分類・業種名	従業者数	割合（%）
81 学校教育	39,128	26.5	98 地方公務	1,350,235	31.0
98 地方公務	33,855	22.9	81 学校教育	1,207,544	27.7
85 社会保険・社会福祉・介護事業	23,789	16.1	97 国家公務	546,344	12.5
82 その他の教育，学習支援業	14,997	10.2	85 社会保険・社会福祉・介護事業	390,409	9.0
97 国家公務	5,879	4.0	83 医療業	284,258	6.5
36 水道業	4,018	2.7	82 その他の教育，学習支援業	131,739	3.0
95 その他のサービス業	3,839	2.6	36 水道業	79,235	1.8
80 娯楽業	2,929	2.0	74 技術サービス業（他に分類されないもの）	70,976	1.6
88 廃棄物処理業	2,780	1.9	84 保健衛生	66,485	1.5
74 技術サービス業（他に分類されないもの）	2,741	1.9	88 廃棄物処理業	56,568	1.3

　出所）総務省「経済センサス−基礎調査」より筆者作成

（3）国・地方公共団体の占有率が高い自治体

　国・地方公共団体が占める全国の割合は低く、東京23区などでは特に低くなっているが、市

区町村別にみると、地域経済を支える存在となっている地域もある。

　表5-13は、国・地方公共団体の事業所数が事業所総数に占める割合が最も高い上位10位までの自治体を求めたものである。

　また、**表5-14**は、国・地方公共団体の従業者数が従業者総数に占める割合が最も高い上位10位までの自治体を求めたものである。

　事業所数、従業者数ともに、上位の自治体では半数を超えており、国・地方自治体などの公的事業所の存在が民間事業所を上回る地域が存在することを示している。また、上位10位の自治体をみると、離島や福島県の浜通りの自治体が半数程度を占めていることがわかる。

　地域の持続的発展を考える上で、民間企業が主導的な役割を果たすこと、また果たすことが期待されることは当然であるが、例えば基地に代表される公的機関の立地が地域経済に実際に与えている影響[107]は、民営事業所を分析するだけではみえてこない。

　地域の産業構造を分析する際には、当該地域における公的機関の位置づけを視野に入れた上で分析を行うことが必要である。

表5-13　国・地方公共団体が事業所全体に占める上位10自治体（2014年）

事業所数 割合順位	市区町村名	事業所数 （総数）	事業所数 （民営、総数）	事業所数 （国、地方公共団体、総数）	事業所数 （国・地方公共団体割合、％）
1	鹿児島県鹿児島郡三島村	41	18	23	56.1
2	鹿児島県鹿児島郡十島村	73	41	32	43.8
3	沖縄県島尻郡渡名喜村	29	17	12	41.4
4	沖縄県島尻郡北大東村	44	28	16	36.4
5	福島県双葉郡楢葉町	34	22	12	35.3
6	北海道紋別郡西興部村	90	59	31	34.4
7	東京都青ヶ島村	25	17	8	32.0
8	長野県南佐久郡北相木村	38	26	12	31.6
9	高知県安芸郡馬路村	71	49	22	31.0
10	山梨県北都留郡丹波山村	61	43	18	29.5

出所）総務省「経済センサス－基礎調査」より筆者作成

表5-14　国・地方公共団体が従業者全体に占める上位10自治体（2014年）

従業者数 順位	市区町村名	従業者数 （総数）	従業者数 （民営、総数）	従業者数 （国、地方公共団体）	従業者数 （国・地方公共団体割合、％）
1	福島県双葉郡浪江町	131	56	75	57.3
2	鹿児島県鹿児島郡三島村	123	55	68	55.3
3	沖縄県島尻郡渡名喜村	113	51	62	54.9
4	鹿児島県大島郡大和村	395	205	190	48.1
5	福島県双葉郡楢葉町	488	263	225	46.1
6	鹿児島県鹿児島郡十島村	174	94	80	46.0
7	島根県隠岐郡知夫村	263	147	116	44.1
8	山梨県北都留郡丹波山村	232	133	99	42.7
9	北海道空知郡上富良野町	5,367	3,104	2,263	42.2
10	長野県南佐久郡北相木村	162	95	67	41.4

出所）総務省「経済センサス－基礎調査」より筆者作成

---

[107] 例えば、航空自衛隊三沢基地がある青森県三沢市では、国・地方公共団体の従業者数が全体の従業者数に占める割合は、23.9％（全国85位）に達している。

12 その他の分析手法

　第Ⅴ章では、産業構造に関する様々な分析を取り上げてきたが、最後に上記以外のその他の分析手法について簡単に紹介する。

（1）小売吸引度分析
①小売吸引度（人口）

　地域に立地する店舗、商店街、SC などの商業集積には、地域内の住民が買物に来るが、地域によっては地域外の住民が買物のために訪れる場合がある。一方で、地域内の住民が地域内の商業集積で買物をせずに、地域外へ買物に行くこともある。

　以上のように、地域における買物客の消費需要は地域間で相互に流入・流出することになるが、当該地域が地域内外から買物客をどれだけ集客できるかを示したものが小売吸引度である。

　一般的には、以下の算定式で求められるが、分母については全国ではなく、都道府県や地方ブロック単位を一つの閉じた経済圏と仮定して計算を行う場合がある。

$$\text{A 市の小売吸引度} = \left(\frac{\text{A 市の小売業年間商品販売額} \div \text{A 市の人口}}{\text{全国の小売業年間商品販売額} \div \text{全国の人口}} \right)$$

　小売吸引度が1を上回れば、A 市の購買力を上回る小売販売が行われ、他地域から購買力を吸引していると考えられる。一方で1を下回れば、当該地域の購買力が他地域に流出していると考えられる。また、同様の概念として小売吸引度を A 市の人口に乗ずると、A 市の「商業人口」を求めることができる。夜間人口、昼間人口、商業人口の3つを同時に時系列比較することで、生活圏と就業構造、消費構造の関係分析を行うことも有用と考える。

　地域住民の消費を代表する指標のひとつである購買力は、地域の持続的発展を考える上では、重要な指標の1つである。購買力が他地域に流出していれば、地域住民が稼いだ所得が地域外へ漏出し、地域内における新たな所得獲得の機会を逸し、地域の持続的発展の実現にとってはマイナスになる。

　なお、小売業年間商品販売額は、経済産業省「商業統計調査」に加えて、総務省「経済センサス−活動調査」の産業別集計〈卸売業、小売業〉からも得ることができる。但し、前述したように、総務省「経済センサス−活動調査」と経済産業省「商業統計調査」との時系列比較は、母集団が異なるため極力控えた方が良い。加えて、2014年の商業統計調査と 2007年の商業統計調査についても、前述したように日本標準産業分類の改定によって調査対象範囲が異なっていることに加えて、調査設計が大幅に変更されたことなどから、時系列比較は極力控えるべきと考える。

②小売吸引度（所得）

　第Ⅵ章にて詳細な説明を行うが、経済活動では、生産によって生み出された付加価値が労働者や企業に分配され、分配された所得が消費や投資として支出され、支出された金額をもとに

再び生産が行われる経済循環が行われている。

　生産、分配、支出の3面から地域経済を捉え、地域経済構造を分析することを考えると、小売吸引度が示すところは、部分的ではあるが分配から支出への動きと捉えることができる。

　そのような意味から、本書では小売吸引度について、一般的に行われている人口を基準としたものでなく、分配と支出の関係を捉えるために第Ⅱ章で紹介した課税対象所得を用いて小売吸引度を求める。算定式は以下の通りである。

$$\text{A市の小売吸引度} = \left(\frac{\text{A市の小売業年間商品販売額} \div \text{A市の課税対象所得}}{\text{全国の小売業年間商品販売額} \div \text{全国の課税対象所得}} \right)$$

　表5-15は、課税対象所得による市区町村別の小売吸引度を求め、全国上位の市区町村を抽出したものである。

　市区町村別にみると、最も高いのは東京駅のある千代田区で、夜間人口が少なく、昼間人口が圧倒的に多く、東京駅を中心とした商業集積を抱えることが小売吸引度の高さに繋がっていると考えられる。東京都中央区は、同様に銀座・日本橋エリアの商業集積が小売吸引度を引き上げている。3位以下の自治体は、米子市、熊本市、京都市など地方の中心都市に隣接し、町村内に大規模商業施設が立地していることが共通した特徴となっている。人口の多い地方都市など地域外からの消費を呼び込むことによって、小売吸引度を高めていると考えられる。

表5-15　小売吸引度全国上位市区町村（2016年）

順位	市区町村名	小売吸引度
1	東京都千代田区	5.10
2	東京都中央区	4.82
3	鳥取県西伯郡日吉津村	4.56
4	熊本県上益城郡嘉島町	4.29
5	京都府久世郡久御山町	4.26

出所）総務省「経済センサス−活動調査」、総務省「市町村税課税状況等の調」より作成

（2）工業集積度

　地域には、一つあるいは複数の産業に関係する多くの企業群が比較的狭い範囲に集積している産業集積があるが、特に工業を中心とした産業集積が工業集積である。

　工業集積度は、工業の集積の程度を土地、人口等の資源に対する工業生産活動の割合で表した指標で全国平均は1となり、以下の算定式で求められる。

$$\text{工業集積度} = \left\{ \left(\frac{\text{当該市町村の工業粗付加価値額} \div \text{当該市町村の人口}}{\text{全国の工業粗付加価値額} \div \text{全国の人口}} \right) + \left(\frac{\text{当該市町村の工業出荷額} \div \text{当該市町村の可住地面積}}{\text{全国の工業出荷額} \div \text{全国の可住地面積}} \right) \right\} \times \frac{1}{2} \times 100$$

　表5-16は、2015年を基準とした工業集積度の上位10市町村を示したものである。1位の香川県香川郡直島町（なおしまちょう）は、離島のため可住地面積が小さく、人口が少ない中

表 5-16　工業集積度上位 10 市区町村

順位	市区町村名	工業集積度
1	香川県香川郡直島町	37.6
2	福島県相馬郡飯舘村	23.6
3	山口県玖珂郡和木町	22.4
4	広島県安芸郡府中町	22.1
5	山梨県南都留郡忍野村	17.7
6	東京都羽村市	16.1
7	愛知県額田郡幸田町	15.8
8	青森県上北郡六ヶ所村	15.5
9	愛知県豊田市	15.2
10	大阪府高石市	13.6

出所）総務省「平成 28 年 経済センサス－活動調査」、総務省「平成 27 年 国勢調査」、
総務省統計局「統計でみる市区町村のすがた 2017」より筆者作成

で、非鉄金属大手の精錬所が基幹産業として立地しているために指数を大きく引き上げていると考えられる。また、工業集積度には従業者数が計算式に含まれていないため、資本集約的かつ規模の大きい製造業が立地している方が指数は上がりやすい。2 位の福島県相馬郡飯舘村（いいだてむら）は、過去の工業集積度と比較すると、東日本大震災の影響により村内の人口が減少したことで数値が引き上げられた可能性が高い。3 位以下の市区町村をみると、製造業の本社や主力工場など大規模工場が立地している例が多い。

　なお、以上のような分析を行う際には、時系列比較を行い、急激な指標の上昇など非連続な変化を起こしている場合、指標を大きく引き上げることに繋がる動き、例えば多数の企業の立地が一気に進んだことなど、数値の大きな変化をもたらす事象が調査期間の間になかったか調べることが重要である。また、複数の指標を合成して作成している場合には、構成要素ごとに増減を調べ、変化の原因を特定することで、産業構造の変化等について分析することも地域経済を考察する上で有用である。

(3) インフラコスト分析

　地域に立地する企業が財やサービスの生産を行う際の生産要素は、土地・労働・資本・情報であるが、必要な全ての生産要素が企業によって新たに調達されるわけではない。

　道路・港湾・鉄道・ダム・上下水道、インターネットなどは、産業基盤を支える代表的な社会資本（インフラ）である。特に、我が国の社会資本は、高度成長期に多くが整備され、これまで我が国の産業の発展を支えてきたが、今後一斉に更新時期を迎えるなど老朽化問題等も多く指摘されている。老朽化によって企業の生産等に深刻な影響を与える事態に陥れば、地域の持続的発展にも大きな影響を与える可能性がある。

　また、人口減少や企業の流出等に伴うインフラ需要の減少は、更新費用を賄うことを困難にし、値上げや将来的には事業の廃止などに繋がり、地域企業の生産等に大きな影響を与えることも考えられる。

　今後の地域の持続的発展を考える上では、これら産業基盤を支える社会資本の「コスト」や状況についても視野に入れて分析を行うことが必要である。一方で、今後の地域経済を考える上で重要であるにも関わらずこれらのインフラに関する総合的なデータの整備は遅れており、整備が望まれるところである。

　補論2で紹介する公共資産の老朽化度合いを示す「有形固定資産減価償却率」等の代表的な指標の整備は今後進んでいくことが想定されるが、現時点で収集できる指標は可能な限り利用することも必要と考える。

　参考指標として、日本水道協会が発行している「水道料金表」があり、一部の過去の結果については、インターネット上にも公開[108]されている。

---

[108] 水道料金ランキング！1345市町村の順位を公開、6,000円の差も（https://waterserver-mizu.com/interview/suidou_ranking）

応 用 編

第 VI 章

地域経済構造分析

　前章までの分析で、市区町村レベルで得られる様々なデータを活用して地域の人口構造や産業構造について、多様な側面から分析を行ってきた。

　一方で、地域の経済活動は、生産・販売から分配、支出に至る一連の流れとして連続的に行われているものである。人の動きと産業の動きを鳥瞰し総合的に捉えることで、地域の経済構造として解明される面もあり、人口や産業の個別分析だけでは、地域の経済構造の把握について限界があるのも事実である。

　上記のような問題意識を持っていたとしても、地域統計では、全国の市区町村レベルにおいて生産・販売、分配、支出に関する３面について取りまとめたものはなく、地域の経済構造の全体像を把握することはこれまで困難であった。

　第Ⅵ章では、2015年４月から提供が開始された地域経済分析システム（RESAS）を中心とした地域経済循環分析について概要や分析結果を紹介するとともに、地域の持続的発展を考える上で有用と考える分析手法についても紹介を行う。

1 地域経済循環分析の必要性の高まり

（1）地域経済の構造変化

①人口減少時代の到来

　我が国の人口が増加基調であった時代、現代に比べて地域では生産・販売、分配、支出の3面について大きな注意を払う必要性は低かった。

　人口の増加によって新たな需要が生まれ、新たな需要に対応して、新たな事業活動が引き起こされることで、多少の人口流出があったとしても、基本的に地域経済は好循環を描くことができたからである。

　一方で、人口減少時代においては、第Ⅰ章で指摘したように人口減少は需要の減少に繋がり、さらなる事業活動の縮小を招きかねないため、地域経済は好循環を描けなくなる可能性がある。

　地域経済が好循環を描くことは、人口減少時代の地域にとって喫緊の課題となっているのである。

②産業構造、就業構造等の変化

ⅰ）公共投資の減少

　我が国ではかつて、バブル崩壊に伴う景気対策や貿易摩擦解消のための内需拡大を目的として、公共事業投資が大幅に増加した。国の公共事業関係費は、1998年度には過去最高の14.9兆円に達し、主要先進国と比較した一般政府の総固定資本形成（GDP比）でみても1990年代は極めて高い水準となった。当時、内閣府「地域の経済2001」では、公共投資の拡大によって、地方圏では公共投資への依存度が高まったことが指摘されている。

　財政状況が悪化する中で、2000年代に入ると、社会資本整備のあり方について改革が進められ、国の公共事業関係費は減少傾向が続くこととなった。人口減少時代が到来する中で、地方圏の経済を下支えしてきた公共投資が削減されたことで、地域の経済構造は変革を余儀なくされている。

ⅱ）企業の海外移転

　経済産業省「海外事業活動基本調査」によれば、製造業現地法人の海外生産比率[109]（国内全法人ベース）は、1994年度の7.9%から2020年度には23.6%まで大きく高まった。かつて工場等の移転は、国内の地域間での移転が中心であり、経済（循環）活動は国内で完結していた。近年では、海外生産が大きく増えており、生産、分配、支出に関する3面の流れは、経済構造を大きく変化させることになった。

ⅲ）大型小売店の郊外立地

　大規模小売店舗立地法に基づく届け出件数について、経済産業省「大規模小売店舗立地法（大

---

[109] 現地法人（製造業）売上高/（現地法人（製造業）売上高＋国内法人（製造業）売上高）×100

店立地法）の届出状況について」をみると、小売業全体の店舗数が減少傾向を示す中で、大店立地法が施行された 2000 年度以降の新設届出数は、2001 年度以降に増加し、一時期減少した年度はあったが高水準で推移した。ロードサイドなど郊外部に大型小売店が立地することで、地域における支出構造は大きく変化することとなった。

iv）非正規雇用の増加

　総務省「就業構造基本調査」によれば、全国における非正規の職員・従業員の割合[110] は、1992 年の 16.1% から 2017 年には 38.2% に大きく増加した。地域経済にとっては、雇用が増えることが必ずしも地域振興に直結しなくなったともいえる。非正規雇用の増加は平均賃金の低下を招き、人的資本蓄積の停滞を通じて、長期的には生産性や TFP の停滞に繋がる可能性がある。地域の経済構造が変わる中で、分析の際には、従業者数だけでなく所得を把握することの重要性が相対的に上昇したといえる。

（2）好循環を意識した地域産業振興策

　人口減少時代の到来と産業構造、就業構造等の変化が地域経済に及ぼしたのは、経済活動の中で海外を含む地域外へ需要の一部が漏出しやすくなったこと、地域内での需要自体が縮小することで地域の経済構造が悪循環に陥りやすくなったことである。

　このような構造変化に直面する地域経済が地域の持続的発展を実現するためには、好循環を実現する地域経済循環構造を構築することや地域経済の成長が好循環の実現に「確実に」繋がっていくことであり、そのような地域経済循環構造を分析できるシステムの構築が求められるようになった。

---

[110]非正規雇用割合（2017 年）＝非正規の職員・従業員／雇用者（会社などの役員除く）
　　非正規雇用割合（1992 年）＝パート・アルバイト／雇用者

2 地域経済分析システム（RESAS）について

（1）RESASとは

　以上のような状況の中で、2015年4月から提供が始まったのが地域経済分析システム（RESAS）[111]である。RESASは、Regional Economy Society Analyzing System の略であり、地域経済に関する様々なビッグデータを「見える化」するシステム（RESAS）を構築し、地方創生版・三本の矢の「情報支援」として提供されている。

　RESASは、公的統計や民間のビッグデータが集約されており、マップやグラフで可視化することができるなど、地域データ分析の「入り口」として、初心者でも簡単に使えるシステムを実現している。各自治体では、「地方版まち・ひと・しごと創成総合戦略」のKPIの設定に使われるなど、地域政策の現場で幅広く活用されている。

　現在、提供されているマップは、大きく分けて、①人口 ②地域経済循環 ③産業構造 ④企業活動マップ ⑤消費 ⑥観光 ⑦まちづくり ⑧医療・福祉 ⑨地方財政の9つのマップから構成されるが、それぞれのマップに含まれるメニュー数の合計は**表6-1**に示されるように81メニュー（2022年2月現在）に達する。

表6-1　地域経済分析システム（RESAS）マップ一覧（81メニュー）

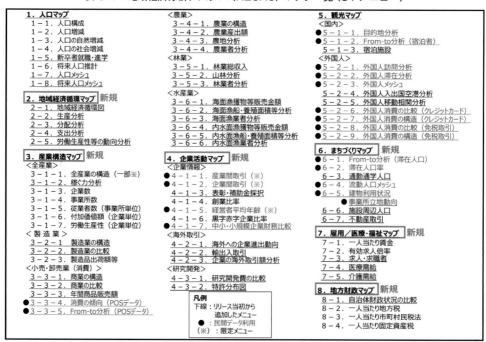

出所）経済産業省「地域経済分析システム（RESAS）について」より著者作成
　　　（https://www.sci-japan.or.jp/vc-files/member/secure/speakers/20201105.pdf）

---

[111] https://resas.go.jp
　2020年6月からは、RESASに加えて、新型コロナウイルスが地域経済に与える影響を可視化するV-RESASの提供を開始している。（https://v-resas.go.jp/）

（2）地域経済循環分析例

　提供開始当時の4マップ25メニューに比べると、様々な機能やデータが追加されてきた RESAS であるが、地域の持続的発展という本書のテーマを考える上で、最も重要となるマップは「地域経済循環マップ」である。

　前述したように、これまで全国の市区町村レベルでは、生産・販売、分配、支出の3面について総合的に示した統計は存在しなかった。RESAS において示される地域経済循環マップ（地域経済循環図）は、推計データであり制約はあるが、3面に関する地域経済の循環構造を明らかにするものとして重要度が高いといえる。

①福島市の地域経済循環分析（2010年）

　図6-1は、2010年における福島市の地域経済循環図である。

　福島市内の生産（付加価値額）は、合計で1兆848億円であるが、内訳をみると第3次産業が多くの割合を占めていることがわかる。

　獲得された付加価値額は、雇用者や企業等に所得として分配されるが、例えば雇用者所得は、市民としての所得が示されているため、市外から福島市に働きに来ている市外の住民の所得は流出として扱われる。逆に、市外で働いている市民の所得は流入として扱われる。流出と流入は相殺されて表示されるが、福島市の場合には、同市に働きに来る住民が多く、雇用者所得としては差し引きで流出していることを示している。

　その他所得は、利子・配当・賃貸料等の財産所得、企業の営業利益等の企業所得、補助金等の財政移転で構成されている。同市では僅かに流入していることを示している。

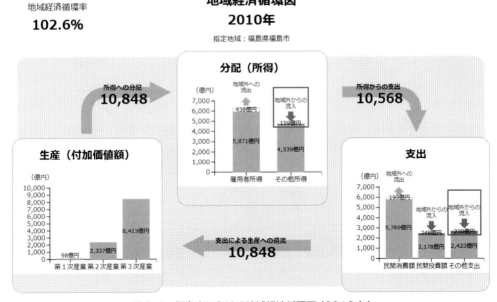

図6-1　福島市における地域経済循環図（2010年）

出所）内閣府「RESAS（地域経済分析システム）−地域経済循環図−」より筆者作成
　　　（https://resas.go.jp/regioncycle/#/map/7/07201/2/2010）

　なお、福島市では生産（付加価値）の1兆848億円に対して、分配（所得）が生産を下回る1兆568億円であった。これは、福島市の産業が、市民や企業、公共が得る所得以上の付加価値を産み出せていることを示している。具体的には、生産（付加価値額）を分配（所得）で割った「地域経済循環率」で表され、地域経済循環率が100%を上回る時は、当該地域の経済は自立的であるとされる。反対に、ベッドタウンを持つ自治体では、住民が地域外で働き、所得を稼いでくるため、分配（所得）が生産（付加価値）を上回り、地域経済循環率は100%を下回ることが多い。以上のように、生産と分配が一致しないケースがあるのは、地域外からの流入や流出を考慮に入れ、地域に居住する人を基準に推計を行っているためである。

　地域内の住民・企業等に分配された所得は、消費や投資等として支出されることになる。住民の消費等は民間消費額、企業の設備投資等は民間投資額、政府支出、地域内企業の移輸出入収支額等はその他支出で表されている。

　それぞれの流出入状況についてみると、民間消費額は市外への流出となっている。市民の日常の買い物が郊外の大型商業店舗等で行われ流出している可能性を示している。長野県北佐久郡軽井沢町などの有名観光地では、民間消費額は市内への流入となる。民間投資額は同市に対して地域外からの投資がなされていることが表されている。その他支出については、政府支出、地域内産業の移輸出入収支額等を示している。同市は、地域外からの流入となっていることから、地域の需要が地域企業の生産によって賄われているだけでなく、地域外の需要も獲得できていることを表している。

②福島市の地域経済循環分析（2015年）との時系列比較

　図6-2は、2015年における福島市の地域経済循環図である。

　福島市の生産（付加価値額）は1兆2,090億円で、2010年に比べて11.4%の増加となった。産業別には第3次産業が大きな割合を占めていることは変わらないが、第2次産業の伸びが生産（付加価値額）の増加に繋がっていることがわかる。内訳をみると、建設業の付加価値額が2010年の396億円から2015年の970億円に大きく増加し、全体の付加価値額の伸びに大きく寄与していることを示している。

　分配（所得）についてみると、雇用者所得、その他所得ともに増加している。流出入をみると、雇用者所得が流出し、その他所得が流入していることに変わりはないが、2010年と2015年を比較すると、その他所得の地域外からの流入が2010年の159億円から2015年の2,365億円に大きく増加していることがわかる。東日本大震災からの復興支援により、交付金や補助金等の財政移転が流入額の増加に大きく寄与し、建設業の付加価値額の増加や雇用者所得の増加に寄与したと考えられる。福島県内の自治体の多くは、震災後、財政移転が進んでおり、福島市も同様の傾向を示している。

　その他所得の地域外からの流入額が大幅に増えたことで、分配（所得）は、生産（付加価値額）を大きく上回ることになった。地域経済循環率は、2010年の102.6%から2015年には86.0%へ低下し、地域経済の自立度は低下した。福島市の地域経済構造は、震災前後で大きく変わったことがわかる。

　支出をみると、民間消費額は、2010年の5,769億円から2015年には6,396億円へ大きく増加

図 6-2　福島市における地域経済循環図（2015 年）

出所）内閣府「RESAS（地域経済分析システム）－地域経済循環図－」より筆者作成
（https://resas.go.jp/regioncycle/#/map/7/07201/2/2015）

したが、依然として地域外への流出は続いていることを示している。民間投資額は、若干増加したが、民間消費額に比べて伸び率はやや小さく、いわば地域内における将来に向けた投資はそれほど増えていないことを表している。その他の支出は、政府支出が増加したことで大幅に増加した。流出入をみると、震災前の 2010 年は流入であったが、震災後の 2015 年では流出に転じている。震災復興が進む中で、地域内で必要な需要が地域内では調達できないため、地域外から盛んに移輸入されていることを示している。同市における地域経済構造の変化がその他の支出の流出入に表されていると考えられる。

③福島市の地域経済循環分析（2018 年）と時系列比較

　RESAS は随時更新されており、2022 年 6 月には地域経済循環マップについても、新たに 2018 年データが追加され、これまでの過去データもそれぞれ更新が行われた。

　2018 年の福島市の地域経済循環マップをみると、2015 年と比べて地域経済構造に大きな変化はみられないが、支出面の民間消費額については、これまで一貫して地域外へ流出していたが、2018 年はわずかに地域内に流入することとなった。一方で、2024 年には、東北最大級の大型商業施設となるイオンモール北福島（仮称）が隣接する福島県伊達市に立地する予定であり、福島市の消費構造は再び変化する可能性がある。

　以上のように、RESAS を利用することで、地域の経済循環が明らかになり、時系列比較を行うことで地域の経済構造の変化について分析することができる。地域経済循環図は推計であり、既存統計を利用したノンサーベイ法によって作成されたものである。また、市区町村レベ

ルで全てのデータが取得できるわけではなく、産業分類や時期などの制約もある。RESAS に
よって得られた仮説等について結論を得るためにはさらなる分析調査が必要であるが、地域の
統計データをひとつひとつ取得するなど手間と時間のかかる準備が必要なく、気軽に様々な分
析を試行することができるため、有用な地域データツールであるといえる。

2では、RESASを使って福島市の地域経済循環の全体像について分析を行ったが、ここでは、本書のテーマである地域の持続的発展を考察する際に有用な分析手法について、環境省の分析ツールを使った手法も含めていくつか取り上げる。

（1）影響力・感応度分析

地域経済循環の視点からみると、地域の持続的発展を図るには移輸入についても注意を払う必要があり、そのような視点から重要と考えられる産業は、地域内にあって、地域の需要を賄うことができ、地域内の産業にも多く発注することができる産業間取引の核となる役割を担う産業である。

地域内の産業の生産・販売・投資等が行われた際にその産業が需要の受け皿となる程度を数値で表したものが「感応度係数[112]」と呼ばれるものであり、その産業の生産・販売・投資等が行われた際に地域内の調達先に与える影響を数値で表したものが「影響力係数[113]」と呼ばれるものである。

地域内取引の核となる産業は、感応度係数と影響力係数がともに高い産業といえる。RESASでは、全国の市区町村別に影響力・感応度分析が用意され、独自の産業分類ではあるが、時系列比較も含めて簡単に分析を行うことができる。

図6-3は、栃木県那須郡那須町（なすまち）について2018年の影響力・感応度分析を行ったものである。影響力係数、感応度係数がともに1.0以上で、地域の核となる産業は、農業、食料品、非鉄金属、輸送用機械、その他の製造業、その他の不動産業の6業種である。影響力係数、感応度係数の具体的な数値をみると、特に、農業（影響力係数1.34、感応度係数1.29）と食料品（影響力係数1.17、感応度係数1.11）が同町における中核的な産業になっていることがわかる。

栃木県那須郡那須町は、東京から約180km、東京と仙台のほぼ中間に位置する。同町は那須御用邸で知られ、有名観光地であると同時に、那須連山の裾野には広大な酪農地帯が広がっており、本州有数の酪農の町としても知られる。町内では、農作物や乳製品が生産されるだけでなく、それらを原材料とする食品産業の生産も行われている。また、観光牧場や宿泊施設では地元産の農産物が同様に原材料として使われている。農業と食料品が町内における地域経済循環の中核を形成し、同町の経済における好循環の実現に大きく寄与していることを示している。

---

[112] 各産業にそれぞれ1単位ずつ最終需要があったときにどの産業が最も強い影響を受けることになるかを表す指標であり、1を超えるほど他の産業からの影響を受ける。逆行列係数の行和を逆行列係数の行和の平均値で割ることで求められる。

[113] ある産業に対する需要が全産業に与える影響の度合いを示す係数で、1を上回るほど生産波及が大きく、他産業に対する影響力が大きい。逆行列係数の列和を逆行列係数の列和の平均値で割ることで求められる。

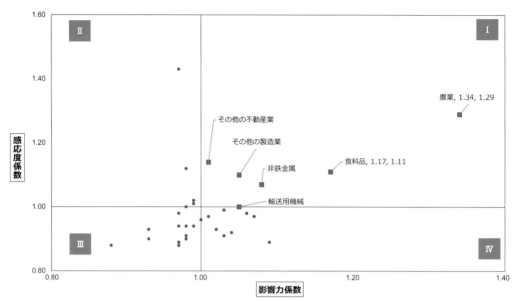

図6-3　栃木県那須郡那須町における影響力・感応度分析（2018年）

出所）内閣府「RESAS（地域経済分析システム）−生産分析−」より筆者作成

(2) 所得循環構造分析

　地域の持続的発展の実現に向けた移輸入（域際収支）の改善を考える上で、近年有力なテーマのひとつに地域資源を活用した再生可能エネルギーの導入がある。

　再生可能エネルギーのエネルギー源は、太陽光、風力、水力、地熱など、地域に帰属する自然資源であるため、導入にかかるポテンシャルは、都市部よりも自然資源に恵まれた地方部において高くなっている。

　他方で、各地域におけるエネルギー支出にかかる収支は、環境省「平成30年版 環境・循環型社会・生物多様性白書」によれば、2013年時点で9割を超える自治体において赤字に陥っていると指摘され、地域外に資金が流出している状況にある。

　パリ協定が求める脱炭素社会の実現に向けた対応や国際情勢の変化によるエネルギー供給網の不安定化、大規模災害等の発生に対する強靭な地域づくりが喫緊の課題となっている。地域が主体となった再生可能エネルギーの利活用の促進によって、エネルギーの地産地消を進め、エネルギー収支の改善を通じた地域経済循環構造の再構築と強靭化を図る取り組みは、かつてないほどに求められている。

　国においても、2018年4月に「第五次環境基本計画」が閣議決定された。同計画の中では、各地域が地域資源を生かして自立・分散型の社会を形成するとともに、地域間で補完し合う「地域循環共生圏」を今後の目指すべき社会像として掲げた。「地域循環共生圏」の具体化を図る際に、地域内の資金の流れや環境施策等の実施によって資金の流れがどのように変化するか把握を行うことが重要になってくることから、地域経済循環分析を行うための「地域経済循環分析ツール[114]」

---

[114]環境省地域経済循環分析（https://www.env.go.jp/policy/circulation/index.html）

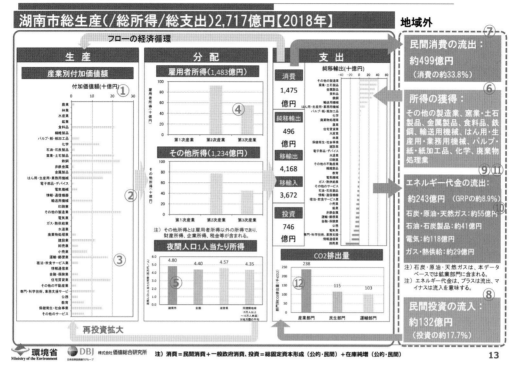

図6-4　滋賀県湖南市のエネルギー収支（2018年）

出所）環境省「2018 地域経済循環分析自動作成ツール Ver.5.0」を利用して筆者作成

が開発された。

　図6-4 は、地域経済循環分析自動作成ツールを使って求めた滋賀県湖南市の地域経済循環分析の結果である。2018 年の推計では、同市におけるエネルギー代金の地域外への流出は合計約243 億円であり、GRP（域内総生産）の約 8.9% に相当することが示されている。

　同市では、2016 年に自治体新電力（こなんウルトラパワー）を設立した。主な事業内容は、①小売電気事業 ②熱供給・熱利用事業 ③新事業やまちづくり事業等地域振興に関する事業となっている。

　こなんウルトラパワーでは、出資者に対して年 2% の配当を行っているが、配当の支払いや元本の償還には、地域内貨幣の「こなん商品券」を使用している。こなん商品券の利用は、地域内消費を促進し、地域経済循環における好循環の形成に繋がる。また、小売電気事業の利益を活用して地域課題の解決につなげる様々な取り組みを進めている。さらに、2018～2020 年度にかけて、自治体新電力会社としては初となるグリーンボンドを発行し、独自の電源開発（太陽光発電 4 カ所、営農型太陽光発電 1 カ所）を行うなど、地域における新規投資も実現している。

　同市では、現在、自治体新電力を核として地域の自然エネルギーを活用し、地域循環共生圏の実現と SDGs への貢献を目指す「湖南市版シュタットベルケ[115] 構想」を推進している。同構

---

[115] ドイツの「シュタットベルケ」は、一般的に自治体を主たる出資者として私法に基づき設立される会社で、電気・ガス・水道・公共交通・プール等様々な公共サービスを総合的に提供する公益事業体である。

想では、こなんウルトラパワーの小売電気事業の収益を元に公共施設の管理や運営、公共サービスの実施などを通じて地域課題のさらなる解決につながる事業の展開を目指している。

なお、環境省の地域経済循環分析では、環境施策メニュー[116]や地域施策メニューを実施した場合に地域経済にどのような波及効果があるかをシミュレーションできる「経済波及効果分析ツール」が提供されている。環境施策の一環として、例えば、再エネ（太陽光発電（売電））を導入し、エネルギーを域内で生産した場合、地域におけるエネルギー収支の改善額を推計することができる。エネルギー収支の改善は、地域住民所得が域外へ流出することを抑制し、地域内のエネルギー投資や雇用等と結びつくことで、地域の持続的発展に寄与することが期待される。

(3)「コネクターハブ型」産業分析

(1) 及び (2) では、主に、地域内における所得の循環構造を再構築することで、地域の持続的発展を維持する分析手法に着目した。

地域内における所得の循環構造に着目することは、地域の持続的発展に向けた有効な視点である。一方で、人口減少下において地域内の需要の拡大に制約がある場合には、地域における所得循環の改善だけでは、地域の持続的発展が実現できない可能性がある。

人口減少下にある地域が持続的発展を確実に続けていくためには、所得の循環構造を再構築するだけでなく、地域の稼ぐ力、特に地域外から稼ぐ力（＝移輸出）を強化することが一層重要となる。

図6-5 は、他の産業に与える影響を示す影響力係数を X 軸にとり、地域外からの稼ぐ力を示す移輸出入収支額を Y 軸にとった４象限マトリックスである。

第Ⅳ象限に位置づけられるのは、地域内の産業への波及額は大きいが、地域外からの稼ぐ力は弱い産業である。第Ⅳ象限に位置づけられる代表的な産業例は、建設業である。第Ⅳ象限の産業は、人口増加を基調として地域需要が拡大を続ける時代においては、発生する需要は地域

図6-5　影響力係数と移輸出入収支額による産業の４象限マトリックス

---

[116]太陽光発電（売電）、風力発電（売電）、中小水力発電（売電）、木質バイオマス発電（売電）、太陽光発電（自家消費）、食品廃棄物リサイクル

外へ漏出せず、地域内の産業へ多く波及するため、地域経済の発展に資する役割は大きいと考えられる。

　第Ⅱ象限に位置づけられるのは、地域外から稼ぐ力は強いが、地域内の産業への波及効果は小さい産業である。代表的な産業例は情報産業である。第Ⅱ象限の産業は、国内だけでなく、海外との取引もあり、販売先が広範囲に及ぶ傾向がある。同様に、仕入先も広範囲に及ぶことから、地域内の産業との取引は少なく、地域内の産業への波及効果は小さい。

　第Ⅳ象限及び第Ⅱ象限に位置づけられる産業は、地域の持続的発展を考える上では、それぞれ弱点を持つが、両者の弱点を補完しているのが第Ⅰ象限に位置づけられる産業である。第Ⅰ象限の産業は、地域外から稼ぐ力が強いことに加えて、地域内の産業への波及効果が大きい産業である。代表的な産業例は自動車産業（製造業）である。人口減少下において、地域内需要の拡大が見込めない場合でも、地域外から外貨を獲得でき、それらの需要をさらに地域内の産業へ波及させることで、地域の持続的発展に資することができる。本書では、以上のような特徴を持つ産業を「コネクターハブ型」産業とする。

　人口減少社会においては、「コネクターハブ型」産業を育成することで、地域経済の持続的発展を図ることが一層重要になると考えられる。

　図6-6は、栃木県那須郡那須町の産業について、影響力係数と移輸出入収支額から4象限マトリックスに整理したコネクターハブ型の産業分析である。

　第Ⅰ象限に位置づけられる産業のうち、「農業」、「食料品」、「宿泊・飲食サービス業」は、影

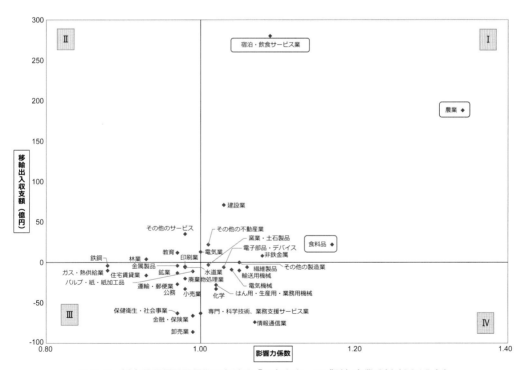

図6-6　栃木県那須郡那須町における「コネクターハブ型」産業分析（2018年）
出所）内閣府「RESAS（地域経済分析システム）−生産分析−」より筆者作成

響力係数、移輸出入収支額ともに大きく、同町における代表的なコネクターハブ型の産業であることを示している。両産業が地域外からの外貨の獲得と地域産業への波及効果を高め、地域の持続的発展に資する役割は大きいと考えられる。

なお、図6-3の影響力・感応度分析では「宿泊・飲食サービス業」は、感応度係数が1を下回るため、同町における中核的な産業に位置づけられていなかったが、コネクターハブ型の産業分析では、第Ⅰ象限に位置づけられ、地域の持続的発展の実現を考える上では、外貨の獲得能力が最も高い産業とされた。

影響力・感応度分析と同様に、影響力係数と移輸出入収支額による分析についても、時系列での分析が可能である。2015年の「コネクターハブ型」産業分析をみると、「食料品」は「農業」や「宿泊・飲食サービス業」と異なり、移輸出入収支額がマイナスであり、稼ぐ力がやや弱いことを示しており、稼ぐ力のさらなる向上が課題となっていたことがわかる。

4 地域経済循環分析の留意点

（1）経済活動と基礎自治体

　地域経済循環分析を行う上での留意点は、人や産業等の経済活動と市区町村などの範囲が必ずしも一致していないことである。

　人は、常住する自治体から隣接した市区町村へ通勤や通学等を行うことは珍しくなく、特に首都圏などでは、多くの人が働く都心の周辺には、巨大なベッドタウンが形成されている。同様に、産業の側からみると、巨大な工場や大規模商業施設は、立地している自治体の住民だけでなく、その周辺の自治体からも従業者を雇うケースが多い。

　上記のようなケースにおいて、例えばベッドタウンとなっている市区町村の経済循環分析を行うと、地域経済循環率は100％を下回り、産業の影響力係数は低位に留まる可能性がある。

（2）広域連携による産業振興の必要性

　地域における産業活動と市区町村の範囲が異なる場合、地域における自治体が個々に地域経済循環分析を行うことは、一見すると個々の自治体にとって個別最適を図るものであるが、地域全体にとって、全体最適になっていない場合が生ずる。

　例えば、単独市区町村では、ある特定の産業は影響力係数が小さく、コネクターハブ型産業とみなされない場合がある。実際には、この特定の産業が隣接自治体に立地する産業と密接な取引関係を持っており、隣接自治体を含めた複数自治体を対象に地域経済循環分析を行うと、当該地域において最も高い影響力係数を持つコネクターハブ型産業となる場合がある。単独市区町村で産業振興を行う場合では、地域全体にとって最適な産業を支援しないことで、ある地域にとって全体最適にならない可能性がある。

　価値総合研究所（2019）では、広島県福山市と備後圏域[117]を対象として地域経済循環分析を行っている。福山市に比べて備後圏域は、経済活動と圏域を構成する市町のずれが小さく、分析の単位として適当であるとしている。また、生産面においても、備後圏域の方が産業の多様性が高く、地域の産業間で弱点を補っているため、政策を検討する単位として必要性が十分にあると指摘している。

　地域振興や産業振興において、市区町村の役割は一層重要となっている。一方で、複数の自治体が参画した広域連携による産業振興の必要性は、人口減少が続き、地域経済の好循環の形成による地域産業振興が求められる中で、今後、一層必要性が高まっていくと考えられる。

　一般財団法人日本立地センターが2020年度に行った「地方自治体の産業振興にかかる広域連携推進に向けた研究」の中で、全国の市区町村を対象に実施した「自治体における産業振興と広域連携に関するアンケート調査」では、産業振興にかかる広域連携の現状と今後の方向性と

---

[117] 広島県三原市、尾道市、福山市、府中市、世羅郡世羅町（せらちょう）、神石郡神石高原町（じんせきこうげんちょう）、岡山県笠岡市、井原市の6市2町で構成されている圏域である。本圏域は、広島県と岡山県に跨る形で圏域を構成しているが、1964年に世羅町と神石高原町を除く地域が備後地区工業整備特別地域に指定されるなど、瀬戸内海地域における中核的な工業拠点として一体的に発展してきた。

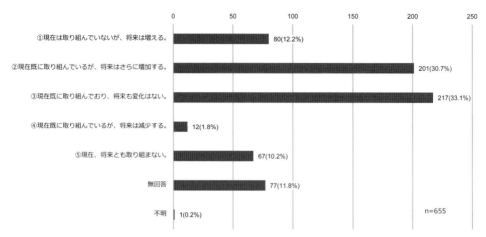

図6-7　産業振興にかかる広域連携の現状と今後の方向性

出所）一般財団法人日本立地センター「令和２年度政策研究地方自治体の産業振興にかかる広域連携推進に向けた研究」

して、４割以上の市区町村が今後、広域連携が増えると回答した。

　また、同調査において、今後の増加が見込まれる広域連携に対する問題点について問うたところ、「自治体内の人材不足」（44.0%）が４割以上を占めて最も高かった。

　市区町村における商工部門の職員数は過去10年において微増にとどまっている[118]が、同調査では、同時に７割近くの市区町村が今後、産業振興施策の必要性が高まると回答している。各自治体は、本格的な人員増が見込めない中で、産業振興施策の必要性の高まりに直面している状況にある。**図6-8**は、自らの自治体の産業振興を第一義的な目標とする中で、広域連携に取り組むことの難しさが表れていると考えられる。

　以上のように、広域連携による産業振興は、今後の増加が見込まれるが、実施に関しては、問題点も同時に明らかになっている。

　そのような状況の中で、本書で取り上げた備後圏域を構成する６市２町は、2015年３月25日に連携協約を締結し、備後圏域連携中枢都市圏を形成するなど、産業や都市、住民生活に関連した広域連携について積極的な取り組みを進めている。

　総務省によれば、連携中枢都市圏構想とは、人口減少・少子高齢社会にあっても、地域を活性化し経済を持続可能なものとし、国民が安心して快適な暮らしを営んでいけるようにするために、地域において、相当の規模と中核性を備える圏域の中心都市が近隣の市町村と連携し、コンパクト化とネットワーク化により、以下のⅰ）からⅲ）の取り組みを行うことで、人口減少・少子高齢社会においても一定の圏域人口を有し活力ある社会経済を維持するための拠点を形成することを目的とするものである[119]。

---

[118] 総務省「地方公共団体定員管理調査結果」によれば、全国の市区町村の商工部門の職員数は、2010年は10,138人であったが、2020年は10,947人となり、微増にとどまる。

[119] 制度の詳細は総務省（https://www.soumu.go.jp/main_sosiki/jichi_gyousei/renkeichusutoshiken/index.html）を参照のこと。

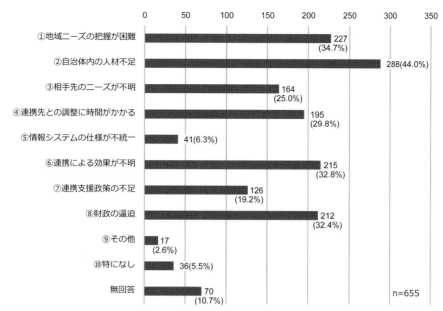

図6-8　広域連携の問題点（複数回答）

出所）図6-7に同じ

ⅰ）圏域全体の経済成長のけん引（産学官連携の推進、6次産業化支援など）

ⅱ）高次の都市機能の集積・強化（中心拠点の整備、広域公共交通の整備など）

ⅲ）圏域全体の生活関連機能のサービス向上（公共施設の相互利用など）

　旧播磨国の市町などから構成される播磨圏域においても、兵庫県内の8市8町[120]による播磨地域連携中枢都市圏が2015年に形成され、他の連携中枢都市圏と同様に上記ⅰ）からⅲ）に関する積極的な取り組みが行われている。

　同都市圏では、取り組みの中で、圏域全体の経済成長のけん引に繋げるため、企業誘致の推進が進められている。企業誘致に関しては、広域で連携して情報発信を行うことはある程度実施されている。同都市圏では、姫路市に立地希望であった企業を（産業用地のある）宍粟市に紹介するなど、広域による用地の融通・調整を含めた連携の実現と立地による圏域全体への波及効果が得られる互恵的な関係の構築を実現するなど、より深化した広域連携が行われている。

　広域連携による産業振興は、今後必要性が高まることが考えられるが、現状での取り組みは、参加自治体全員の賛成が得られやすく、比較的行いやすい取り組みが多くなる傾向があり、コスト削減の視点から取り組まれているものもある。今後は、圏域をさらに一体と捉えたより深化した取り組みによって、地域全体の持続的発展に繋げる取り組みが求められる。

---

[120] 兵庫県内の高砂市、姫路市、相生市、加古川市、加西市、宍粟市、たつの市、赤穂市、加古郡稲美町（いなみちょう）、加古郡播磨町（はりまちょう）、神崎郡市川町（いちかわちょう）、神崎郡福崎町（ふくさきちょう）、神崎郡神河町（かみかわちょう）、揖保郡太子町（たいしちょう）、赤穂郡上郡町（かみごおりちょう）、佐用郡佐用町（さようちょう）から構成される。

コラム 13 「地域経済構造分析 DB」について

①地域経済構造分析 DB とは

「地域経済構造分析データベース」とは、一般財団法人日本立地センターが 2012 年度より開発している市区町村のための分析ツールである[121]。日本の全市町村にあたる 1741 市区町村全てについて、様々な分野の 120 以上のデータを各市区町村ごとに集計する機能を持つ地域分析のためのデータベースである。

地域人口の増減は、産業の発展や衰退に伴う雇用機会の変化といった経済的な要因のみならず、教育や福祉、治安など、住民の生活全般に関わる様々な要因によって引き起こされるものである。また逆に人口増減の結果として地域経済や社会の状況が変化し、それが更なる人口増減につながるといった循環的なメカニズムも想定される。従って、地域経済・社会の状況を正確に把握し分析するためには、単一の分野のみならず様々な分野にまたがった幅広いデータを観察する必要がある。データベースでは、人口、産業、経済、社会、福祉に関するデータを収録しており、各市町村の様々な指標についてその変化をたどると共に、市町村間の比較分析を可能にしている。

②地域経済構造分析 DB の構造

人口減少やグローバル競争の激化によって、人口増大を背景とした需要の拡大や安定的な輸出による一律的な成長拡大を困難にしている。

このような状況下において、地域経済が今後とも持続的な発展を実現していくために必要となる要素について検討を行うことを目的として作成しており、特に地域を支える人材に着目した分析を行っている。

人材に着目しているのは、我が国産業の成熟化や新興国企業等の追い上げを踏まえると、地域産業の高付加価値化や新たな需要への対応が地域の産業競争力の強化につながり、人材、つまり人的資本の形成や蓄積がこれらの実現の大きな鍵を握ると考えられるからである。

本 DB では、上記で示したように人材に着目しているが、人の一生、つまり生まれてから亡くなるまでのライフサイクルを大きく分けて以下の 5 つの視点及び段階からみた市区町村データによって構成され、併せて分析指標についても掲載している。

・「人の誕生（少子化支援）」
・「人の成長（学習支援）」
・「社会にでる（雇用状況）」
・「家庭を持つ（生活支援）」
・「死亡（高齢者福祉支援）」

---

[121] 「地域経済構造分析 DB」については原則公開は行っていないが、過去の分析例としては、例えば加藤・宮川（2017）を参照のこと。

　そして、この５つの視点及び各段階に関連した市区町村の経済活動の結果である「結果データ」がどのような数値の推移をし、全体（1741市区町村）のうち何位になっているか、を明らかにしている。

　さらに、その「結果データ」に関係を及ぼす可能性のある「政策関連データ」についても推移と全国順位を示すことで、行政におけるライフサイクルの各段階における取り組み状況を明らかにしている。

　ライフサイクルにおける５つの視点及び段階における状況と年代別の人口の流入や流出といった社会増減、年代別の人口構成と増減を重ね合わせることで、全国1741の市区町村を評価することを地域経済構造分析DBにおける分析の骨子のひとつとしている。

③人のライフサイクルにおけるデータ例（少子化支援）

　人の５つのライフサイクルのうち、ファーストステージとなる「少子化支援」の段階について、趣旨と「結果データ」、「政策関連データ」の一覧を紹介する。

　少子化支援の段階においては、人の誕生、つまり乳幼児に関するデータの推移及び順位と乳幼児に関係する政策関連データの推移及び順位について分析を行っている。

　結果データは、１人の女性が一生の間に産む子供の数を示す合計特殊出生率や新生児数そのものの大小を把握するための出生者と市区町村の規模の大小による影響を排除するために設けた普通出生率、さらには６歳未満世帯数とその割合から分析を行っている。

　政策関連データは、小児科医数や産婦人科医数、保育所数など直接関係するものだけでなく、例えば刑法犯認知件数など治安に関するデータなども加えており、子供を産む環境として好ましいかどうかといった視点も加えた分析を行っている。

ⅰ）結果データ
　・出生者
　・普通出生率
　・合計特殊出生率
　・６歳未満世帯数
　・世帯全体に占める６歳未満世帯の割合

ⅱ）政策関連データ
　・一般病院数
　・小児科医師数
　・年少人口千人当たり小児科医数
　・産婦人科医師数
　・出生者千人当たり産婦人科医数
　・一般診療所数
　・保育所数
　・保育所在所児数

　・保育所待機児童数

　・0～5歳児千人当たり待機児童数

　・25～39歳女性有業率

　・保育所充足率

　・刑法犯認知件数

　・千人当たり刑法犯認知件数

　・建物火災出火件数

　・千世帯当たり建物火災出火件数

　・交通事故発生件数

　・千人当たり交通事故発生件数

　・児童福祉費

　・年少人口当たり児童福祉費

④地域経済構造分析データ（サンプル抜粋）

　地域経済構造分析を使用して、ある1つの市区町村について出力すると、合計2頁のデータや分析指標、順位等が出力される。1頁目には左に総合評価、真ん中に少子化支援、右に学習支援に関する項目が出力され、2頁目は左に雇用状況、真ん中に生活支援、右に高齢者福祉支援に関する項目が出力される。

　図6-9は、ある市区町村について、1ページ目の総合評価の部分のみを拡大して表示したものである。

令和4年度　地域経済構造分析ツール（サンプル）

（）内は順位　面積単位はkm2

2015人口	2015人口同規模市区町村名	市町村面積
1,263,979(9)	7位：川崎市(1,475,213人)	217.43(565)
人口増減数(10−15)	8位：京都市(1,475,183人)	可住地面積
41,545	10位：広島市(1,194,034人)	212.78
2015昼間人口	11位：仙台市(1,082,159人)	可住地面積の占める割合
1,175,579(10)	2015人口構造近似市町村	
人口年平均伸び率(10−15)	神奈川県横浜市	97.9%(162)
0.67%(105)	神奈川県藤沢市	※2015

主要企業		市町村合併有無('00〜'15/10/1)	有

大型立地事例(2007〜2016年)　有 1件	
企業名(事業開始年)※	立地面積，投資規模
㈱ヒューテックノオリン(2016年)	2.6万㎡，100億円

※企業名は進出した当時

1. 総合評価

✔2015の結果は、雇用状況の評価が最も高く、生活支援の評価が最も低い。
✔2015の雇用状況は、全国的にみてやや上位に位置している。

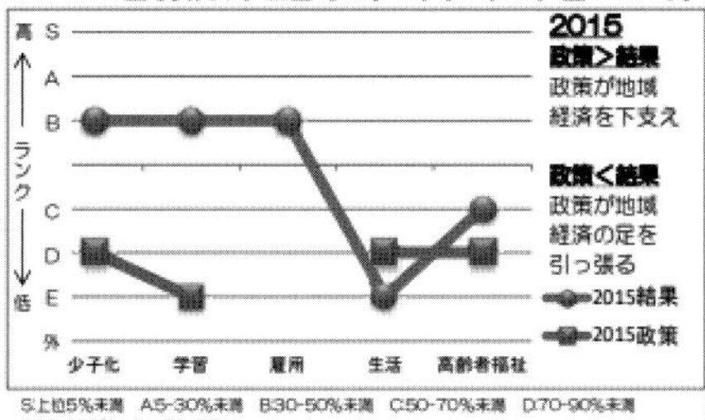

S:上位5%未満　A:5-30%未満　B:30-50%未満　C:50-70%未満　D:70-90%未満　E:90-100%　外：ランク外

2015「結果」ランク
BBBEC（少,学,雇,生,高）
参考：和歌山県和歌山市,神奈川県横浜市,北海道網走市
2015「政策」ランク
DEDD（少,学,生,高）
参考：大阪府岸和田市,千葉県九十九里町

類似団体区分(2015)
政令指定都市
Ⅰ−0
【参考】類似団体区分(2018)
政令指定都市
Ⅰ−0

2. 人口動向

■5歳階級別人口の推移と2015年全国比

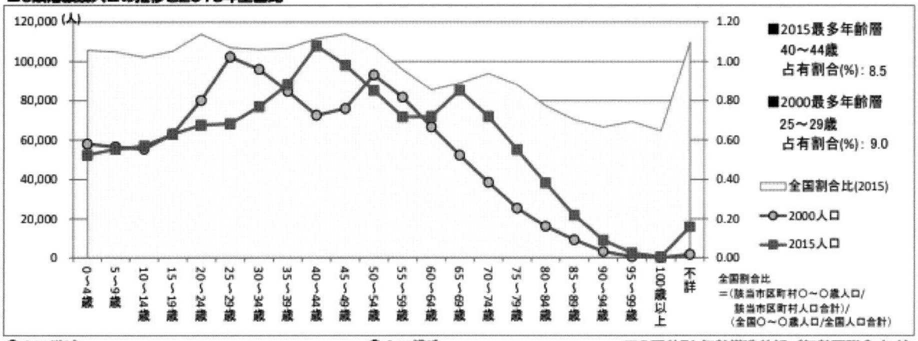

①人口増減

	2015	2010	2000
人口	1,263,979	1,222,434	1,133,300
人口増減	41,545	89,134	
人口年平均伸び率(%)	0.7	0.8	
外国人人口	13,776	12,474	9,595
外国人割合(国籍別1位)	中国		
	2045	2035	2025
将来人口予測	1,285,867	1,313,817	1,312,452
2015年基準人口比	1.02	1.04	1.04

②社会人口、自然人口

日本人	2010	2005	2000
社会増減(年齢不詳含む)	5,338	3,101	4,112
自然増減	2,320	3,300	5,470
2015　日本人	増減	増加	減少
社会増減(年齢不詳含む)	7,538	73,725	66,187
自然増減	890	10,783	9,893
2015	増減	増加	減少
外国人社会増減	1,052	6,444	5,392
外国人自然増減	117	155	38
2015	社会増	自然増	
外国人の全体に占める割合(%)	8(757)	1.4(261)	()内は順位

2015	第1位	第2位	第3位
転入元市町村	川口市	上尾市	横浜市
転出先市町村	川口市	上尾市	横浜市
就業元市町村	上尾市	川口市	春日部市
就業先市町村	千代田区	港区	中央区

■人口増減と自然増減(X軸)・社会増減(Y軸)の関係

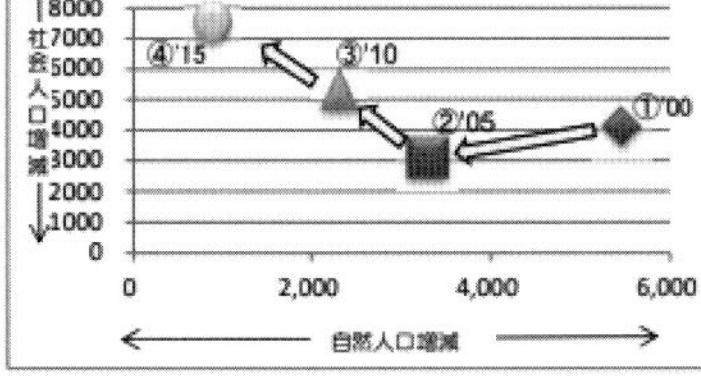

③人口構造

	2015	2000
平均年齢	44.3	39.3
生産年齢人口割合(%)	64(90)	72(115)
年少人口指数	20.6	20.8
老年人口指数	35.5	17.8
従属人口指数	56.2	38.6
老年化指数	172.5	85.4

■クラスター分析(2015)

タイプⅡ	Ⅰ〜Ⅷ(主はⅥまで)

■3区分別 年齢構造分析（年齢不詳含まず）

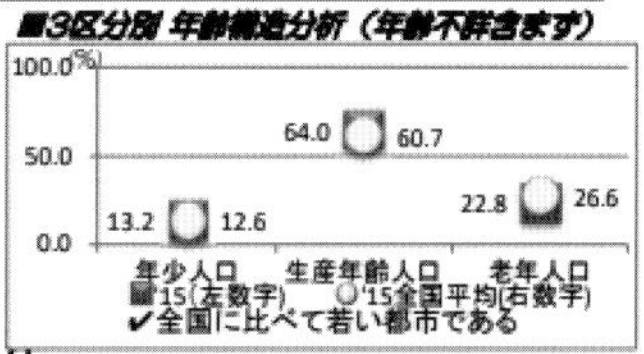

■5歳階級別男女別転出入人口(日本人)

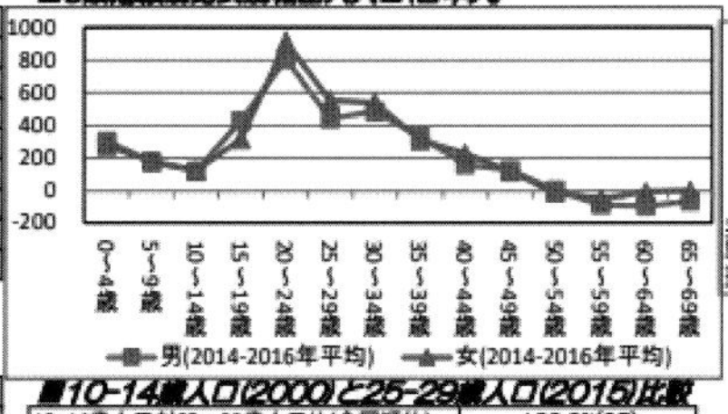

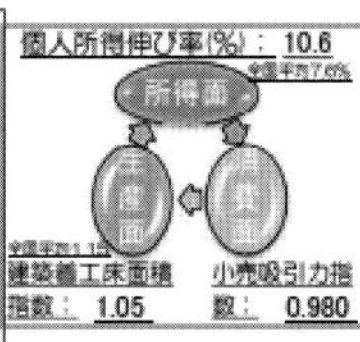

人口(2015)　:1,263,979
人口増減数：41,545

■10-14歳人口(2000)と25-29歳人口(2015)比較

10-14歳人口対25−29歳人口比(全国順位)	123.3%(97)

④5歳階級別人口コーホート分析

	2010〜2015	2000〜2005
5〜9歳	1,763	149
10〜14歳	1,899	315
15〜19歳	4,632	3,689
20〜24歳	6,687	6,996
25〜29歳	1,196	1,605
30〜34歳	3,496	2,403
35〜39歳	2,046	571
40〜44歳	1,482	304
45〜49歳	409	27
50〜54歳	▲ 17	▲ 786
55〜59歳	▲ 968	▲ 1,769
60〜64歳	▲ 2,508	▲ 2,734
65〜69歳	▲ 3,226	▲ 2,884
70〜74歳	▲ 3,904	▲ 3,200
最多流入層	20〜24歳	20〜24歳
最多流入人数	6,687	6,996

3. 市区町村財政分析

指標名	2015	順位(2015)
歳入総額(百万円)	460,291	12
歳出総額(百万円)	449,432	12
【健全度】実質収支(百万円)	4,960	33
【健全度】実質単年度収支(百万円)	▲ 858	1,696
【財政力】財政力指数	0.98	80
【財政力】自主財源比率(%)	61.1	137
【弾力性】経常収支比率(%)	95.6	1,642
【適性度】1人当たり人件費等(千円)	59.4	367
【適性度】人口千人当たり職員数(人)	6.0	231
【健全度】実質公債費比率(%)	5.0	387
【健全度】将来負担比率(%)	9.7	100
【健全度】積立金現在高(百万円)	43,690	42
【健全度】地方債現在高(百万円)	435,171	1,728
個人住民税が地方税に占める割合(%)	40.6	280
法人住民税が地方税に占める割合(%)	9.7	279

図 6-9　地域経済構造分析 DB 抜粋

応用編

第 VII 章

今後の市区町村統計について

　市区町村統計を中心とした公的統計は、現在大きな変化や課題に直面しており、時代の変化に対応した新たな市区町村統計のあり方が求められている。

1 市区町村統計を中心とした公的統計が直面する変化と課題

> 本書では、市区町村統計を中心に公的統計を紹介し、人口や産業に関するデータを中心に地域の持続的発展に資する分析手法を取り上げたが、分析のベースとなる市区町村に関する公的統計は、現在大きな変化や課題に直面している。

(1) 市区町村統計の充実

一つ目の視点は、既に本書でもふれたように、基幹統計を含めて、市区町村に関する統計が廃止や統合されつつあることである。基幹統計であった工業統計や商業統計などは市区町村に関するデータの取得が可能な調査統計であったが、既に廃止され、例えば市区町村における年間の工業の動向を従来と同じ水準で把握することが困難になった。建築着工統計調査と住宅着工統計調査は、2020年4月以降の市区町村別集計結果に関する公表がとりやめになった。また、市区町村の規模の面から公的統計を捉えると、人口規模の大きい市区では、依然として十分な統計結果を得ることができるが、小規模な町村等では調査対象から外れる等の要因により、これまで市区町村一律に統計結果が得られていた状況から、市区町村間における情報格差ともいえる状況も一部に生じつつある。

これらの背景には、統計調査の重複等の面から統合等が必要となっている面はあるが、地域を主体としたデータ整備の必要性が高まる中で、公的統計を中心とした市区町村統計の質と量の担保は今後の大きな課題といえる。

(2) 統計調査の実施にかかるコストの削減
①統計調査実施にかかるコストの高まり

二つ目の視点は、補論1で取り上げる不詳補完結果に象徴されるように、近年急速に統計調査に対する協力が得られにくくなり、調査統計を実施するためのコストが高まっていることである。

その要因には、佐伯（2022）が指摘するように、統計調査で得られる個人情報や企業情報等について整備以前から必要な規律[122]が確保されてきたにもかかわらず、2000年代半ばに個人情報保護法制の整備が進み、統計調査に対して協力が得にくい状況が生じていることがあげられる。また、単身世帯の増加、女性や高齢者の就業率の向上、オートロックマンションの増加等の都市化の影響によって、統計調査を行う調査員が世帯の構成員と日中接触することが難しくなり

---

[122] 前述したように、統計法では、1947年の設立当初から秘密の保護が罰則によって担保され、調査票情報の適正な管理を行うための規定が設けられている。そのため、従来からこれらの統計の作成のために集められた個人情報については適用除外措置がとられてきた。2007年の統計法の全面改正後についても、基幹統計調査及び一般統計調査を実施することで得られる個人情報や事業所母集団情報データベースに含まれる個人情報、他の行政機関から提供を受けた行政記録情報に含まれる個人情報については、行政機関の保有する個人情報保護に関する法律や独立行政法人等の保有する個人情報の保護に関する法律の規定について、適用除外とされている。この措置は、新たな個人情報保護法が施行される2022年4月の施行後も継続される。

つつあることも複合的な要因として関係しているといえる。

　実施に係るコストの高まりに対して、例えば国勢調査では、いくつかの取り組みがこれまで行われてきた。**図7-1** は、国勢調査における回答方法の割合について、1995 年から 2020 年までの推移を示している。2000 年調査ごろまでは、調査票の提出は調査員への提出がほぼ 100% を占めていた。世帯構成員との接触が困難で、督促を行っても調査票の提出がないために、国勢調査の調査員が法令に基づき近隣等の世帯に確認して所在確認を行う未提出世帯に対する「聞き取り調査」によって調査票が作成された割合は、1995 年調査では僅か 0.5% であった。その後、2005 年調査からはあらかじめ回答する世帯の方で封をした形で提出する方法を導入し、2015 年調査からはオンライン回答を全国に拡大することで回答者の負担軽減を図った。以上のように、個人情報保護に関する意識の高まりへの対応や回答者の利便性向上に努めてきたにもかかわらず、聞き取り調査での回答割合は増加傾向にある。2020 年調査では新型コロナウイルス感染症の拡大の影響により、国勢調査の調査員が調査世帯の構成員とできる限り直接接触しない非接触型の調査方法を導入したことで、聞き取り調査割合はさらに増加して 16.3% となり、結果として不詳割合のさらなる増加となって表れることになった。

　国勢調査に対してこれまで行われてきた改善策は、全体としてみると、現状では統計調査に対する協力を高めることにつながったとは言い切れず、他の統計調査も含めた調査の実施に伴う個人や企業等における回答に要するコストは、依然として高まり続けていると考えられる。

　加えて、公的統計を中心とした統計調査の実施に関するコストについて、現地の調査員や統計を作成する国・自治体等のいわゆる作成側のコストも含めて考えると、現時点で即効性のある妙案はなく、統計調査の実施にかかる全体的なコストを下げることは、今後の大きな課題といえる。

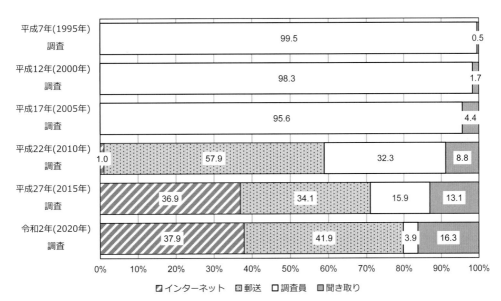

図7-1　国勢調査の回答方法別割合の推移

　　出所）佐伯修司「公的統計の利活用推進と 21 世紀の統計行政（1）―情報をめぐる社会の大きな変化と
　　　　　国勢調査での対応―」より筆者作成

②行政記録情報の積極的活用による市区町村統計の整備

　我が国では、国や地方自治体が実務を行う上で様々なデータを収集している。これらは行政記録と呼ばれ、市区町村別の統計についても、既に住民基本台帳に基づく人口、人口動態及び世帯数調査等の業務統計として活用され、調査統計の経済構造統計の作成にも活用されている。また、既に2021年から研究利用が始まり、今後の統計への本格的な活用が期待されている税務データも行政記録情報に含まれる。一般社団法人日本経済団体連合会（2021）が会員企業を対象に行ったアンケートでは、7割以上が行政記録情報の活用によって統計調査を回答する際の負担軽減につながると回答するなど、行政記録情報の活用は、統計調査の実施に伴うコストを削減できる可能性がある。統計作成者側においても、データ収集に伴うコストを削減することができ、統計調査の全体の実施コストの引き下げにつながる可能性がある。

　なお、これらの行政記録情報を公的統計として積極的に活用するためには、いくつかの課題がある。まず、行政記録情報自身は、分析目的で集計されていないため、他のデータとの紐づけがなく、分析等を行う際の制約となる。例えば、住民基本台帳に基づく人口、人口動態及び世帯数調査では、市区町村別の転出入者数について、通常の調査統計では一般的な男女別や年齢別のデータを得ることができない。

　また、現在政府は、2007年に全面改正された統計法に基づき、「公的統計の整備に関する基本的な計画」を策定し、統計調査における行政記録の情報の活用に取り組んでいる。

　表7-1より、行政記録情報の統計調査への活用内容をみると、「母集団情報の整備」が中心で、報告者の負担軽減や統計作成の効率化に対する効果が期待できる「調査事項の代替」は統計調査数全体の半数以下にとどまっていることがわかる。デジタル庁の発足を受けて、整備に

表 7-1　行政記録情報等を活用している統計調査

府省等	統計調査数	うち 母集団情報 の整備	うち 調査事項 の代替	うち 欠測値補完、 審査での活用等
内閣府	5	4	1	0
総務省	7 (2)	6 (2)	0	1
法務省	1	1	0	0
財務省	3	3	0	1
文部科学省	1	1	0	0
厚生労働省	24	14	11	3
農林水産省	11	7	7	0
経済産業省	10 (2)	10 (2)	2	1
国土交通省	33	31	13	0
環境省	5	4	1	0
計	98 (2)	79 (2)	35	6

注）1：( ) 内の数値は、共管統計（複数の府省が共同で作成する統計）の数であり、共管統計は、共管の府省にそれぞれ1件と計上しているため、各府省の対象統計数を単純合計しても、合計と一致しない。
　　2：統計調査の件数は、統計法に基づく統計調査の承認単位で計上している。
　　3：内数については、行政記録情報等の活用形態で1件と計上しているため、内数を単純合計しても、統計調査数と一致しない。
　出所）総務省「行政記録情報等の統計作成への活用状況」（令和4年9月）より筆者作成

コストのかかる市区町村別統計おいてこそ、行政記録情報を一層活用し、統計の実施コストの削減と業務統計の整備を進めることが今後の方向性の一つになると考える。

（3）統計利用の促進に向けた使い勝手の向上

現在政府では、限られた資源を効果的・効率的に利用し、行政への信頼性を高めるためには、証拠に基づく政策立案（EBPM）が必要として、EBPM の推進を図る統計等のデータの整備・改善を進めている[123]。

公的統計は、政府の重要政策を決定する際の証拠に基づく政策立案（EBPM）を支える基礎的な役割を果たすだけでなく、民間企業が経営計画を策定する上でも重要な判断材料の一つとされている。

最後の視点は、上記の観点から、公的統計の利用促進が求められているが、現状において、統計の使い勝手にはまだ課題があるという点である。

例えば、前述の税務データについて、地方税を徴収する自治体では、住民の個人レベルの所得データを所有するが、統計として利用することを想定していない。そのため利用の際には、これらの税務データを個人が特定できないように匿名加工を行わなければならず、利用のためのハードルは高い。

また、公的統計の作成以外の様々な分析に活用する場合には、目的外利用となり、統計法 33条に基づく利用申請が必要となる。統計法 33条に基づくガイドラインでは、必要最小限の調査票情報の提供となり、そのような条件を満たしているか、審査者による精査が行われるため、しばしば申請に時間を要することがあり、統計利用のハードルをあげている。

2019 年 5 月の統計法改正によって、公的統計のオンサイト利用[124]が可能になるなど、学術利用においては利用の範囲は拡大されており、使い勝手に関する一定の改善は進んでいる。統計利用の促進につながる今後のさらなる改善に期待したい。

---

[123]政府における EBPM の推進の詳細は、2017 年 5 月統計改革推進会議最終とりまとめを参照のこと。（https://www.kantei.go.jp/jp/singi/toukeikaikaku/pdf/saishu_honbun.pdf）

[124]統計法に基づく調査票情報の提供に関し、統計センターと連携する大学や行政機関等に設置された情報セキュリティを確保したオンサイト施設において、調査票情報が利用できる。2019 年 5 月からは、情報保護（オンサイト利用等）を前提として、調査票情報の学術研究等の利用が可能となり、提供対象の拡大が図られている。あわせて、調査票情報の提供を受けた者の氏名や統計調査の名称、研究成果等の公表制度が新たに設けられている。

2 時代の変化に対応した地域統計の整備

（1）社会経済構造の変化と既存統計

　我が国における社会経済構造の変化とともに、地域において重要となる指標はこれまでとは異なるものになっていく可能性がある。

　現在、注目されつつある指標のひとつに兼業・副業がある。兼業・副業に関する民間調査は数多く行われているものの、現状において市区町村レベルの統計において兼業・副業については、充分に把握することができない。兼業・副業自体を捉えても、それが自己実現のために行われているのか、所得の補填のために行われているのかで大きく異なり、単純に量的な側面から捉えるだけでは済まない問題もある。

　また、将来的には AI 等の技術導入が本格的に進めば、労働者は現在のように、ひとつの仕事のみを行うのでなく、複業[125] が常態化するなど働き方が大きく変化する可能性がある。また、働き方も通勤でなく、リモートワークの形が増え、人と産業の関係は現状よりさらに複雑化し、地域分析を一層困難にしていく可能性が高い。こういった従来とは異なる人と産業の関係を正確に捉えることのできる統計の必要性の高まりは、例えば常住地や通学地・従業地などで地域を捉え、主業が1つであることを前提とした調査を行ってきた既存の統計に対して調査内容の変更を迫ることになる可能性がある。

（2）新たな地域統計のあり方

　我が国の経済が成熟化し、人口減少社会を迎える中で、第Ⅴ章で既に述べたように、付加価値は地域において、より重要な意味を持つようになっている。

　一方で、全要素生産性を含め、これらの指標は市区町村では把握自体が難しく、付加価値についても市区町村レベルでは多くの秘匿措置がなされ、詳細な把握が難しい。また、付加価値生産性を支える労働の質などの人的資本形成に関する指標についても、市区町村レベルで把握することができず、持続的発展に資する政策、例えば人材育成政策や教育政策を地域で行ったとしても、人材の質の向上や結果として生み出された付加価値等については、把握することができない。

　少々極論であるが、人口や従業者数といった従来型の施策の検証と親和性の高い量的な地域データが取得可能なデータの中心になっていることが、地域における新たな政策の実行の妨げのひとつになっている可能性がある。政策の評価を正確に行うには、必要なデータが入手できることが必要条件となるからである。

　また、本格化する人口減少社会の到来とともに、地域間が人材や資源の調達について、「過当競争」を繰り広げることは、全体最適にならない時代が到来しつつある。

　人口減少下の地域においては、資源や人材を奪い合うゼロサムに陥るのでなく、これまでの競争から協調へと活性化の軸をシフトしていく必要がある。協調を軸とした地域社会において

---

[125] メインやサブといった仕事の優先順位がなく、本業を複数持ち2つ以上の仕事に同時並行で取り組む働き方を指す。

は、地域資源を各地域が囲い込むのでなく、全体で共有しイノベーションや付加価値を高めることによる新たな需要の創出に力を入れる必要があると考える。

　地域統計においては、そのような広域の取り組みを捉え、促進することができる的確な圏域が簡単に設定できる広域統計などの統計開発が求められる。

　ここまで市区町村を中心とした公的統計とそれらを活用した分析手法を取り上げてきたが、時代のスピードがさらに加速する中で、信頼性の高い公的統計のみで地域が持続的発展を実現していくことは難しい。急速に進歩を遂げ、公表スピードの速い民間データとの戦略的なすみ分けを行い、問題把握を的確に行うために必要かつ信頼性の高い情報が入手できる環境づくりも、今後の新たな地域統計を考える上では必要と考える。

補論 1 国勢調査における不詳補完人口について

（1）不詳人口の推移

　地域経済の分析において最も頻繁に利用される統計調査の一つは、国勢調査であるが、前述したように、近年では、統計調査に対する協力が得にくくなっていることなどから、不詳や分類不能といった項目の発生割合が増えている。

　図補-1 は、不詳のうちの一つである年齢不詳人口が総人口に占める割合を時系列でみたものであるが、2000年代に入ってから割合が増加し、直近においては2%を超えるなど急激な増加を示していることがわかる。

　不詳等の回答割合が増えることによって、正確なデータを得ることが難しくなり、国勢調査の精度にも影響を与えている。

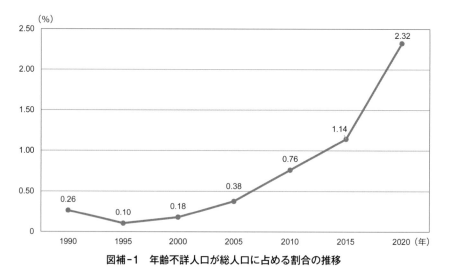

図補-1　年齢不詳人口が総人口に占める割合の推移

出所）総務省「国勢調査」より筆者作成

（2）不詳補完人口について

　不詳等の回答割合が増える中で、小池・山内（2014）によれば、平成22年国勢調査において初めて国籍または年齢が不詳の人口について国籍別年齢別に按分して含めた人口を公表した。

　その後、平成27年国勢調査においても、年齢・国籍の不詳を按分によって補完した統計表を作成し、確報の公表後に参考表として公表した。

　令和2年国勢調査では、不詳補完を行った統計表はさらに増加し、5年前との比較を可能とするため、平成27年国勢調査を同様の方法で遡及集計した結果を提供している[126]。

　令和2年国勢調査では、**表補-1** 内で下線の引いてある合計11項目について按分処理による

---

[126] 不詳補完値の算出方法は、「令和2年及び平成27年国勢調査に関する不詳補完結果（参考表）について」を参照のこと。
　（https://www.e-stat.go.jp/stat-search/file-download?statInfId=000032145090&fileKind=2）

不詳補完が行われている。

　今後も不詳人口が総人口に占める割合は高まる可能性があり、不詳補完の対象となる項目は増加する可能性が高いが、過去の原数値データとの時系列比較は不適切とされており、時系列比較を行う際にはデータの選択に注意が必要である。

　なお、令和2年国勢調査のうち、移動人口の就業状態等集計については、項目全体で不詳補完による集計が行われていない。

表補-1　不詳補完結果における按分処理の対象項目

集計区分	主要分類項目
人口等基本集計	世帯の種類、男女、年齢、国籍（日本人・外国人の別）、配偶関係、住宅の建て方
就業状態等基本集計	世帯の種類、男女、年齢5歳階級、労働力状態、産業、職業、従業上の地位
従業地・通学地による人口・就業状態等集計	世帯の種類、男女、労働力状態、従業地・通学地
移動人口の男女・年齢等集計	世帯の種類、男女、年齢5歳階級、5年前の常住地

　出所）総務省「令和2年及び平成27年国勢調査に関する不詳補完結果（参考表）について」を基に筆者が加工して作成

（3）不詳補完人口対応表

　表補-2は、令和2年国勢調査に関する不詳補完結果のうち、市区町村集計に関する表を抽出し、不詳補完を行っていない原数値表との対応関係を示したものである。

　表頭の原数値対応表との内容の差異が「有」になっている表は、不詳補完に対応した表は作成されているが、原数値の表よりも集計項目が少ないことを示している。

　例えば、就業状態等基本集計に対応した不詳補完結果第2-1表は、「男女、労働力状態・従業上の地位別人口（15歳以上）」について市区町村別に集計されている。一方で、原数値の第2-2表では、「男女、年齢（5歳階級）、配偶関係、労働力状態・従業上の地位別人口（15歳以上）」について市区町村別に集計されており、年齢（5歳階級）、配偶関係については、不詳補完結果では集計されていない。

　不詳補完結果を利用する場合は、原数値表に関する集計項目と一致しない場合があるため、地域分析を行う際には、注意が必要である。

表補-2　不詳補完結果市区町村集計一覧（2020 年）

不詳補完結果対応表番号	集計項目（不詳補完結果）	原数値対応表番号	原数値対応表との内容の差異
人口等基本集計			
1-3	男女、年齢（各歳）、国籍総数か日本人別人口、平均年齢及び年齢中位数	2-5	無
1-4	男女、年齢（5 歳階級及び 3 区分）、国籍総数か日本人別人口、平均年齢、年齢中位数及び人口構成比［年齢別］	2-7	無
2-3	男女、年齢（5 歳階級）、配偶関係、国籍総数か日本人別人口及び平均年齢（15 歳以上）	4-3	無
2-4	男女、年齢（5 歳階級）、配偶関係、国籍総数か日本人別人口構成比［配偶関係別］（15 歳以上）	4-4	無
就業状態等基本集計			
1	男女、年齢（5 歳階級）、労働力状態別人口及び労働力率（15 歳以上）	1-2	無
2-1	男女、労働力状態・従業上の地位別人口（15 歳以上）	2-2	有
5-1	男女、従業上の地位、産業（大分類）別就業者数（15 歳以上）	5-3	無
6	男女、産業（大分類）別人口構成比［産業別］（15 歳以上就業者）	6-5	無
8-1	男女、従業上の地位、職業（大分類）別就業者数（15 歳以上）	8-3	無
9	男女、職業（大分類）別人口構成比［職業別］（15 歳以上就業者）	9-5	無
10-1	男女、産業（大分類）、職業（大分類）別就業者数（15 歳以上）	10-3	無
10-2	男女、産業（大分類）、職業（大分類）別役員を含む雇用者数（15 歳以上）	10-4	無
従業地・通学地による人口・就業状態等集計			
1-1	男女、常住地又は従業地・通学地別人口及び昼夜間人口比率	1-1	有
1-2	男女、常住地又は従業地・通学地別就業者数	1-2	有
1-3	男女、常住地又は従業地・通学地別通学者数	1-3	有
2	男女、従業地・通学地（全国［総数］、都道府県、市区町村）別就業者・通学者数	3	有
3	男女、常住地（全国、都道府県、市区町村）別就業者・通学者数	4	有
5	従業・通学市区町村、男女別通勤者・通学者数	6-1	無
移動人口の男女・年齢等集計			
1	男女、年齢（5 歳階級）、5 年前の常住地・現住地別人口	1	無
2	男女、年齢（5 歳階級）、5 年前の常住地（全国［総数］、都道府県、市区町村）別人口	4	無
3	男女、年齢（5 歳階級）、現住地（全国、都道府県、市区町村）別人口	5	無
5-1	5 年前の常住市区町村、男女別人口	7-1	有
5-2	5 年前の常住市区町村、男女別人口（5 歳以上）	7-2	有

出所）総務省「令和 2 年国勢調査に関する不詳補完結果（参考表）集計事項一覧」、
総務省「令和 2 国勢調査調査結果の利用案内―ユーザーズガイド―」を基に筆者が加工して作成

市区町村における主な財政分析指標

（1）財政規模

　地方公共団体における財政規模を示す指標として「標準財政規模」がある。地方公共団体における様々な財政指標の分母に使われる地方財政分析の代表的な指標のひとつである。

　「令和4年度地方財政白書」によれば、標準財政規模は、「地方公共団体の標準的な状態で通常収入されるであろう経常的一般財源の規模を示すもので、標準税収入額等に普通交付税を加算した額」とされている。なお、調査等で公表されている標準財政規模には、2009年度以降、臨時財政対策債[127]発行可能額が含まれている。

（2）収支

　地方公共団体における収支を示す指標として、「実質収支」は、歳入総額から歳出総額を差し引きした額から翌年度への繰り越し財源を引いた今年度の実質的な収支を示している。また、「単年度収支」は、今年度の実質収支から前年度の実質収支を差し引いたもので、1年間で収支がどれくらい改善または悪化したかを示す指標である。さらに、単年度収支に、積立金の取崩しとなる財政調整基金の取崩し額を差し引き、将来への積み立てや借金の返済になる財政調整基金の積み立てや繰り上げ償還額を加えたものが「実質単年度収支」となる。これらの指標を組み合わせて分析することで、単なる単年度の収支だけでなく、自治体運営がどのようになされているかを分析することができる。

（3）財政力

　地方公共団体の財政力を見る指標として最も代表的な指標が「財政力指数」である。財政力指数は、3年間の基準財政収入額[128]を3年間の基準財政需要額[129]で割った過去3年の平均値である。1を上回るほど財源に余裕があるとされる。単年度の財政力指数は、普通交付税の算定から得られるもので、1以上の団体は普通交付税の不交付団体となる。

$$財政力指数 = \left\{ \left(\frac{平成30年度基準財政収入額}{平成30年度基準財政需要額} \right) + \left(\frac{令和元年度基準財政収入額}{令和元年度基準財政需要額} \right) + \left(\frac{令和2年度基準財政収入額}{令和2年度基準財政需要額} \right) \right\} \times \frac{1}{3}$$

　なお、「令和2年度地方公共団体の主要財政指標一覧」によれば、全国の市町村で最も財政力

---

[127] 地方財政収支の不足額を補てんするため、地方財政法第5条の特例として2001年度に創設された地方債であり、各地方公共団体が特例として発行してきた。元利償還金相当額は全額を後年地方交付税の基準財政需要額に算入することとされ、各地方公共団体の財政運営に支障が生ずることのないように措置されている。

[128] 普通交付税の算定に用いるもので、各地方公共団体の財政力を合理的に測定するために、標準的な状態において徴収が見込まれる税収入を一定の方法によって算出した額のことである。

[129] 普通交付税の算定基礎となるもので、各地方公共団体が合理的かつ妥当な水準における行政を行い、または施設を維持するための財政需要を一定の方法によって算出した額のことである。

指数が高いのは、愛知県海部郡飛島村の 2.21 であるが、全国の市町村における令和 3 年度の普通交付税の不交付団体は、前年度に比べて 22 減った 53 市町村[130] となっている。全国の市町村に不交付団体が占める割合は 3% 程度であり、近年ではほとんどの市町村において普通交付税が交付されていることを示している。

　地方公共団体の財源は、自主財源と依存財源に分けることができる。自主財源は、自治体が自らの権能に基づいて（一定程度は）自主的に収入化できるため、自主財源の多寡は地方公共団体の財政運営の自主性、安定性に影響を与える。

　財政力を見るもう一つの指標として「自主財源比率」があげられる。自主財源比率は、市町村税、分担金及び負担金、使用料、手数料、財産収入、寄付金、繰入金、繰越金、諸収入から構成される「自主的に徴収できる財源」を歳入総額で割ることで求められる。

$$\text{自主財源比率} = \frac{\text{自主財源額}}{\text{歳入総額}}$$

（4）財政構造の弾力性

　地方公共団体が、住民ニーズに対して的確に応えるためには、毎年支出が必要になる義務的経費に充てる財源に加えて、社会経済や行政サービスの需要変化に適切に対応した施策を実施するための財源を確保していくことが必要である。これらの財源に対する確保の程度を財政構造の弾力性という。

　財政構造の弾力性を見る代表的な指標が「経常収支比率」であり、以下の式で求められる。

$$\text{経常収支比率(\%)} = \left(\frac{\text{経常経費充当一般財源}^※}{\text{経常一般財源}^※ + \text{減収補填債特例分} + \text{猶予特例債} + \text{臨時財政対策債}} \right) \times 100$$

※「経常経費充当一般財源」とは経常的な経費に充当された一般財源であり、「経常一般財源」とは経常的に収入された一般財源の総額である。

　地方税、地方交付税のように使途が特定されておらず、毎年度経常的に収入される一般財源（経常的一般財源）に対して、人件費、扶助費、公債費のように毎年度経常的に支出される経費（経常的経費）の割合が増えると経常収支比率は高まる。

　経常収支比率の上昇は、財政運営の硬直化に繋がるが、2019 年度における市町村の経常収支比率は 93.6% に達している。子ども手当の導入や生活保護受給者の増加など扶助費等が増加傾向にあることが一因であり、2019 年度における市町村の経常収支比率は、10 年前（2009 年度）の 91.8% に比べて悪化するなど、近年は上昇傾向にある。

（5）適正度

　総務省は、厳しい財政状況の中で、地方自治体に対する行政改革の推進を求めてきた。例えば、2005 年には「地方公共団体における行政改革推進のための新たな指針」（新地方行革指針）を策定した。同指針の中では、民間委託等の推進に加えて、定員管理及び給与の適正化等がポ

---

[130] 特別区を除き、合併特例の適用により交付税が交付される団体数を含む。

イントとして示され、「集中改革プラン」の策定・公表が各自治体に求められた。

定員管理の適正化をみる指標としては、市町村では「人口千人あたりの職員数」があげられ、人口は住民基本台帳をベースとした人口を使用する。

総務省「令和3年度地方公共団体定員管理調査結果の概要」によれば、地方公共団体の総職員数は、1994年の328.2万人をピークに減少し、2005年から2010年の集中改革プランでは約23万人も減少した。その後2016年まで一貫して減少し、その後は横ばいから微増に転じている。直近の2021年では約280万人で前年比1.4％の増加となっている。

また、行政運営の基本的なコストである人件費・物件費等の適正度をみる指標として、「人口一人当たり人件費・物件費等決算額」があげられる。

人件費、物件費及び維持補修費の合計額であるが、人件費には事業費支弁人件費[131]を含み、退職金は含まない。

さらに、給与水準の適正度をみる指標として「ラスパイレス指数」がある。同指数は、地方公務員と国家公務員の給与水準を比較し、国家公務員の行政職俸給表（一）適用職員の俸給月額を100とした場合の地方公務員の一般行政職の給与水準を示す。職員構成を学歴別、経験年数別に区分し、地方公共団体の職員構成が国の職員構成と同一と仮定して算出する。同指数は、「市町村別決算状況調」から取得することはできないため、地方財政状況調査関係資料の一つである「地方公共団体の主要財政指標一覧」からまとめて取得するのが良い。

なお、地方自治体の正規職員数が減少傾向にあり給与水準が抑制される中で、一方の臨時・非常勤職員は増加を続けてきた。総務省「地方公務員の臨時・非常勤職員に関する実態調査」及び総務省「地方公務員の会計年度任用職員等の臨時・非常勤職員に関する調査結果」によれば、2012年度59.9万人であった全国の臨時・非常勤職員は、2016年度には64.3万人に増加し、2020年には69.4万人に達した。臨時・非常勤職員は、今や地方行政の重要な担い手となっているが、適正な任用や勤務条件の確保が課題となっていることから、地方公務員法及び地方自治法の一部改正が行われた。2020年度（令和2年度）から新たに一般職の会計年度任用職員制度[132]が創設され、任用、服務規律等の整備を図るとともに、特別非常勤職員及び臨時的任用職員の任用要件の厳格化による会計年度任用職員制度への必要な移行が図られ、会計年度任用職員については、期末手当の支給が可能となった。

同制度の創設に伴って、「市町村別決算状況調」においては、これまでの物件費に計上されてきた（短期間の日々雇用の職員の）賃金が人件費に計上され、人件費の内訳についても、これまで職員給、非常勤職員、臨時職員給与などで分類されてきた項目が大きく追加又は変更された。

会計年度任用職員（フルタイム・パートタイム）や任期付職員（任期付短時間勤務職員含む）、再任用職員（再任用短時間勤務職員含む）、その他特別職非常勤職員といった項目が新たに追加又は変更され、臨時的任用職員の給料等については、任用の区分に応じて任期に定めのない常勤職員、任期付職員、再任用職員に割り振られることになった。したがって、会計任用職員制度の前後における人件費に関する比較分析を個々の項目について行うことは困難であることに

---

[131] 普通建設事業費、災害復旧事業費又は失業対策事業費に含めて支出される職員の人件費を示す。
[132] 総務省「会計年度任用職員制度について」
　（https://www.soumu.go.jp/main_content/000638276.pdf）

注意が必要である。

(6) 健全度

　厳しい財政状況が続く中で、住民の暮らしを担う地方自治体には、持続可能となる健全な財政運営が求められている。

　2008年4月に「地方公共団体の財政の健全化に関する法律」（「財政健全化法」）が一部施行（2009年4月全面施行）され、2007年度決算から健全化判断比率として以下の4つの指標の公表[133]が始まっている。

・実質赤字比率
・連結実質赤字比率
・実質公債費比率
・将来負担比率

　実質赤字比率は、普通会計の収支を意味し、黒字の場合は比率がマイナスとなるため「−」（数値なし）と表示される。連結実質赤字比率は、公立病院や下水道など公営企業の会計を含む当該地方自治体の全会計を対象とした実質赤字額の標準財政規模に対する比率であり、実質赤字比率と同様に、黒字の場合は「−」（数値なし）と表示される。

　連結実質赤字比率は、地方公共団体全体における財政状況の評価が可能となるが、指標の特性上、個々の赤字が他の黒字会計によって相殺されている場合があるため、詳細な分析を行う場合には、内訳となる個々の会計の赤字についても規模や性質を勘案しながら評価を行うことが必要である。

$$実質赤字比率＝\frac{一般会計等の実質赤字額^{134}}{標準財政規模}$$

$$連結実質赤字比率＝\frac{連結実質赤字額}{標準財政規模}$$

　実質公債費比率は、公債費の負担度合いの尺度を示す指標であるが、公営事業会計や一部事務組合・広域連合などの公債費を返済するために普通会計からだされる繰出金を対象にしている点に大きな特徴がある。地方自治体の借入金（地方債）の返済額（公債費）の大きさを、当該自治体の財政規模に対する割合で示したもので以下の算定式で求められる。

　公債費や公債費に準ずる経費は、削減や先送りができない義務的な経費で、短期間での削減が困難な場合がある。したがって、実質公債費比率の上昇は、財政の弾力性を低下させ、他の投資的経費等の削減に繋がるため、推移について注視する必要がある。

---

[133] 地方自治体は、毎年度健全化判断比率をその算定資料とともに監査委員の審査に付した上で議会に報告し公表するとともに、公営企業を経営する地方自治体は、毎年度、公営企業ごとに資金不足比率を監査委員の審査に付した上で議会に報告し公表しなければならない。

[134] 一般会計及び特別会計のうち普通会計に相当する会計における実質赤字の額である。実質赤字額は、繰上充用額と支払繰延額、事業繰越額の合計である。

$$実質公債費比率_{（3か年平均）} = \left(\frac{（地方債の元利償還金＋準元利償還金^{135}）－（特定財源＋元利償還金・準元利償還金に係る基準財政需要額算入額）}{標準財政規模－（元利償還金・準元利償還金に係る基準財政需要額算入額）} \right)$$

将来負担比率は、地方自治体の借入金（地方債）など現在抱えている負債の大きさを、当該自治体の財政規模に対する割合で示したもので、以下の算定式で求められる。

$$将来負担比率 = \left(\frac{将来負担額^{136}－（充当可能基金額^{137}＋特定財源見込額＋地方債現在高に係る基準財政需要額算入見込額）}{標準財政規模－（元利償還金・準元利償還金に係る基準財政需要額算入額）} \right)$$

将来負担額には、一般会計等の借金の現在高に加えて、将来支払う可能性のある負担額の現時点での残高が含まれ、将来財政を圧迫する可能性の度合いを標準財政規模に対する割合で示している。

また、将来負担比率は、普通会計の地方債現在高や債務負担行為[138]、公営事業会計や一部事務組合・広域連合に加えて、地方公社や第三セクター等についても対象に含め、これらに対する一般会計からの地方債返済の負担分についても合算して求めている点に特徴がある。

なお、毎年度公表される健全化判断比率については、「早期健全化基準」と「財政再生基準」といった二つの段階が設けられており、それぞれの基準は**表補-3**の通りである。健全化判断比率①〜④のうち、いずれかが早期健全化基準以上になると、「財政健全化団体」となり、「早期健全化計画」の策定が義務づけられる。また、再生判断比率①〜③のうち、いずれかが財政再生基準以上の場合には、「財政再生団体」となり、「財政再生計画」の策定の義務づけや計画に対する国の同意手続き、地方債の制限などの規制が加わることになる。

一方で、大和田・石山・菊池（2021）は、将来負担比率について「充当可能財源等という曖昧な値があるため、実質公債費比率と同様に将来負担比率は、総合（基本）計画の長期財政見通しや財政フレームの成果目標には使えない」としている。

---

[135] 以下のイからホまでの合計額で表される。
  イ　満期一括償還地方債について、償還期間を 30 年とする元金均等年賦償還とした場合における1 年当たりの元金償還金相当額
  ロ　一般会計等から一般会計等以外の特別会計への繰出金のうち、公営企業債の償還の財源に充てたと認められるもの
  ハ　組合・地方開発事業団（組合等）への負担金・補助金のうち、組合等が起こした地方債の償還の財源に充てたと認められるもの
  ニ　債務負担行為に基づく支出のうち公債費に準ずるもの
  ホ　一時借入金の利子
[136] 以下のイからチまでの合計額で表される。
  イ　一般会計等の当該年度の前年度末における地方債現在高
  ロ　債務負担行為に基づく支出予定額（地方財政法第 5 条各号の経費に係るもの）
  ハ　一般会計等以外の会計の地方債の元金償還に充てる一般会計等からの繰入見込額
  ニ　当該団体が加入する組合等の地方債の元金償還に充てる当該団体からの負担等見込額
  ホ　退職手当支給予定額（全職員に対する期末要支給額）のうち、一般会計等の負担見込額
  ヘ　地方公共団体が設立した一定の法人の負債の額、その者のために債務を負担している場合の当該債務の額のうち、当該法人等の財務・経営状況を勘案した一般会計等の負担見込額
  ト　連結実質赤字額
  チ　組合等の連結実質赤字額相当額のうち一般会計等の負担見込額
[137] 将来負担額の注釈イからへまでの償還額等に充てることができる地方自治法第 241 条の基金
[138] 複数年に渡る契約や後年度の支出など将来に渡る債務を負うことをいい、内容・期間・限度額などを定め、予算の「内容の一部」として議会の議決によって設定されるが、歳出予算には含まれない。

表補-3　市区町村等における早期健全化基準と財政再生基準

	早期健全化基準	財政再生基準
①実質赤字比率	都：5.63% 道府県：3.75% 市区町村：財政規模に応じ 11.25%〜15%	都：8.76% 道府県：5% 市区町村：20%
②連結実質赤字比率	都：10.63% 道府県：8.75% 市区町村：財政規模に応じ 16.25%〜20%	都：18.76% 道府県：15% ※ 市区町村：30% ※
③実質公債費比率	都道府県・市区町村：25%	都道府県・市区町村：35%
④将来負担比率	都道府県・政令指定都市：400% 市区町村：350%	—
⑤資金不足比率	（経営健全化基準）20%	—

※ 3 年間（平成 21 年度〜平成 23 年度）の経過的な基準（都道府県は 25% → 25% → 20%、市区
　町村は 40% → 40% → 35%）が設けられていた（東京都についても別途経過措置が設けられて
　いた）。
出所）総務省資料より筆者作成

　「令和 3 年版地方財政白書」では、「地方債及び債務負担行為による実質的な将来の財政負担」
として、地方債現在高に債務負担行為額を加え、積立金現在高を差し引いた実質的な将来の財
政負担額を求めていることから、これらの負担額を標準財政規模で割ることで、地方自治体に
おける「実質的将来財政負担比率」について比較的平易に求めることができる。

　なお、地方債現在高では、2001 年度に臨時的な措置として導入された臨時財政対策債が地方
債現在高全体に占める割合が増えている。「赤字公債」としての問題点を指摘する意見や地方交
付税の法定率引き上げなどによる地方交付税の必要額の確保を求め、臨時財政対策費の廃止を
求める声がある[139]。積立金についても、内訳をみると「財政調整基金」「減債基金」「特定目的基
金」があり、実質収支の赤字を補てんするために、全ての基金を取り崩せるとは限らないため、
詳細な分析を行う際には、内訳データについては「地方財政状況調査」を一部併用して必要な
データを収集分析する必要がある。

　最後に「有形固定資産減価償却率」について取り上げる。

　多くの地方自治体では、高度成長期における人口増加や行政需要の増大に伴って公共施設や
インフラ整備が急速に進んだ。これらの多くの公共施設は、今後老朽化が急速に進むことで維
持管理コストの増大等による財政逼迫が見込まれ、地域の持続的発展に大きな影響を与える可
能性がある。有形固定資産減価償却率の推移をみることで、地方自治体における資産の老朽化
度合いについて分析を行う必要がある。算定式は以下の通りであるが、指標が 100% に近いほ
ど保有資産が耐用年数に近づいていることを示す。詳細な分析を行うためには、地方自治体全
体の有形固定資産減価償却率を分析するだけでなく、施設類型別に把握することで、（公共施設
の類型別に老朽化対策の優先度を考えたメリハリのある予算編成を行うなど）公共施設等のマ
ネジメントについて考察することも期待される。

---

[139] 中核市市長会「国の施策及び予算に関する提言」（令和 3 年 5 月）
　　（https://www.chuukakushi.gr.jp/docs/2021052100010/file_contents/R04teigen.pdf）

$$有形固定資産減価償却率 = \left(\frac{減価償却累計額}{償却資産（建物及び工作物）の貸借対照表計上額 + 減価償却累計額} \right)$$

なお、有形固定資産減価償却率の算出のためには、従来の公有財産台帳ではなく、老朽化率を判断するために必要な取得日や耐用年数の記載等がなされた固定資産台帳の整備が前提となる。そのため、地方自治体の一部の年度では指標が得られない場合がある。

また、有形固定資産減価償却率は、「市町村別決算状況調」には記載がないため、「財政状況資料集」の各都道府県から該当する市区町村の財政状況資料集（公会計指標分析・財政指標組合せ分析表等）を個別に取得する必要がある。

(7) その他

地方自治体における持続性を分析する視点の１つとして、財政力（財政力指数、自主財源比率）について既に取り上げた。それに加えて、財政力に関連した指標として市町村の税収（地方税）が、住民によって支えられているのか、企業によって支えられているのか、といった視点は、人口減少社会を迎えた我が国の地方財政にとって今後さらに重要になると考える。具体的には、以下の算定式で求める[140]。

$$個人住民税割合(\%) = \left(\frac{市町村民税個人分}{地方税} \right) \times 100$$

$$法人住民税割合(\%) = \left(\frac{市町村民税法人分}{地方税} \right) \times 100$$

住民税は、公共施設、消防・救急、上下水道、ごみ処理、教育・福祉などの行政サービスに必要な経費について、その地域に住む人たちなどに課すもので、市町村民税と都道府県民税がある。また、住民税には、「個人住民税」と「法人住民税」がある。なお、本書では市町村民税を中心に扱うこととする。

個人の市町村民税は、毎年１月１日に居住する市町村において、前年の所得に対して課税されるもので、所得金額に応じた負担を求める「所得割」と、所得金額の多少にかかわらず定額の負担を求める「均等割」から構成される。なお、個人の市町村民税を納める人（納税義務者）は、市町村内に住所がある人は、均等割と所得割の両方を納めるが、市町村内に住所がなく、市町村内に事務所・事業所または家屋敷を持っている人（借りている場合は含み、貸している場合は除く）は、均等割のみを納める。

法人の市町村民税は、市町村内に事務所又は事業所を有する法人に対して課される。法人の市町村民税には、国税として申告した法人税額を課税標準とする「法人税割」と、資本金等の

---

[140] 東京23区内の法人については、市町村税法人分は、都が賦課徴収している。特別区では、市町村税法人分や固定資産税、特別土地保有税の3税（調整税）の収入額と、法人事業税交付対象額及び固定資産税減収補塡特別交付金（調整税等）の合算額の一定割合を特別区財政調整交付金として交付している。「市町村別決算状況調」では、東京23区について歳入内訳の「特別区財政調整交付金」の項目で表され、調整税の各項目については公表されていないため、23区と他の市区町村を割合で比較することはできないことに注意が必要である。

額と従業員数によって算出される「均等割」から構成される。法人市町村民税の納税義務者は**表補-4**の通りである。

例えば、首都圏のベッドタウンでは、地方税に占める個人の市町村民税の割合が高く、地域経済が住民によって支えられている傾向があるが、多くの企業が立地する工業都市では、法人の市町村民税の割合が高く、企業によって支えられている割合が高い可能性がある。それぞれの割合について、現状の把握による位置づけの評価と近年の推移をみることで当該自治体における今後の持続性に関する評価を行うことができる。

なお、市町村別決算状況調は、必要な資料が整理され市町村別の比較が行いやすいが、2006年度（平成18年度）以前は、市区と町村では公表されている内容に差があるため、さらに長期の分析を行う場合には、「地方財政状況調査」を使う必要がある。

表補-4　法人市町村税の納税義務者

納税義務者	納める税金
市町村内に事務所又は事業所を有する法人	法人税割と均等割
市町村内に事務所又は事業所を有し、収益事業を行う社団又は財団で代表者又は管理人の定めのあるもの[141]	法人税割と均等割
市町村内に寮、宿泊所、クラブその他これらに類する施設（以下「寮等」という。）を有する法人でその市町村内に事務所又は事業所を有しないもの	均等割
法人課税信託の引き受けを行うことにより法人税を課される個人で、市町村内に事務所又は事業所を有するもの	法人税割

---

[141] ただし、収益事業を行っていない場合には、法人税割は非課税となる。

日本標準産業分類の過去3回の改定として以下の特徴があげられる。

(1) 第11回改定（2002年3月）における主な改定内容

第11回改定において産業分類の見直しにかかる主な改定内容は以下の通りである。

①情報産業の発展に伴う「情報通信業」の新設

通信業は、日本標準産業分類第10回改定（1993年10月）までは、大分類H「運輸・通信業」に分類されていた。第11回改定では、電気通信分野と情報処理分野の技術の革新・進展や関連産業の発展、産業に関する国際的な産業分類との比較可能性の向上等を理由として、大分類の「情報通信業」が新設された。大分類項目の新設は1957年5月の改定以来であった。

「情報通信業」は、従来の中分類「電気通信業」、「放送業」、「情報サービス・調査業」等を見直して新設されたが、従来の産業分類では分類が難しい中間的な産業が発生してきたことから、これらの産業の受け皿として、中分類「インターネット付随サービス業」が新設された。

なお、インターネットに代表される情報通信技術の高度化は、多くの産業に影響を与え、その後日本標準産業分類第12回改定（2007年11月）では、店舗を有することなく商品を販売する小売業である「無店舗小売業」（中分類）が新設された。

②「サービス業」等における大分類項目の新設

大分類L「サービス業」は、大分類H「運輸・通信業」と同じく、日本標準産業分類第10回改定までは単独で産業分類を構成していたが、第11回の改定時には、大分類L「サービス業」が全産業に占める事業所数及び従業者数の割合がそれぞれ約4分の1を占めるなど拡大が続き、様々な経済活動がひとつの産業分類の中に混在した状態となることで、産業の実態が不明確になっていた。

一方で、経済のソフト化・サービス化、少子高齢社会の進展に伴って産業構造が変化しており、これらの変化に適合させるため、大分類L「サービス業」に関連する産業分類について、以下の大分類項目の新設を行うこととなった。

ⅰ）「医療、福祉」

高齢化が進展し、介護福祉に関連した新たな産業が生まれるとともに関連サービスの多様化等がみられ、産業規模が拡大していることから、大分類L「サービス業」から分離する形で大分類「医療、福祉」が新設された。

ⅱ）「教育、学習支援業」

教育機会の拡大など人的投資の側面から教育に対する役割が高まっていることや生涯学習の広がり、また余暇時間の増大によって教養や技能、技術などを学ぶ事業所の規模が拡大してい

ることから、大分類L「サービス業」から分離する形で大分類「教育、学習支援業」が新設された。

iii）「飲食店、宿泊業」
　飲食店は、第10回改定時点では、大分類I「卸売・小売業、飲食店」に分類されていたが、うち飲食店は、食材等を購入、調理・加工し、場所を提供して飲食させるなどサービス業としての側面が高まっていた。また、第10回改定において、大分類L「サービス業」の中分類「旅館、その他の宿泊所」に分類される事業所は、飲食の提供に係る収入（レストラン、宴会等）のウエイトが高まっていることから、2つの産業分類をあわせて「飲食店、宿泊業」が新設された。
　なお、上記3つの産業大分類が新設されたことで、国際的な産業分類との比較可能性も向上することになった。

iv）「複合サービス事業」
　第10回改定において、大分類H「運輸・通信業」のうち、中分類「郵便業」は、郵便事業のほか、郵便貯金、簡易保険といった大分類にまたがる複数の事業を行っていた。また、大分類L「サービス業」のうち、中分類「協同組合」についても、企業経営に対して総合的に各種サービス（経済事業、信用事業、共済事業等）を行うなど大分類にまたがる複数の事業を行っていた。両者については、いずれも主たる事業の判別が難しいという実態を有していることから、大分類「複合サービス事業」を新設することとした。

ｖ）「サービス業（他に分類されないもの）」
　以上のように、第11回改定では、大分類L「サービス業」から多くの産業分類が分離された。大分類Q「サービス業（他に分類されないもの）」は、主として個人又は事業所に対してサービスを提供する他の産業大分類には分類されていない事業所を分類したもので、第11回改定において新設された。
　大分類Q「サービス業（他に分類されないもの）」は、様々なサービスを提供する事業所が含まれ、第11回改定時に総務省（2002）は、「今後さらに、例えば、専門的知識・技術の提供に関する産業など、その産業規模が大きく、国際比較上意義あるもので、データが安定的に収集できる可能性のあるものについて、その定義・範囲を調査・研究し、大分類として新設することの適否について検討する必要がある。」として、今後、さらなる産業大分類の新設可能性について言及した。

(2) 第12回改定（2007年11月）における主な改定内容
　前回改定以降の産業構造の変化に適合させるため、前回同様大規模な改定を行った。産業分類の見直しにかかる主な改定内容は以下の通りである。

①大分類項目の見直し
ｉ）「農業、林業」の統合・新設
　第11回改定時は、林業については、大分類B「林業」として独立していた。一方で、総務省

（2007）では、①林業の産業規模は極めて小さく一貫して減少していること ②農業についても同様に減少していること ③林業だけに従事する専業従事者の割合が低く、林業従事者の約60％が農業と林業両方に従事する「農家林家」の状況にあること ④近年の農業と林業が従来以上に密接になっていること などを理由として、大分類「農業、林業」が新設された。

ⅱ）「鉱業」の名称変更

　大分類「鉱業」の中で、「採石業、砂・砂利、砂利採取業」の事業所数が占める割合が大半のため、鉱業における産業活動の実態に適合した名称となるよう大分類「鉱業、採石業、砂利採取業」へ名称を変更することとなった。

ⅲ）「運輸業、郵便業」の統合・新設

　2007年の日本郵政公社の民営分社化によって、郵便事業を主業とする郵便事業株式会社が発足した。今後物流領域における事業が拡大する可能性があることを踏まえて、大分類Ⅰ「運輸業」に中分類「郵便業」を新設するとともに、多くが運輸業関係者である小分類「信書送達業」を大分類Ｈ「情報通信業」から分離、統合し「運輸業、郵便業」を新設した。なお、新設によって、国際的な産業分類との比較可能性が向上することも期待されている。

ⅳ）「不動産業、物品賃貸業」の統合・新設

　第11回改定の大分類Ｑ「サービス業（他に分類されないもの）」に含まれる中分類「物品賃貸業」と大分類「不動産業」を統合し、大分類「不動産業、物品賃貸業」が新設された。

　ファイナンス・リースの主要な取引形態である所有権移転外取引が売買処理として扱われることになった[142]ことで、これらを扱う中分類「物品賃貸業」の活動が売買、管理、賃貸を行う「不動産業」の活動内容に近くなったことや不動産リースが取り扱われることが増えていること、国際的な産業分類との比較可能性が向上することから統合・新設が行われることになった。

ⅴ）「学術研究、専門・技術サービス業」の新設

　第11回改定で新設された大分類Ｑ「サービス業（他に分類されないもの）」については、答申で今後の更なる分割について言及されていることに加えて、前回の改定以降も同産業の伸びが続いていることを踏まえて、新たな産業大分類の新設が行われることになった。

　大分類Ｑ「サービス業（他に分類されないもの）」の中分類である「学術・開発研究機関」、「専門サービス業（他に分類されないもの）」、「広告業」に加えて、「その他の事業サービス業」に含まれる技術サービスに係る事業を統合して新設する中分類「技術サービス業（他に分類されないもの）」を統合して、大分類「学術研究、専門・技術サービス業」を新設することになった。これらの分野は、事業経営の高度化や専門化、多様化等を背景に産業規模が拡大している。大分類Ｑ「サービス業（他に分類されないもの）」から分離して新たに大分類が新設されることで、国際的な産業分類との比較可能性が向上することになった。

---

[142]独立行政法人中小企業基盤整備機構「新リース会計基準によってリース取引の賃貸借処理が変わる！」（https://j-net21.smrj.go.jp/accounts/tax/20140328_14.html）

vi）「生活関連サービス業、娯楽業」の新設

　大分類Q「サービス業（他に分類されないもの）」の中分類である「洗濯・理容・美容・浴場業」、「その他の生活関連サービス業」、「娯楽業」を統合し、大分類「生活関連サービス業、娯楽業」の新設が行われることになった。また、大分類O「教育、学習支援業」の小分類「教養・技能教授業」に含まれる細分類「フィットネスクラブ」についても、「生活関連サービス業、娯楽業」の中分類「娯楽業」の小分類「スポーツ施設提供業」に移項されることになった。これらの分野は、ライフスタイルの変化による消費者ニーズの多様化や余暇時間の増加を背景として、産業規模が増大している。「学術研究、専門・技術サービス業」と同様に、大分類Q「サービス業（他に分類されないもの）」から分離して新たに大分類が新設されることで、サービス産業の実態をより正確に把握することができるなど統計の利便性が向上し、国際的な産業分類との比較可能性についても向上することになった。

vii）「宿泊業、飲食サービス業」の統合・再編

　大分類「卸売・小売業」の細分類「料理品小売業」に含まれる事業のうち、客の注文を受け調理した飲食品を提供するテイクアウト・デリバリーサービス等を行う事業所について、大分類「飲食店、宿泊業」に新設する中分類「持ち帰り・配達飲食サービス業」に分類し、第11回改定時の大分類「飲食店、宿泊業」に統合して、大分類「宿泊業、飲食サービス業」を新設することになった。

　第11回改定では大分類「飲食店、宿泊業」が新設されていたが、飲食店の定義や範囲については、前回の答申においても、テイクアウトやデリバリー等料理品小売業を行う事業所が増加傾向にあり、検討が必要であると指摘されていた。また、「飲食店」と「持ち帰り・配達飲食サービス業」は、客の注文を受け、調理した飲食料品を提供するサービスを行う点では同様であり、持ち帰りが多ければ大分類「卸売・小売業」の「料理品小売業」に分類され、店内飲食の割合が多ければ大分類「飲食店、宿泊業」の「飲食店」に分類されると、割合が変わるだけで大分類間を移動することになり、統計データの不連続性に繋がり、産業の実態を正確に捉えることが困難になる。飲食サービス業によって統合することで、これらの問題は解消するだけでなく、国際的な産業分類との比較可能性についても向上することから、統合・再編が行われた。

②産業全般に関する分類項目の見直し

ⅰ）小分類「管理、補助的経済活動を行う事業所」の新設

　主として管理事務を行う本社、支社、支所などの産業は、孕石（2016）によれば、「従来は独立した項目として立てられておらず、各細分類に分散していた」。第12回改定では、各中分類に小分類「管理、補助的経済活動を行う事業所」を新設すること[143]とし、細分類「主として管理事務を行う本社等」及び「その他の管理、補助的経済活動を行う事業所」が設けられている。

---

[143] 小分類「管理、補助的経済活動を行う事業所」は、その様な形態の事業所が概念上あり得ない産業を除き、原則として全ての中分類に設け、補助的経済活動とされる自家用倉庫は、大分類「卸売業、小売業」のみに位置付けられている。

　中分類別に分類したのは、これまでと同様の細分類レベルで分類すると産業活動の変化によって格付が移動するためである。中分類別の分類によって、統計データの連続性が確保され、本社等の「管理、補助的経済活動」を横断的にとらえることが可能となった。

ⅱ）細分類「純粋持株会社」の新設

　持株会社のうち、事業持株会社については本社と同じ分類としているが、純粋持株会社については、大分類「学術研究、専門・技術サービス業」の中分類「専門サービス業（他に分類されないもの）」に小分類「経営コンサルタント業、純粋持株会社」及び細分類「純粋持株会社」を新設することとした。

　総務省（2007）では、純粋持株会社は、事業所の活動として、様々な産業分野にまたがるグループ企業の管理を目的としているため、他の事業所とは別の分類を行うことで、統計データの利用上の利便性が向上するとした。

③その他（産業分類に係る基本的事項等）

　第12回改定では、産業分類に係る基本的事項等について主に以下の見直しが行われた。

ⅰ）複数の分類項目に該当する経済活動を行っている事業所の産業の決定

　日本標準産業分類においては、事業所で複数の分類項目に該当する経済活動を行っている場合には、一般原則の中で、主たる経済活動によって当該事業所の産業を決定することとされている。従来は、主たる経済活動は、複数の経済活動の中で、生産される財や提供されるサービス等の収入額又は販売額の最も多いものによるとされてきた。一方で、企業においては、多角化の進展に伴って複数の経済活動が行われ、収入額又は販売額といった既に他事業所で生産した価値が含まれる指標によって相互に評価し、産業を決定することは必ずしも適切とはいえない。

　第12回改定では、主たる経済活動の決定は、「販売又は出荷する財、あるいは他の事業所又は消費者に提供されるサービスの付加価値によって決定されるのが最良である」とする国際分類に倣って、原則として付加価値によることとした。

　なお、事業所によっては各経済活動別に付加価値を求めることが困難な場合も想定され、そのような場合には、付加価値に代わる指標として、産出額、販売額、収入額、従業者数等を用いることとされた。

ⅱ）製造小売業の取扱い

　日本標準産業分類では、製造した商品をその場所で消費者販売する、いわゆる製造小売業は、製造業ではなく小売業に分類してきた。一方で、インターネットを使って工場から消費者に直接販売する事業形態が生まれている。これらの事業形態は、定義上は製造小売業に該当するが、従来の製造小売業とは異なり、ネット上に仮想的に店舗を有しているに過ぎず、費用構造や付加価値には大きな差異がある。付加価値の大きさによって産業を格付する原則に従えば、これらの業種は、製造業に分類することが適切である。

したがって、製造小売業については、実際の店舗を構えている場合は小売業、無店舗（仮想店舗）の場合は製造業に分類することとされた。

(3) 第 13 回改定における主な改定内容 (2013 年 10 月)
　第 13 回改定の内容は以下の通りであるが、近年の改定に比べて比較的小規模な改定にとどまっている[144]。

①分類項目の新設
　新産業や新制度の状況から以下の産業分類が新設された。
・幼保連携型認定こども園（小分類及び細分類）
・市場調査・世論調査・社会調査業（細分類）
・リラクゼーション業（手技を用いるもの）（細分類）
・ネイルサービス業（細分類）
・コールセンター業（細分類）

②分類項目の移動
　細分類が現行において属している小分類から実態を踏まえて他の小分類に移動した。

③分類項目名の変更
　2 つの小分類及び 5 つの細分類の分類項目名について変更を行った。

(4) その他の産業分類の見直し（新設）
　上記までは、小規模な改定であった第 13 回改定を除き、主に産業大分類を中心に改定内容を紹介してきた。これらの産業分類の改定の経緯は、（改定時の）産業構造の変化を示しており、地域における産業構造の変化を考察する上では有用な基礎資料となる。産業大分類以外の中分類や小分類、細分類に関する改定は、大分類以上に数多く行われているが、その中でも改定後大きく発展した産業を中心に、特徴的なものに限定して以下で取り上げる。
　なお、対象範囲は、第 9 回改定（1984 年 1 月）から第 13 回改定（2013 年 10 月）とする。

①第 9 回改定 (1984 年 1 月)
・「警備業」（小分類、細分類）

②第 10 回改定 (1993 年 10 月)
・「中古自動車小売業」（細分類）
・「学習塾」（細分類）
・「労働者派遣業」（細分類）

---

[144] 第 1 章　日本標準産業分類の変遷と第 13 回改定の概要
　　（https://www.soumu.go.jp/main_content/000290482.pdf）

③第 11 回改定（2002 年 3 月）
・「情報通信機械器具製造業」（中分類）
・「電子部品・デバイス製造業」（中分類）
・「インターネット付随サービス業」（中分類）
・「コンビニエンスストア（飲食料品を中心とするものに限る）」（細分類）
・「ペット・ペット用品小売業」（細分類）
・「訪問介護事業」（細分類）
・「特別養護老人ホーム」（細分類）
・「エステティック業」（細分類）

④第 12 回改定（2007 年 11 月）
・「無店舗小売業」（中分類）
・「持ち帰り・配達飲食サービス業」（中分類）
・「職業紹介・労働者派遣業」（中分類）
・「半導体・フラットパネルディスプレイ製造装置製造業」（小分類）
・「通信販売・訪問販売小売業」（小分類）
・「ゲームソフトウエア業」（細分類）
・「ドラッグストア」（細分類）
・「ホームセンター」（細分類）
・「純粋持株会社」（細分類）

⑤第 13 回改定（2013 年 10 月）
・「リラクゼーション業（手技を用いるもの）」（細分類）
・「コールセンター業」（細分類）

　製造業からサービス業まで改定された項目は幅広くあるが、産業 3 部門分類の観点からみると、産業大分類の改定と同様に産業構造のサービス化の影響により、第三次産業に含まれる産業分類の改定が多くなっていることがわかる。
　また、産業分類の新設については、いくつかのパターンに分けることができる。以下に新設の主なパターンについてまとめる。

⑥他に分類されない業又は既存産業分類等からの新設
　例えば警備業は、第 8 回改定（1976 年 5 月）では、小分類 869「他に分類されない事業サービス業」の細分類 8699「他に分類されない事業サービス業」に分類されていたが、第 9 回改定では小分類 856「警備業」、細分類 8561「警備業」として新設された。同様の例として、細分類 9294「コールセンター業」（細分類 9299「他に分類されないその他の事業サービス業）から新設）や細分類 7893「リラクゼーション業（手技を用いるもの）」（細分類 7899「他に分類されない洗濯・理容・美容・浴場業」から新設）がある。これらのケースでは、様々な産業の集合体

として位置づけられたある産業分類から、一部が分かれて新設されている。

　また、例えばドラッグストアは、第11回改定では、小分類601「医薬品・化粧品小売業」の一部として分類されていたが、第12回改定では、細分類6031「ドラッグストア」として新設された。同様の例として、細分類5791「コンビニエンスストア（飲食料品を中心とするものに限る）」は、第11回改定において新設されたが、第10回改定時の細分類5611「各種食料品小売業」、細分類5692「料理品小売業」、細分類5699「他に分類されない飲食料品小売業」の各々の一部から構成されている。これらのケースでは、旧分類においても既に独立していた産業分類からその一部が分かれて新たな産業分類が新設されている。

　さらに、第10回改定時に電気機械器具製造業は、単一の中分類である中分類30「電気機械器具製造業」として分類されていた。その後、急速に進んだ情報技術の進展によって、これらに関連する産業が大きく拡大したため、第11回改定では、中分類「電気機械器具製造業」のうち、小分類「通信機械器具製造業・同関連器具製造業」、「電子計算機・同付属装置製造業」を分離して中分類「情報通信機械器具製造業」を新設する。また、小分類「電子部品・デバイス製造業」については、中分類「電気機械器具製造業」から同様に分離するが、あらゆる機械器具に使用される汎用性の高さと産業規模の拡大によって産業としての重要性が高まっていることから新たに中分類として格上げされ新設された。

　改定によってこれらの産業分類が新設されるまでは、元々産業として存在はしていたものの、規模が小さく、独立した分類とするほど産業として確立していなかったか、業態上の変化にとどまり新たな産業形態として認められなかったため、新たな産業分類として位置づけられていなかったと考えられる。

⑦前回改定では存在しない分類の新設

　例えば細分類8695「労働者派遣業」は、1993年の第10回改定において初めて新設された。1986年に労働者派遣法（当時：労働者派遣事業の適正な運営の確保及び派遣労働者の就業条件の整備等に関する法律）が施行された。我が国では、戦後「労働者供給事業」は禁止されていたが、専門性が高い13業務（施行直後に16業務に拡大）に限定して派遣が認められ、施行後のバブル景気の拡大によって人材需要が高まり、派遣市場が拡大したことを背景に、これまで存在しない産業分類として新設された。同様の例として、前述した中分類40「インターネット付随サービス業」、小分類401「インターネット付随サービス業」、細分類4011「インターネット付随サービス業」や中分類61「無店舗小売業」などがあげられる。

　規制緩和などの新たな法律の施行や技術革新の進展等によって、従来の産業分類にあてはまらない産業が生まれる。上記における産業分類の新設は、これらの動きに対応したものといえる。

　ここまで、産業大分類に加えて特徴のある産業中分類、産業小分類、産業細分類の新設についてみたが、産業分類の新設は裏を返せば地域における新たなビジネスチャンスが発生する可能性があることを示している。これらのように新たに生まれ、今後の伸びが期待される産業について、対象地域での動向に特に注目することは、地域の持続的発展を考える上では重要な視点である。

(5) 廃止された産業分類

　ここまでは、新設を中心とした改定内容について紹介してきたが、日本標準産業分類には、改定時に廃止される産業も少なからずある。

　以下は、第9回改定以降の特徴的な廃止項目について以下に整理を行う。

①第9回改定（1984年1月）

・「狩猟業」（中分類、小分類）

②第10回改定（1993年10月）

・「狩猟業」（細分類）

・「木製履物製造業」（小分類）

・「ミシン製造業」（細分類）

・「レコード製造業」（細分類）

・「和傘・同部品製造業」（細分類）

③第11回改定（2002年3月）

・「金属鉱業」、「石炭・亜炭鉱業」、「原油・天然ガス鉱業」、「非金属鉱業」（中分類）

・「武器製造業」（中分類）

・「養蚕農業」（小分類）

・「練炭・豆炭製造業」（小分類）

・「木製履物製造業」（細分類）

④第12回改定（2007年11月）

・「繊維工業（衣服、その他の繊維製品を除く）」、「衣服・その他の繊維製品製造業」（中分類）

・「眼鏡製造業（枠を含む）」、「米穀類小売業」（小分類）

・「製綿業」（細分類）

・「練炭・豆炭製造業」（細分類）

・「石綿製品製造業」（細分類）

・「傘・同部分品製造業」（細分類）

・「生糸・繭卸売業」（細分類）

　廃止された項目は、特徴的な分類からみると、第一次産業や第二次産業が多い。産業大分類でみると製造業に分類されるものが多く、新設の場合には第三次産業が多かったことと比較すると対称的な動きになっている。

　廃止項目の例として、狩猟業は、農山漁村地域における過疎化や高齢化等の影響により狩猟者数が減少し、第9回改定で中分類及び小分類が廃止され、第10回改定では細分類が廃止されることで、第13回改定では、小分類029「その他の林業」のうち、細分類0299「その他の林業」の一部となっている。また、木製履物製造業は、日本人のライフスタイルの変化によって、

下駄から靴へ需要が変化したことで、第10回改定で小分類が、第11回改定で細分類が廃止され、現行の第13回改定では、小分類129「その他の木製品製造業（竹、とうを含む）」のうち、細分類1299「他に分類されない木製品製造業（竹、とうを含む）」の一部となっている。同様に第12回改定の「練炭・豆炭製造業」や「石綿製品製造業」の細分類の廃止についても、該当する中分類における「その他の製造業」といった様々な産業が含まれる項目の一部となっている。これらの産業分類の場合には、廃止された以降に発表される公式統計では他の産業と混在した形で捉えられることになる。地域においては、単独の産業として実態を時系列比較で正確に把握することが困難になる場合があることに注意が必要である。

　一方で、第11回改定で「養蚕農業」は小分類が廃止された。養蚕農家数は、高齢化と後継者不足が進むことで、昭和初期のピーク時に比べて大きく減少しており、絹製品についても国内需要の殆どが輸入品によって代替されている。ただし、第11回改定で小分類のみの廃止となったため、第12回改定では、小分類012「畜産農業」のうち、細分類0126「養蚕農業」に移動となった。養蚕農業の場合には、分類番号は異なるものの、単独の産業で構成されているため、時系列で比較が可能である。同様の例として、第12回改定の「眼鏡製造業（枠を含む）」の小分類廃止がある。

　以上のように、産業分類の廃止は、需給構造の変化によって我が国全体からみて産業としての規模が縮小したことを意味しているが、しばしばそれらの産業は、特定地域に集中して立地し、雇用等の面で他地域に比べて重要な役割を果たしていることがある。

　例えば、下駄は、広島県福山市や静岡県静岡市、大分県日田市などで多く生産され、眼鏡は福井県鯖江市で「日本のメガネフレーム生産の90％以上[145]」を生産しており、当該地域において重要な産業となっている。産業分類の廃止は、これらの産業の規模縮小、または産地としての消滅可能性の高まりを意味しており、その動向は、地域における産業の方向性や地域資源としての視点、地域の持続可能性を考える上で重要な基礎資料となる。

---

[145] 鯖江のめがね館（鯖江のめがねとは）（https://sabaemeganekan.com/publics/index/17/）

日本標準職業分類の改定は、前述した最新の 2009 年 12 月における統計基準設定を含め、これまで以下の時期において行われてきた。

・2009 年 12 月統計基準設定
・第 4 回改定（1997 年 12 月）
・第 3 回改定（1986 年 6 月）
・第 2 回改定（1979 年 12 月）
・第 1 回改定（1970 年 3 月）
・1960 年 3 月設定

　市区町村別の地域統計において最も日本標準職業分類が活用されるのは、総務省「国勢調査」である。同調査の市区町村別データにおける日本標準職業分類の分類レベルは、一部の抽出詳細統計を除き、職業大分類である。

　近年の改定内容をみると、職業大分類において改定があったのは、第 5 回改定に相当する 2009 年 12 月の統計基準設定であるため、ここでは中心に取り上げることにする。

（1）2009 年 12 月統計基準設定における改定内容について

　第 4 回改定と比較した際の主要な改定点は以下の通りである。

①一般原則の見直し[146]

ⅰ）職業の定義

　1960 年の職業分類設定以来の定義であった職業の定義について見直すとともに、仕事及び報酬に関する定義が追加されるなど大幅な改定が行われた。

　特に職業の定義については、従来は「職業とは、個人が継続的に行い、かつ、収入を伴う仕事をいう。」とされていたが、現行の改定では「職業とは、個人が行う仕事で、報酬を伴うか又は報酬を目的とするものをいう。」と見直された。

　岩橋（2011）は、職業の要件から「継続性」を外すことで、職業分類を仕事の期間や継続性と独立したものにするとともに、収入から報酬に変えることで、労働の対価を得るまたは得ることを目的として行っているものを職業とすることを明確にするために言い換えが行われたとした。

ⅱ）職業分類の適用原則及び分類項目の設定原則

　職業分類は、仕事を分類するものだが、同時に人に対してその仕事を通じて適用し、職業別

---

[146]詳細は、「日本標準職業分類の変遷 2．平成 9 年 12 月時点の内容からの改定点 (1) 主要な改定点」（https://www.soumu.go.jp/main_content/000394334.pdf）を参照。

の統計表章（例：○○○従事者）に用いられる。また、職業分類の分類項目は、事業所の産業分類、個人の就業形態、仕事の期間や継続性とは独立して設けられることを明示した。

iii）職業の決定方法

　現行の職業の決定方法は、前述した通りであるが、例えば、二つ以上の勤務先で異なる分類項目に該当する二つ以上の仕事に従事している場合、従来の一般原則では就業時間の最も長い時間で格付け、これにより難い場合に最も収入の多い仕事で格付けるとしていた。現行の職業の決定方法は報酬を最優先の基準としており、岩橋（2011）は専門性の高い職業の方が高い報酬を得るとみなしていることが背景にあると指摘している。

②分類表の改定

　分類表の改定については、以下の視点から改定が行われた。

i）国際比較性の向上

　国際標準産業分類（ISCO）との整合性により配慮して項目設定と配列が行われた。

ii）社会経済情勢の変化への対応

　高度化、専門化を深めている現状に対応して、専門的・技術的職業従事者や販売従事者の中分類について項目を設定し、新たな職種への対応を行った。

iii）産業分類又は商品分類的な視点からの独立

　上記の二つの視点については、全分野に関係した改定であり、過去の改定においても行われてきたところである。一方で、最後の視点については、特に、生産工程作業に従事する人や専門的な技術者の分類に関して、「産業分類又は商品分類的な視点からの独立」が意識されて項目が設定された。

　従来の職業分類では、主に人が従事する産業や生産活動の結果として作り出される製品別に職業を設定していた。これは、職業を区分する指標を主に製品の開発や製造に要する技術・知識の内容として捉え、産業や製品の区分と職業の区分が対応するとみていたためと考えられる。しかし、産業の発展に伴って技術は高度化、専門化し、生産工程も複雑化、分業化が進むことで、同一製品であっても要求される技術分野は細分化し、製造工程が複数の段階に分化した。この結果、従来職業を区分する指標となっていた製品を製造する技術や知識の視点だけでは、職業としての等質性が失われるようになってきたことから、新たな視点での分類体系の設定が迫られてきた。

　現行の改定では、上記の視点から、主要な変更点について概要を以下に整理する。

iv）旧大分類「運輸・通信従事者」の廃止

　大分類H「運輸・通信従事者」は、独立行政法人労働政策研究・研修機構（2012）において、「事業活動の視点から設定されており、職業の視点から見ると異なる仕事が含まれている」と指

摘された。日本標準職業分類は、産業分類的・商品分類的な要素が多分に含まれる項目を廃止して、仕事の類似性に基づいて区分する「職業の純化」を進めていることから、大分類 H「運輸・通信従事者」は廃止され、多くの小分類は新たな大分類 I に移設され、それ以外の分類（中分類 50「通信従事者」）については、大分類 B「専門的・技術的職業従事者」と大分類 C「事務従事者」に移設された。

ⅴ）生産工程等に関する大分類項目の見直し

　旧大分類 I「生産工程・労務作業者」は、新たに新設された「生産工程従事者」、「輸送・機械運転従事者」、「建設・採掘従事者」、「運搬・清掃・包装等従事者」へと大きく再編された。

ⅵ）「専門的・技術的職業従事者」と「管理的職業従事者」の入れ替え

　大分類項目の配列は、国際標準職業分類（ISCO）の大分類の配列に準じることとなったため、大分類 A と大分類 B は順序を反対にし、2009 年基準では大分類 A「管理的職業従事者」、大分類 B「専門的・技術的職業従事者」とした。

ⅶ）管理的職業従事者の定義の見直し

　従来の管理的職業従事者の定義は、「専ら経営体の全般又は課（課相当を含む）以上の内部組織の経営管理に従事するもの」であった。一方で、日本の管理職の多くは、勤務先において管理的な仕事と実務の両方の仕事に従事するプレイングマネージャーであり、管理に特化した職種はほとんどないと考えられることから、従来の定義を適用すると、多くの管理職が管理的職業従事者の定義から外れてしまうことになる。

　そのため今回の改定では、管理的職業従事者の定義について、「専ら」の文言を削除した。これによって、管理と現場の両方の仕事を持っている人の職業の決定は、ほとんどの大分類と同様に就業時間の長短によることになった。これまで管理的職業従事者以外の区分に分類されていた小売店や飲食店の店長等についても、管理的な仕事に従事する時間が長い場合は管理的職業従事者に含まれることになった。

ⅷ）その他

　大分類名称について、統一を図る観点から、「作業者」と「従事者」が混在していた旧分類での表現を「従事者」に統一することにした。

(2) 第 4 回改定（1997 年 12 月）内容について

　第 4 回の改定は、前述したように基本的に従来の分類体系を引き継ぎ、大分類項目における見直しなどもないために、2009 年の改定に比べて見直し規模は小さい。中分類、小分類を中心に分類項目の新設・廃止・統合が行われている[147]。

---

[147] 詳細は、日本標準職業分類（平成 9 年 12 月改定）日本標準職業分類の変遷と第 4 回改定の概要
（https://www.soumu.go.jp/toukei_toukatsu/index/seido/shokgyou/2gaiyou.htm）を参照のこと。

本書では、簡単に X 市、Y 市、Z 市において、A と B の 2 つの産業しかない場合の 2010 年と 2020 年の産業別従業者数の簡易な計算を示す。

まず、全産業の全国の増減率は 66% のため、全地域の全産業が等しく変化すると仮定した増減数（全国成長要因）を求めたものが ii）であり、（5-5）式を求めたのが iii）である。また、iv）において、全国成長要因＋産業構造要因を求めている。

以上から、iv）から全国成長要因を引けば、産業構造要因が求められる。さらに、iii）の産業構造要因＋地域特殊要因から既に求めた産業構造要因を引くことで、地域特殊要因を求めることができる。

i）当初（a）

2010 年	A 産業	B 産業	全産業
X 市	10	20	30
Y 市	10	10	20
Z 市	20	30	50
全国	40	60	100

2020 年	A 産業	B 産業	全産業
X 市	15	40	55
Y 市	25	14	39
Z 市	24	48	72
全国	64	102	166

増減数（b）

2010 年	A 産業	B 産業	全産業
X 市	5	20	25
Y 市	15	4	19
Z 市	4	18	22
全国	24	42	66

増減率（c） (%)

2020 年	A 産業	B 産業	全産業
X 市	50	100	83.3
Y 市	150	40	95
Z 市	20	60	44
全国	60	70	66

ii）全産業が全国と同率で変化した場合の増減数（d）＝（a）×（c）

2020 年	A 産業	B 産業	全産業
X 市	6.6	13.2	19.8
Y 市	6.6	6.6	13.2
Z 市	13.2	19.8	33
全国	26.4	39.6	66

iii）全体－全国成長要因＝産業構造要因＋地域特殊要因の増減数（e）＝（b）－（d）

2020 年	A 産業	B 産業	全産業
X 市	-1.6	6.8	5.2
Y 市	8.4	-2.6	5.8
Z 市	-9.2	-1.8	-11
全国	-2.4	2.4	0

産業構造要因＋地域特殊要因の増減率
（f）＝（e）／（a） (%)

	A 産業	B 産業	全産業
X 市	-16	34	17.3
Y 市	84	-26	29
Z 市	-46	-6	-22
全国	-6	4	0

ⅳ）各産業が全国と同率で変化した場合の増減数（＝全国成長要因＋産業構造要因）

(g)＝(a)×(c)

2020 年	A 産業	B 産業	全産業
X 市	6	14	20
Y 市	6	7	13
Z 市	12	21	33
全国	24	42	66

全国成長要因＋産業構造要因の増減率

(h)＝(g)／(a)　　　　　　　　　　　　　　　　　　　　　（％）

	A 産業	B 産業	全産業
X 市	60	70	66.7
Y 市	60	70	65
Z 市	60	70	66
全国	60	70	66

ⅴ）まとめ　　　　　　　　　　　　　　　　　　　　　　　　　（％）

	実際成長率	全国成長要因	産業構造要因	地域特殊要因
X 市	83.3	66	0.7	16.7
Y 市	95	66	-1	30
Z 市	44	66	0	-22
全国	66	66	0	0

参 考 文 献

第Ⅱ章

井岡貴司（2018）「経済センサス−基礎調査の見直しについて」『ESTRELA』第 296 号（2018 年 11 月号），4-7 頁

兼村高文（2009）『図解自治体財政はやわかり』学陽書房

北原昌嗣（2021）「令和元年経済センサス−基礎調査の結果について」『ESTRELA』第 323 号（2021 年 2 月号），8-14 頁

経済産業省調査統計グループ構造統計室（2022）「経済構造実態調査（製造業事業所調査）について−工業統計調査が新しくなります−」『月刊統計』第 73 巻第 2 号（2022 年 2 月号），24-28 頁

小松　聖（2018）「経済構造統計のこれまでとこれから」『ESTRELA』第 296 号（2018 年 11 月号），2-3 頁

坂本光司・南保勝・杉山友城（2003）『データでみる地域経済入門−地域分析の経済学』ミネルヴァ書房

情報通信総合研究所（2017）「地域における ICT 利活用の現状に関する調査研究」
（https://www.soumu.go.jp/johotsusintokei/linkdata/h29_05_houkoku.pdf）

新保　厚（2018）「経済構造実態調査の創設〜国内経済構造の年次把握に向けて〜」『ESTRELA』第 296 号（2018 年 11 月号），8-11 頁

総務省統計局統計調査部経済統計課（2022）「経済構造実態調査の概要と見直し」『月刊統計』第 73 巻第 2 号（2022 年 2 月号），18-23 頁

半澤誠司・武者忠彦・近藤章夫・濱田博之編（2015）『地域分析ハンドブック EXCEL による図表づくりの道具箱』ナカニシヤ出版

牧瀬　稔（2021）『地域づくりのヒント 地域創生を進めるためのガイドブック』学校法人先端教育機構

牧田修治（2021）「住民基本台帳に基づいた人口移動統計比較」『日本地域学会第 58 回（2021 年）年次大会学術発表論文集』（http://jsrsai.jp/Annual_Meeting/PROG_58/ResumeA/A05-1.pdf）

南貴大・藤原裕行（2017）「一人当たり所得を地域別にどう捉えるか」『2017 年度統計関連学会連合大会プログラム報告集』
（http://www.jfssa.jp/taikai/2017/table/program_detail/pdf/51-100/10095.pdf）

宮川幸三（2021）「GDP を軸とした経済統計体系の変遷」『ESTRELA』第 323 号（2021 年 2 月号），2-7 頁

第Ⅲ章

Colin Clark（1940）「The Conditions of Economic Progress（1st ed）」, Macmillan, London

Colin Clark（1957）「The Conditions of Economic Progress（3rd ed）」, Macmillan, London

飯田哲文（1992）「「労働サービス」商品の研究」『經濟學論叢』第 44 巻第 2 号（1992 年 12 月），91-146 頁

奥積雅彦（2021）「統計に用いる都道府県の配列順」統計図書館コラム【雑学編】No1008

（https://www.stat.go.jp/library/pdf/column1008.pdf）

行政管理庁（1984）「第 5 章　日本標準産業分類の改訂要旨と主要な改訂点」
　　（https://www.soumu.go.jp/main_content/000316689.pdf）

総務省（2007）「日本標準産業分類の変遷と第 12 回改定の概要」
　　（https://www.soumu.go.jp/main_content/000394417.pdf）

総務省（2009）「日本標準職業分類の変遷 2. 平成 9 年 12 月時点の内容からの改定点（1）主要な
　　改定点」（https://www.soumu.go.jp/main_content/000394334.pdf）

総務省（2013）「第 1 章　日本標準産業分類の変遷と第 13 回改定の概要」
　　（https://www.soumu.go.jp/main_content/000290482.pdf）

総務省（2007）「全国地方公共団体コード仕様」
　　（https://www.soumu.go.jp/main_content/000137948.pdf）

総務省統計局統計基準部（2002）「統計審議会 50 年の歩み—審議会開催 600 回記念—」
　　（https://www.soumu.go.jp/main_content/000346014.pdf）

第一法規編（2012）「全国都道府県・市区町村コード［平成 24 年度版］」第一法規

西澤　弘（2006）「職業紹介における職業分類のあり方を考える「労働省編職業分類」の改訂に
　　向けた論点整理—」『労働政策研究報告書 No.57』独立行政法人労働政策研究・研究機構
　　（https://www.jil.go.jp/institute/reports/2006/057.html）

孕石真浩（2016）「JSIC と ISIC の比較について」『統計研究彙報』第 73 号（2016 年 3 月），147～
　　176 頁

三潴信邦（1983）『経済統計分類論：職業・産業分類の形成』有斐閣

第Ⅳ章

大友　篤（2002）『地域人口分析の方法—国勢調査データの利用の仕方—』財団法人日本統計協
　　会

大友　篤（1997）『地域分析入門［改訂版］』東洋経済新報社

加藤　譲・宮川幸三（2017）「製造業の衰退と地域経済への影響—地域経済構造分析データベー
　　スを活用して—」『日本地域学会第 54 回研究大会発表論文集』
　　（http://jsrsai.jp/Annual_Meeting/PROG_54/ResumeD/D04-3.pdf）

金延景・栗林　慶・川口志のぶ・包慧穎・池田真利子・山下清海（2016）「茨城県大洗町におけ
　　る日系インドネシア人の定住化要因」『地域研究年報』第 38 号，31-59 頁

総務省（2006）「多文化共生の推進に関する研究会報告書～地域における多文化共生の推進に向
　　けて～」（https://www.soumu.go.jp/kokusai/pdf/sonota_b5.pdf）

総務省統計局（2021）「統計トピックス No.129 統計からみた我が国の高齢者—「敬老の日」に
　　ちなんで—」（https://www.stat.go.jp/data/topics/pdf/topics129.pdf）

総務省統計局（2022）「統計トピックス No.180 令和 2 年国勢調査—人口等基本集計結果からみ
　　る我が国の外国人人口の状況—」（https://www.stat.go.jp/info/today/pdf/180.pdf）

内閣府（2021）「令和 3 年版高齢社会白書」
　　（https://www8.cao.go.jp/kourei/whitepaper/w-2021/html/zenbun/index.html）

西岡八郎 (2001)「特集に際して―人口移動統計と社人研・人口移動調査について」『人口問題研究』57 巻 1 号, 1-7 頁 (https://www.ipss.go.jp/syoushika/bunken/data/pdf/15712801.pdf)

林宣嗣・林亮輔 (2022)『地域データ分析入門すぐに役立つ EBPM 実践ガイドブック』日本評論社

三上悟史・野澤千絵 (2016)「超高層マンション建設を伴う市街地再開発事業による公共貢献の実態と課題―都心 3 区の 2003 年以降に都市計画決定された事業を対象に―」『日本都市計画学会都市計画報告集』第 15 巻第 3 号, 142-147 頁

第V章

岩永忠康 (2010)「佐賀県小売業の構造分析―商業統計に基づく都市小売構造の比較分析―」『長崎県立大学経済学部論集』第 43 巻第 4 号, 1-49 頁

内閣府 (2003)「平成 15 年度版 地域の経済 2003」(https://www5.cao.go.jp/j-j/cr/cr03/cr03.html)

内閣府 (2015)「平成 27 年度年次経済報告」(https://www5.cao.go.jp/j-j/wp/wp-je15/15.html)

中村良平 (2021)「地域経済の安定性と収益性を目指すコロナ禍を踏まえた地域経済構造分析」『産業立地』第 60 巻第 4 号, 23-29 頁

(公財) 日本生産性本部 (2021)「労働生産性の国際比較 2021」
(https://www.jpc-net.jp/research/assets/pdf/report_2021.pdf)

横山直・高橋敏明・小川修史・久冨良章 (2003)「90 年代以降の我が国における都市の成長－産業集積のメリットと地域経済活性化－」『景気判断・政策分析ディスカッションペーパー DP/03-6』内閣府 (https://www5.cao.go.jp/keizai3/discussion-paper/dp036.pdf)

小林伸生 (2004)「シフト・シェア分析による国内各地域の製造業の生産動向分析」『経済学論究』第 57 巻第 4 号, 115-134 頁

松原宏 (2012)『産業立地と地域経済』財団法人放送大学教育振興会

(独) 労働政策研究・研修機構 (2006)「地域雇用創出の現状に関する研究」
『労働政策研究報告書 No.65』

第VI章

池本未和 (2021)「脱炭素全国オンラインフォーラム自治体新電力の先進地が描く「湖南市版シュタットベルケ構想」」『事業構想』2021 年 12 月号
(https://www.projectdesign.jp/articles/849840f0-e4c3-4a01-ab3a-97f4360e2d72)

宇都宮浄人・多田実 (2022)『まちづくりの統計学政策づくりのためのデータの見方・使い方』学芸出版社

加藤譲 (2021)「東北地域の産業構造の変化と課題、今後の方向性」『産業立地』第 60 巻 2 号, 10-17 頁

環境省 (2018)「平成 30 年版 環境・循環型社会・生物多様性白書」
(https://www.env.go.jp/policy/hakusyo/h30/index.html)

内閣府 (2001)「平成 13 年度版 地域の経済 2001」
(https://www5.cao.go.jp/j-j/cr/cr01/chiikireport01_index.html)

日本政策投資銀行価値総合研究所（2019）『地域経済循環分析の手法と実践生産・分配・支出の三面から導く、新しい地域経済政策』ダイヤモンド社

（一財）日本立地センター（2020）「令和2年度政策研究 地方自治体の産業振興にかかる広域連携推進に向けた研究」

第Ⅶ章

黒崎亜弓（2022）「統計の各国事情 1940年代型で21世紀を迎えた自治体」『週刊エコノミスト』2022年7月5日号、71頁

― （2022）「ユーザーから踏み出す研究者税情報のプラットフォーム構築」『週刊エコノミスト』2022年7月5日号，74-75頁

佐伯修司（2022）「公的統計の利活用推進と21世紀の統計行政（1）―情報をめぐる社会の大きな変化と国勢調査での対応―」．『月刊統計』第73巻第2号（2022年2月号），46-52頁

（一社）日本経済団体連合会（2021）「公的統計の改善に向けた提言―行政記録情報の利活用等に向けて―」（https://www.keidanren.or.jp/policy/2021/092_honbun.pdf）

補論

岩橋正樹（2011）「日本標準職業分類について」『統計研究彙報』第68号（2011年3月），127-152頁

大和田一紘・石山雄貴・菊池稔（2021）『五訂版　習うより慣れろの市町村財政分析―基礎からステップアップまで』自治体研究社

小池司朗・山内昌和（2014）「2010年の国勢調査における「不詳」の発生状況：5年前の居住地を中心に」『人口問題研究』70巻第3号，325-338頁

（https://www.ipss.go.jp/syoushika/bunken/data/pdf/19981809.pdf）

総務省（2002）「第1章　日本標準産業分類の変遷と第11回改訂の概要」

（https://www.soumu.go.jp/main_content/000418313.pdf）

総務庁（1993）「第1章　日本標準産業分類の変遷と第10回改訂の概要」

（https://www.soumu.go.jp/main_content/000316961.pdf）

総務庁（1997）「日本標準職業分類（平成9年12月改定）日本標準職業分類の変遷と第4回改定の概要」（https://www.soumu.go.jp/toukei_toukatsu/index/seido/shokgyou/2gaiyou.htm）

（独）労働政策研究・研修機構（2012）「職業分類の改訂記録―厚生労働省編職業分類の2011年改訂―」『JILPT資料シリーズ No.101』

（https://www.jil.go.jp/institute/siryo/2012/101.html）

〈執筆者略歴〉

加藤　讓（かとう　ゆずる）

一般財団法人日本立地センター　企画調査室長
兼関東地域政策研究センター長
1999 年慶應義塾大学大学院経済学研究科修士課程修了
2000 年財団法人日本立地センター入所
産業立地部主任研究員、総務部企画室長を経て現在に至る。
〈主な著書〉
『日本の先進技術と地域の未来』（共著）
松原宏・地下誠二編　東京大学出版会
「第 2 章　産業立地と地域社会の活力」担当
〈資格〉中小企業診断士

市区町村経済を知る
―データ分析　基礎から応用まで―

2023 年 3 月 31 日　　初版発行

編　者　　一般財団法人 日本立地センター

発行・発売　株式会社三省堂書店／創英社
　　　　　　〒101-0051　東京都千代田区神田神保町 1-1
　　　　　　Tel：03-3291-2295　Fax：03-3292-7687

印刷／製本　日本印刷株式会社